中共北京市委党校（北京行政学院）
——— 学术文库系列丛书 ———

何以法治

——法治建设的若干思考

李秀梅 / 著

社会科学文献出版社
SOCIAL SCIENCES ACADEMIC PRESS (CHINA)

李铁牛/摄

1996年5月21日，参加学校组织的青年教职工京外集体参观学习，在河北省正定隆兴寺大觉六师殿遗址留影。

Wolfgang Pippke/摄

在匈牙利罗兰大学法学院做访问学者其间，于2001年1月去德国索斯特（Soest）访问德国教授沃尔夫冈·皮普克（Wolfgang Pippke）时和他夫人沃尔夫冈·英娥（Wolfgang Inge）女士合影。

冯建基/摄

2001年6月19日，在雅典参观希腊考古博物馆时留念。

邹怡/摄

2002年7月27日，赴泰国参观学习时在王宫前留影。

Jörgen Hermansson / 摄

2009年4月3日，在瑞典乌普萨拉大学参加"东西方社会政治思想的起源与发展"研讨会（参会交流的题目是《孔子的"仁"的思想及其在中国法治建设中的现代意义》）。

Jörgen Hermansson／摄

2009年4月20日，陪伴来访的瑞典乌普萨拉大学教授焦尔根·赫曼森（Jörgen Hermansson）参观孔庙和国子监博物馆。

王小峰/摄

2010年10月16日，中国政法大学86级同学毕业20周年聚会时与我们"永远的校长"江平先生、当时主管校友会的副校长马怀德合影留念。

Wolfgang Pippke/摄

2011年4月20日，陪伴来校访问的德国北莱茵-威斯特伐伦公共行政应用科学大学明斯特分部教授沃尔夫冈·皮普克（Wolfgang Pippke）参观慕田峪长城时和教授夫人沃尔夫冈·英娥（Wolfgang Inge）合影。

Wolfgang Inge / 摄

2012年5月20日，与再次来访中国的德国北莱茵－威斯特伐伦公共行政应用科学大学明斯特分部教授沃尔夫冈·皮普克（Wolfgang Pippke）合影。作者曾经翻译、发表了这位德国教授的《可持续发展与公务员培训》一文。

刘芸 / 摄

2013年9月14日，参加在广州召开的中国社会法学研究会2013年年会。会议期间，经由相识多年的台湾中国文化大学谢棋楠教授的介绍，结识了美国密苏里大学法学院戴维·M. 英格里斯（David M.English）教授。

王健 / 摄

2013年11月16日上午，邀请美国乔治梅森大学公共政策学院教授帕特里克·门迪斯（Patrick Mendis）为中共北京市委党校2013级政治学专业在职研究生班就"跨文化交流"讲授一次英语课程。课后参观位于校园内的全国重点文物保护单位"利玛窦和外国传教士墓地"，合影于利玛窦墓碑前。

宋冰 / 摄

2014年1月10日，参加北京市法学会行政法学研究会2013年年会。

孙玉岭/摄

2014年3月22日上午，邀请美国密苏里大学法学院戴维·M. 英格里斯（David M.English）教授为中共北京市委党校2013级政治学专业在职研究生班合作讲授课程。

朱丹/摄

2014年5月下旬，赴俄罗斯直属俄联邦总统国民事务与国家行政大学西北管理学院进行学术交流，主要谈论北京市保护物质文化遗产的法治情况。

李春英/摄

2016年4月22日，与《〈北京市居家养老服务条例〉的实施初探》一文的合作者李赛合影于中共北京市委党校校园。

翟玉娟/摄

2016年7月16日至17日，参加深圳大学法学院、深圳大学劳动法与社会保障法研究所承办的中国社会法学研究会2016年年会。

范雪梅 / 摄

2016年12月3日，在广东肇庆学院参加"第四届利玛窦与中西文化交流国际学术研讨会"时合影留念。

沈定平 / 摄

2016年12月4日，在广东肇庆学院参加"第四届利玛窦与中西文化交流国际学术研讨会"，会后集体参观肇庆市相关历史处所时留影于利玛窦仙花寺遗址标志前。

沈建峰 / 摄

2018年9月15日至16日，参加沈阳师范大学法学院承办的中国社会法学研究会2018年年会。

季桥龙 / 摄

2019年6月19日，在乌克兰国家行政学院敖德萨分院进行学术交流时和伊扎院长合影。

李玉婵/摄

2020年12月1日下午，作为首都文化志愿者，到首都图书馆以《弘扬宪法精神，建设法治国家》为题做讲座。

张学府 / 摄

2023年6月18日上午,参加在中国政法大学举办的"北京市宣传文化领域法治建设研讨会",以位于中共北京市委党校院内的全国重点文物保护单位"利玛窦和外国传教士墓地"为例,分析了我国文物保护法治建设的核心问题。

姜宝君/摄

2023年10月12日上午,参加明十三陵管理中心举办的"大明书场"活动,与另外二位嘉宾对谈明朝的中外文化交流。

孙文/摄

2024年7月13日下午,参加"2024明文化论坛",在"美美与共:中外文明交流互鉴"主题论坛上做题为《利玛窦的西文"图书馆"》的主旨演讲。

序

秀梅女士是我的师姐。当她离开法大校园时，我刚初中毕业。也因此，当秀梅女士邀我作序时，深感忐忑。作序的通常都是资深学者，我本不够作序的"资格"，但作为师弟，我曾走过她走过的小月河，登过她登过的军都山，相同的法大情怀让我能更深入地领会她的学术思想。秀梅女士折节下士，诚心相约，我也不揣冒昧，谈谈对本书的阅读体会。

本书既渊且博。本书涵盖法治思想、法律制定、法律制度、法律实施、法律责任五大主题，并未局限于某个特定的法学二级学科方向。在大学求学，似乎书越读越窄，从本科到研究生，研究领域似乎也越来越狭窄。然而，渊与博既有区别也有联系。没有"博"，"渊"难免走向片面；没有"渊"，"博"就可能失之表面。秀梅女士在中共北京市委党校（北京行政学院）工作，教过的课程几乎涵盖所有的法学主干课，还包括不少非主干课，这也塑造了本书独特的学术风格，即本书并非专注于某一特定主题的著作。当代法学研究，突出"专"的特色，"专"当然使研究深刻，然而也可能由于不同学科的疏离而呈现出理论与实践的偏离。而本书以法治为主线，探讨不同领域的具体法治问题，超越不同学科的局限，更能提出符合法治实践的多维度的妥当见解。例如，在《法人犯罪的刑事责任》一文中，作者就跨越刑法、民法、行政法等多部门法进行探讨，"当我们没有理由认定单独的民事责任不能产生相当的威慑效果时，法人刑事责任往往仍强加于足够的民事责任之上，这样造成的结果往往是过分威慑和对于事后诉讼的过度的资源投入"。《中华人民共和国刑法修正案（十二）》对非法经营同类营业罪、为亲友非法牟利罪、徇私舞弊出售企业资产罪等罪名进行了修正，民营企业的高级管理人员被纳入犯罪主体，这是对民营企业平等保护原则的贯彻。但是，同样需要从公司法、刑法、民法多部门法的角度细致考察其构成要件，以防止对公司自治原则的不当干涉，影响民营企业家的投资发展信心。

尽管涉及的领域较多，但本书存在一以贯之的主线，即从不同的侧面探讨"何以法治"。秀梅女士毕业入职是在1993年，而1997年党的十五大方提出"依法治国，建设社会主义法治国家"的基本方略，1999年《宪法》方写入"中华人民共和国实行依法治国，建设社会主义法治国家"。秀梅女士以法律学人的情怀与信念，自其入职之初即坚定法治立场，并在教学科研活动中完全践行这一立场。习近平总书记指出："法律是什么？最形象的说法就是准绳。用法律的准绳去衡量、规范、引导社会生活，这就是法治。"① 张文显教授将中国的法治历程划分为三个阶段：1978—1997年，是法制创建时期；1997—2012年，是依法治国新阶段；2012年至今，是全面依法治国新阶段。本书内容跨越了中国法治建设的整个阶段，这从本书的部分用语"法制""法治"即可看出。本书具有较大的时空跨度，可以为读者揭示出我国法治建设的进程，既是法治史，也是学术史。从法制到法治，一个重要的标志是"法治新十六字方针"，即中共十八大报告提出的"科学立法、严格执法、公正司法、全民守法"。"法治新十六字方针"，区别于"有法可依、有法必依、执法必严、违法必究"的"法制十六字方针"。"法制十六字方针"仅解决了形式法治的初步要求，但现代法治还要求良法善治。良法善治的具体体现就是不仅要有法，更要通过科学立法建立"良法"，不仅要严格执法，更要追求"善治"。本书第一部分收录的《中国特色社会主义法治文化建设》一文的写作框架即"法治新十六字方针"。

尽管本书没有长篇大论，没有佶屈聱牙的论证，却有诸多重要创见。例如，本书收录的《建立和完善社会主义市场经济体制需要加快我国的立法建设》一文于1993年撰写，该文提出，"法治是市场经济体制的内在要求，二者要齐头并进、同步发展"，要"保证民营经济与公有制经济以地位平等的主体资格进行公平的市场竞争"，在这一思想指引下，秀梅女士提出了一系列立法建议，大多在后面的立法中得以体现。尽管已时隔三十余年，前述观点在当前仍然具有重要讨论价值，如秀梅女士提出的制定《民营经济法》，目前已有《民营经济促进法》列入立法规划；2023年4月3日，《人民日报》就以"社会主义市场经济是法治经济"为主题进行整版讨论。再如，本书收录的《中国特色社会主义法治文化建设》一文作于2017年，文章认为，中国古代法制文明中有许多超越时空、具有普遍价

---

① 《习近平关于全面依法治国理论摘编》，中央文献出版社，2015，第8~9页。

值的因素，因此"我们要在对中华传统法律文化的丰富资源进行梳理和甄别的基础上，对其进行现代化的改造和扬弃"。该文对社会主义法治文化的诸多论述既符合习近平法治思想，又能结合具体实践提出新的观点，具有重要学术价值。本书还从具体的立法、执法等不同侧面探讨了法治的实现路径，例如秀梅女士早在2005年就提出了公益诉讼立法的基本框架。

总之，就我个人的阅读感受而言，本书文字简练，可读性强。秀梅女士作为中共北京市委党校（北京行政学院）的教师，既要承担学校安排的各种学历教育课程和干部培训课程，又要在闲暇时间结合教学与学术旨趣撰写文章。本书涉及的主题时间跨度较大，涉及主题较广，大致反映秀梅女士30多年来所完成的各项教学、科研、决策咨询和宣传工作。以法治为思想主线，博而不杂，渊、博兼备，这正是本书的特色所在。

何显兵 2024年8月于涪江之畔

前　言

　　课堂是我们教师的主战场。毕业分配来校任教32年以来，我曾经为行政管理、公共关系、人口学、经济与人口管理等专业大专班讲授"法律概论"，为经济管理专业大专班讲授"经济法"，为法律专业大专班、本科班、在职研究生班讲授"民法""民事诉讼法""刑法及刑事诉讼法""劳动法""宪法学概论""西方法律思想史""民事诉讼法学""劳动法与社会保障体系""国际私法""商法学专题研究""我国文化遗产保护的法治化探究"等课程，为社会学专业硕士研究生讲授"城市管理相关法律研究"，为各级党政干部培训班讲授"'利玛窦规矩'探析"，以"树立依法行政理念 提高行政执法能力"为主旨带领中青年干部培训班到法院旁听案件并进行研讨，为各级党政干部培训班讲授"预防职务犯罪警示教育"，以"深化城市管理执法体制改革，提升城市治理能力"为主题为处级正职公务员班进行现场教学，为各级党政干部培训班讲授"利玛窦为什么成功？——中华文化'走出去'可以借鉴的一个实例"，为法治理论与实践专业硕士研究生、公共管理硕士（MPA）法治政府建设专业学生讲授"民事诉讼法律制度专题""商法学专题""国际私法""公务员法律规范"等课程，为各级党政干部培训班进行"反腐倡廉警示教育"现场教学，等等。

　　2008年3月8日，十一届全国人大一次会议第二次全体会议在北京人民大会堂举行。时任全国人大常委会委员长吴邦国向大会作工作报告并宣布，中国特色社会主义法律体系已经基本形成。至此，中国形成了以宪法为核心，以法律为主干，包括行政法规、地方性法规等规范性文件在内的，由七个法律部门、三个层次法律规范构成的法律体系。国家经济、政治、文化、社会生活的各个方面基本做到有法可依，为依法治国、建设社会主义法治国家、实现国家长治久安提供了有力的法制保障。建设中国特色社会主义法律体系，走出了一条不同寻常的中国特色之路。2010 年，具有中国特色的社会主义法律体系建成。2011 年 3 月 10 日，时任全国人民代表大会常务委员会委员长吴邦国向十一届全国人民代表大会四次会议作全国人大常委会工作报告时庄严宣布，一个立足中国国情和实际、适应改革开放和社会主义现代化建设需要、集中体现党和人民意志的，以宪法为统帅，以宪法相关法、民法商法等多个法律部门的法律为主干，由法律、行政法规、地方性法规与自治条例、单行条例等三个层次的法律规范构成的中国特色社会主义法律体系已经形成。这表明中国已在根本上实现从无法可依到有法可依的历史性转变，郑重宣示中国坚定不移实施"依法治国"基本方略，建设社会主义法治国家，各项事业发展步入法治化轨道。

总之，由上述出于学校各个阶段教学之需而承担的课程即可知，本人孜孜矻矻地涉猎了中国特色社会主义法律体系的七个法律部门：宪法及宪法相关法、民商法、行政法、经济法、社会法、刑法、诉讼与非诉讼程序法，教学科研范畴自然也囊括了中国特色社会主义法律体系所包括的法律、行政法规、地方性法规三个层次。

本书是我学习、教学和科研 30 多年来的个人文集，内容涉及立法、执法、司法、守法等法治建设的各个方面，横跨法理学、民法学、刑法学、劳动法学、国家安全法学、诉讼法学等多个学科，话题跨度、学科跨度、时间跨度大。本书按照主题分为法治思想、法律制定、法律制度、法律实施、法律责任五个部分。绝大多数文章曾经见于杂志、报纸或者论文集。由于当初发表时要求不一，文章的体裁多，写作标准、文章体量、格式体例也不尽统一，为了展现当时的研究特色，本次整理文稿时，在尽量保持原貌的前提下，进行了必要的修改与完善。

法治是中国式现代化的重要保障。当今，我们正走在中国特色社会主义法治道路上。我们要完善中国特色社会主义法治体系，全面贯彻实施宪法，维护宪法权威，坚持法治国家、法治政府、法治社会一体建设，全面推进科学立法、严格执法、公正司法、全民守法，协同推进立法、执法、司法、守法各环节改革，弘扬社会主义法治精神，全面推进国家各方面工作法治化。法治道路，你我同行。本书，即为一个极其普通的法律人一种虽小却锲而不舍、坚持不懈的努力之明证。

目　录

一　法治思想

试论卢梭的立法思想 …………………………………………… 3
卢梭的法律分类思想 …………………………………………… 11
运用法治思维和法治方式化解社会矛盾 ……………………… 13
中国特色社会主义法治文化建设 ……………………………… 24

二　法律制定

建立和完善社会主义市场经济体制需要加快我国的立法建设 ………… 47
中国公益诉讼的立法选择 ……………………………………… 54
我国现行《环境保护法》存在的问题及修改建议 …………… 64
我国非物质文化遗产的法律保护 ……………………………… 73
我国社会组织立法的完善 ……………………………………… 82
《民法典》：绽放的法治文明之花 …………………………… 90
建设一个奉行法治的美好世界 ………………………………… 95
新形势下国家安全立法的完善 ………………………………… 98
北京市加强全国文化中心建设的地方立法保障 ……………… 104
北京市博物馆事业的法治化研究
　　——以《北京市博物馆条例》为视角 ………………… 116

1

三　法律制度

劳动关系中的"集体合同" ……………………………………… 129
保理人视角下《民法典》新确立的保理合同初探 ……………… 131
《民法典》关于融资租赁出租人新规的初探 …………………… 141
可持续发展与公务员培训 ………………………………………… 151
依法反腐是以法治权的重要措施
　　——北京迎接第七届国际反贪污大会 ………………………… 157
试析有关民事诉讼证据的新规则 ………………………………… 159
我国人民调解协议司法确认制度的考察 ………………………… 169
北京市实施《人民调解法》的亮点及展望 ……………………… 178
论"调解优先"司法工作原则 …………………………………… 181

四　法律实施

扎实推进依法行政　全面建设法治政府 ………………………… 189
如何提高公务员依法行政的意识和能力 ………………………… 192
如何维护职工的就业权 …………………………………………… 199
经济全球化与"体面劳动" ……………………………………… 201
北京四区县农民部分法律权益实现情况调研报告 ……………… 208
《北京市居家养老服务条例》的实施初探 ……………………… 222
对博物馆依法运营的思考 ………………………………………… 244
分布式公共法律服务体系助力多元调解
　　——以北京市西城区什刹海街道司法所为例 ………………… 247

五　法律责任

担保财产灭失不影响担保物权效力的转移 ……………………… 257
融资租赁合同：对出租人权益保护更充分 ……………………… 259
法人犯罪的法律责任 ……………………………………………… 261

重视法律的公示性 …………………………………………… 284
国家金融监督管理法治化的新坐标 …………………………… 286
依法保护和传承长城遗产 …………………………………… 289
加快构建我国涉外法治工作体系 ……………………………… 291

后　记 …………………………………………………………… 298

一　法治思想

试论卢梭的立法思想[*]

让-雅克·卢梭（Jean-Jacques Rousseau，1712—1778），法国启蒙运动时代著名的思想家，以新的平等观念、社会契约理论、人民主权思想确立了自己在近现代世界思想史上的显要地位。他设想人民通过订立新的契约的方式，建立起一个保障个人自由与平等、充满民主和爱意的国家。这一契约的订立和运作是以法律的形式来表现和维系的，因此，法律思想在卢梭的整个思想中具有举足轻重的作用。在这当中，立法理论又是最为重要的组成部分。本文试图对此作一论述。

一　法律的实质——公意的体现

与同时代的不少法律思想家从抽象的概念出发解释法律的本质含义时所用的方法不同，卢梭认为，法律不过是"公意"的表现形式，抽去了意志，就等于抽去了法律的实质内容；法律"就是公意对于一个共同利益的目标所做出的公开而庄严的宣告"[①]。

卢梭认为，法律是人民公意的行为，它反映社会全体成员的共同意志。他把人们的意志按不同的主体所属分为四类：个别意志——只考虑私人利益的意志；团体意志——只考虑以牺牲大集体利益为代价的小集团利益的意志；众意——个别意志的总和即构成众意，它是人们相同的与不同的意志的总和；公意——人们相同的合理的意志，它只着眼于公共利益，并不需要全体一致。在这四种意志中，唯有公意永远是公正的，而且永远

---

[*] 此文发表于《北京行政学院学报》2000年第3期。
[①] 〔法〕卢梭：《社会契约论》，李常山、何兆武译，红旗出版社，1997，第107页。

以公共利益为依归。所以，法律既不是个别意志、团体意志的体现，也不是众意的体现，而只能是人民公共意志的体现和记录。说到底，法律不外乎就是通过国家主权权力对公意加以肯定而已。

既然"法律乃是公意的行为"，这个行为就必须以共同利益为目标。由于共同利益的存在，才使社会的建立成为可能，才形成了社会的联系。共同利益是社会结合的基础，也是法律生效的条件。目标如果不是关系到大家，法律就会丧失自己的力量而不再成为合法的。以共同利益为目标，就赋予了社会结合的条件以法律的形式，使之获得社会全体必须一致遵从的效力，这样，法律就会成为社会结合的牢固纽带。

同时，既然法律来自公意，法律的适用对象也就具有了普遍性。对于一个个别的对象是绝不会有公意的，"但是当全体人民对全体人民作出规定时，他们便只是考虑他们自己了；如果这时形成了某种对比关系的话，那也只是某种观点之下的整个对象对于另一种观点之下的整个对象之间的关系，而全体却没有分裂。这时，人们所规定的事情就是公共的，正如作出规定的意志是公意一样。正是这种行为，我就称之为法律"①。公意必须从全体出发，才能对全体适用；当它倾向于某种个别的、特定的对象时，它就会丧失它的天然的公正性。

卢梭明确指出，"我说法律的对象永远是普遍性的，我的意思是指法律只考虑臣民的共同体以及抽象的行为，而绝不考虑个别的人以及个别的行为"②；这种意志必须来自所有人，适用于所有人。也就是说，法律对所有的人都采用同一的尺度，法律并不涉及具体的人物或行为。针对当时的封建等级制，卢梭主张，"法律很可以规定有各种特权，但是它却绝不能指名把特权赋予某一个人；法律可以把公民划分为若干等级，甚至于规定取得各该等级的权利的种种资格，但是它却不能指名道姓把某某人列入某个等级之中；它可以确立一种王朝政府和一种世袭的继承制，但是它却不能选定一个国王，也不能指定一家王室；总之，一切有关个别对象的职能都丝毫不属于立法权力"③。

此外，卢梭还特别强调了法律的严肃性。他认为，一个人，不论他是谁，擅自发号施令就绝不能成为法律；即使是主权者对于个别对象所发出

---

① 〔法〕卢梭：《社会契约论》，李常山、何兆武译，红旗出版社，1997，第67页。
② 〔法〕卢梭：《社会契约论》，李常山、何兆武译，红旗出版社，1997，第67页。
③ 〔法〕卢梭：《社会契约论》，李常山、何兆武译，红旗出版社，1997，第67~68页。

的号令,也绝不能成为一条法律,而只能是一道命令,那不是主权的行为,而只是行政的行为。"我希望任何人都没有任意提出新法律的权利;我希望仅只官员们才有这种权利;我希望那些官员们在行使这种权利时,是那么审慎小心;在人民方面,认可这些法律时,是那么慎重;而法律的公布,也是那么郑重其事"①。作为一种具有强制性的社会行为规范,法律必须用之于社会生活的实践,而其前提必然是法律的广而告之;反之,如果法律被束之高阁,并不能在现实生活中起作用,法律的意义也就消失殆尽了。卢梭认为法律是一种"公开"的"宣告",虽然重在强调形式上的严肃性,但这种公开宣告的形式尤其是具体面对人民大众的宣传,对于法律的权威的实现来讲无疑是不可或缺的。

二 立法的原因——正义的实现

卢梭说,"如果国家,或者说城邦,不外是一个道德人格,其生命全在于它的成员的结合,并且如果它最主要的关怀就是要保存它自身,那么它就必须有一种普遍的强制性的力量,以便按照最有利于全体的方式来推动并安排各个部分"②。在卢梭看来,存在着一种完全出自理性的普遍正义,而这种正义又必须是相互的,如果只是单方的,那它就不过是虚幻的。一切正义都来自上帝,而人类并不能从这个高度来接受正义,处在国家状态中的人又缺少自然的制裁,这就需要由政府和法律来加以制裁。只有法律这种"普遍的强制性的力量"和约定才能把立法与执法、权利和义务、自由与纪律结合在一起,并使正义能符合它的目的,而要获得这种力量和约定就必须立法。

卢梭还将法律与政治共同体的命运联系在一起考察,认为,"由于社会契约,我们就赋予了政治体以生存和生命;现在就需要由立法来赋予它以行动和意志了。因为使政治体得以形成与结合的这一原始行为,并不就能决定它为了保存自己还应该做些什么事情"③。这意味着,国家建立以后,必须制定法律,用法律来赋予国家以意志。只有法律才是政治体的唯一动力,只有法律才是政治社会的行动准则;没有法律,已经形成的国家

---

① 〔法〕卢梭:《论人类不平等的起源和基础》,李常山译,商务印书馆,1962,第54页。
② 〔法〕卢梭:《社会契约论》,李常山、何兆武译,红旗出版社,1997,第58页。
③ 〔法〕卢梭:《社会契约论》,李常山、何兆武译,红旗出版社,1997,第66页。

就像是一个没有灵魂的躯壳,它虽然存在着,但不能行动。国家只能依据法律而行动,借以维持社会秩序,最终实现政治自由。

针对个人意志和公意在立法过程中可能出现的冲突,卢梭指出,"事实上,每个个人作为人来说,可以具有个别的意志,而与他作为公民所具有的公意相反或者不同。他的个人利益对他所说的话,可以完全违背公共利益;他那绝对的、天然独立的存在,可以使他把自己对于公共事业所负的义务看作一种无偿的贡献,而抛弃义务之为害于别人会远远小于因履行义务所加给自己的负担。而且他对于构成国家的那种道德人格,也因为它不是一个人,就认为它只不过是一个理性的存在;于是他就只享受公民的权利,而不满意尽臣民的义务了。这种非正义长此以往,将会造成政治共同体的毁灭"[①]。为了使这个造福于每个人的政治体免于毁灭,对于组成国家的各个公民而言,只让他们每个人顺从公意还不够,还必须使每个人认识公意,理解公意,进而自觉地遵守公意。然而公意并非每个人的单独意志,并非不言自明的,它和每个人的意志并非总是一致的,为此就需要将公意明确化、制度化、规范化,也就是说,国家必须立法。

可见,无论为了保存政治体自身,还是为了其中每个公民自身的幸福,立法都是必要的。

三 立法的主体——非凡的人物

卢梭认为立法权永远属于人民,只有人民的共同意志才能构成法律,凡是不曾为人民所亲自批准的法律,都是无效的;那根本就不是法律。在卢梭看来,立法权非常重要,"国家的生存绝不是依靠法律,而是依靠立法权"[②];"立法权是国家的心脏,行政权则是国家的大脑,大脑指使各个部分运动起来。大脑可能陷于麻痹,而人依然活着。一个人可以麻木不仁地活着;但是一旦心脏停止了它的机能,则任何动物马上就会死掉"[③]。立法权决定社会制度的好坏,决定国家的存亡。

但是,虽然公意永远是正确的,那指导着公意的判断却并不永远都是明智的。因为,"盲目的群众"常常并不知道自己应该要些什么东西,不

---

① 〔法〕卢梭:《社会契约论》,李常山、何兆武译,红旗出版社,1997,第39~40页。
② 〔法〕卢梭:《社会契约论》,李常山、何兆武译,红旗出版社,1997,第158页。
③ 〔法〕卢梭:《社会契约论》,李常山、何兆武译,红旗出版社,1997,第157~158页。

能"亲自来执行像立法体系这样一桩既重大而又困难的事业"[1],因而,"就需要有一种能够洞察人类的全部感情而又不受任何感情所支配的最高的智慧;它与我们人性没有任何关系,但又能认识人性的深处;它自身的幸福虽与我们无关,然而它又很愿意关怀我们的幸福;最后,在时世的推移里,它照顾到长远的光荣,能在这个世纪里工作,而在下个世纪里享受"[2]。具有这"最高的智慧"的"天才""神明",就是"为人类制定法律"的立法者。

为了形成一个真正的公民社会,立法者是必需的。这个特殊的人必须发现适合于相关社会的规则,而且他必须强迫或说服人民接受它们。但他自己没有任何权威;他提出的法律最后必须得到公意的批准。他付出的劳动是爱的劳动,由此他仅能得到荣誉。[3] 卢梭认为,立法者是"敢于为一国人民创制的人",他"在一切方面都是国家中的一个非凡人物"。卢梭指出,适宜于立法的人必须具备以下条件。

——他们虽然已经由于利益或约定的结合而联系在一起,但还完全不曾受过法律的真正羁扼;

——他们没有根深蒂固的传统与迷信;

——他们不怕被突然的侵略所摧毁;

——他们既不参与四邻的争端,而又能独立抵抗邻人或者是能借助于其中的一个以抵御另一个;

——他们之中的每个成员都能被全体所认识,而他们又绝不以一个人所不能胜任的过重负担强加给某一个人;

——他们不需要其他民族便可以过活,而所有其他民族不需要他们也可以过活;

——他们既不富有也不贫穷而能自给自足;

——他们能结合古代民族的坚定性与新生民族的驯顺性。

在卢梭的眼里,一般民众是不具备以上这些条件的。只有他们当中的贤明的、智慧的、天才的人物才能担当具体制定法律的工作,充当立法者。事实上,卢梭把立法权和立法者区别开来,既坚持立法权归于人民,又主张立法活动应由专门的、适宜的人才来进行。这些思想是对古代"圣

---

[1] 〔法〕卢梭:《社会契约论》,李常山、何兆武译,红旗出版社,1997,第69页。
[2] 〔法〕卢梭:《社会契约论》,李常山、何兆武译,红旗出版社,1997,第72页。
[3] 参见〔美〕列奥·斯特劳斯、〔美〕约瑟夫·克罗波西主编《政治哲学史》(下),李天然等译,河北人民出版社,1993,第681页。

贤政治"思想的继承和发挥。

四　立法的原则——自由与平等

卢梭认为，立法者应该明白，一切立法体系的最终目的是"全体最大的幸福"。这幸福可以归结为两大主要的目标：自由与平等。"自由，是因为一切个人的依附都是削弱国家共同体中同样大的一部分力量；平等，是因为没有它，自由便不能存在"①。

这里的自由不是指以个人的力量为其界限的自然的自由，而是指人类由于社会契约所获得的、被公意所约束着的社会的自由。卢梭认为，人类由自然状态而进入社会状态，根据人们的社会契约，所丧失的是他们的自然自由或天然自由以及对于他们所企图的和所能得到的一切东西的那种无限权利，而他们所获得的乃是社会的自由、道德的自由以及对于他们所享有的一切东西的所有权。唯有道德自由才使人类真正成为自己的主人，如果人们不讲道德而只凭嗜欲的冲动行事，则仍然是处于奴隶状态。社会自由就是法律设定的自由，如果离开了法律而任性行事，则不可能在社会上获得真正的自由。

在卢梭看来，首先，法律与自由是一致的。法律是人民自己意志的记录，人民服从法律就是服从自己的意志，就意味着自由。也只有服从人民自己为自己所制定的法律才是自由的。其次，自由是使法律符合公意的前提。如果人们没有自由，处于被奴役地位，就谈不上把自己的意志用法律的形式表现出来。在没有自由的社会里，法律不可能是公意的体现，只能是少数独裁者意志的体现。最后，法律是自由的保障。人人遵守法律，才能给人们以享受自由权利的安全保障。卢梭的这些观点意在反对专制统治，要求恢复人们天赋的自由权利；同时，他也反对无政府主义，要求人们遵纪守法，以保障人人享有自由。

至于平等，"这个名词绝不是指权力与财富的程度应当绝对相等；而是说，就权力而言，则它应该不能成为任何暴力并且只有凭职位与法律才能加以行使；就财富而言，则没有一个公民可以富得足以购买另一人，也没有一个公民穷得不得不出卖自身。这就要求大人物这一方节制财富与权

---

① 参见〔法〕卢梭：《社会契约论》，李常山、何兆武译，红旗出版社，1997，第94页。

势，而小人物这一方必须节制贪得与觊求"①。这里表露了卢梭平等思想的两面性：在社会制度层面上，他追求平等；在现实生活领域中，他又认可不平等现象。其实，在制订政府的实际计划时，就像曾为波兰政府制订计划时那样，卢梭是愿意承认财富、等级和权力的不平等的。所以说，卢梭所主张的平等并不是绝对的、事实上的平等，而是尽可能缩小差别，是法律面前的平等。

在卢梭看来，要实现人们的社会自由，需要实现社会平等，平等是自由的前提，没有平等就无所谓自由。高明的立法者应该艺术地把国家的制度引向"自由"和"平等"这两个目标，否则，"法律会不知不觉地削弱，体制会改变，而国家便会不断地动荡，终于不是毁灭便是变质"②。

在确定了立法的目的之后，卢梭认为，具体立法时要注意各种自然的、社会的条件。卢梭同孟德斯鸠一样，认为在立法的时候必须考虑国家的位置、土地性质、气候条件、人口密度、国家的历史、人民的职业和专长等，而最重要的就是国土面积的大小。在卢梭看来，明智的立法者并不是从制定良好的法律本身着手，而是要事先考察一下他要为他们立法的人民是否适宜于接受那些法律，根据"当地的形势以及居民的性格这两者所产生的种种对比关系"，"来给每个民族都确定一种特殊的制度体系"，而"使一个国家的体制真正得以巩固而持久的，就在于人们能够这样来因事制宜，以至于自然关系与法律在每一点上总是协调一致，并且可以这样说，法律只不过是在保障着、伴随着和矫正着自然关系而已"③。这就是说，立法工作要取得成功，就在于它必须能发现自然的单纯需要，并使之与社会的种种需要结合起来。卢梭认为，这一切条件汇合在一起，就会有一个体制良好的国家。

立法成果要由人民来批准。法律既然来自全体人民的公意，法律既然是主权者的行为，而"主权是不可能代表的"，因之，卢梭重新肯定了古代民主的基本标准：国家应该小些，以便公民能够定期召开单一性大会。只有人民直接赞同和批准的文件才能成为法律，只有在人民是法律的创制者的地方，才有自由和民主。卢梭反对实行代议制民主。他认为代议制民主意味着消极的公民意识，存在着明显的弊端。这里，卢梭表达了人民直

---

① 〔法〕卢梭：《社会契约论》，李常山、何兆武译，红旗出版社，1997，第94页。
② 〔法〕卢梭：《社会契约论》，李常山、何兆武译，红旗出版社，1997，第96页。
③ 〔法〕卢梭：《社会契约论》，李常山、何兆武译，红旗出版社，1997，第95~96页。

接参加立法、直接掌权的民主思想。

立法权属于人民，立法就要做到稳定性和灵活性相统一。卢梭认为，作为治国工具的法律当然要有一定的稳定性，只有这样，人们才能确信和尊重法律，法律才能获得神圣的效力。没有充足的理由不能轻易变更法律。但是，这种稳定性是相对的，当法律所保护的利益要求变化时，法律就应当修改；当法律成了君主或其他强者胡作非为的工具时，就必须废除法律。卢梭还特别强调，既然法律是人民意志的体现，人民在任何时候都有权修改或废除法律。

卢梭是从"性善论"和"人生而平等"思想来构建他的立法思想的。他所得出的结论的理想化色彩和内在的冲突自然难免。但是，无论怎样，他有关法律的定义、立法权在民和立法原则等思想集中表达了激进资产阶级民主派和广大人民彻底反对封建专制的强烈愿望，这在他所处的时代，在各国资产阶级革命时代，无论从理论角度讲，还是从实践角度讲，都具有很大的积极意义，起过进步作用。卢梭的一些立法思想也成为资产阶级革命后某些国家政治法律制度的理论基石。

时值当今，我们要实现依法治国的方略，把我国建设成为独具特色的社会主义法治国家，在这个过程中，首要的任务就是制定和完善适应我国社会主义市场经济需要的法律。因此，了解卢梭的立法思想，对我国的立法工作应该有所裨益。

卢梭的法律分类思想[*]

卢梭（1712—1778）在《社会契约论》（1762）中描画了一个民主的、道德的理想国家。对于这个以社会契约为基础建立起来的国家，卢梭主张以法律的手段来进行统治和管理，实行法治。法律思想是其社会契约理论的一个重要组成部分。下面，简单介绍一下他的法律分类思想。

卢梭关于法律分类的思想，主要是吸取了孟德斯鸠的观点。孟德斯鸠把人类的法分为"自然法"与"人为法"两种，而"人为法"则分为三种：政治法，用于调整统治者与被统治者的关系；民法，用于调整公民与公民之间的关系；国际法，用于调整不同人民之间的关系。卢梭认为，为了规划全体的秩序，或者说为了赋予公共事务以最好的可能形式，就需要考虑各种不同的关系，根据这各种不同的关系来建立各种法律，而不能只是停留于抽象的自然法阶段。卢梭特别强调实在法（国家法）的必要性，明确地把法律分为政治法、民法、刑法和习惯法四种。

政治法也称作基本法，它规定"整个共同体对于其自身所起的作用，也就是说全体对全体的比率，或者说主权者对国家的比率"。这个比率是由"比率中项"，即政府的那个比率所构成的；因为在主权者对国家的关系中，政府处于"比率中项"的地位。所谓"全体对全体的比率"，则是指人民所具有的两重身份：一方面，享有主权，行使主权；另一方面又必须服从主权，遵守号令。政治法相当于现在常说的宪法；制定政治法的宗旨在于调节主权者、政府和国家三方面的关系，使它们保持平衡，防止走向专制主义或者陷入无政府状态。

---

[*] 本文部分发表于《厦门晚报》2000年7月9日第2版；文中引文皆出自〔法〕卢梭《社会契约论》（李常山、何兆武译，红旗出版社1997年版）。

11

民法是调节"成员之间的关系，以及成员对整个共同体的关系"，也就是调节公民之间的关系和公民同国家之间的关系。卢梭主张，公民之间关系的比率应该尽可能小，而公民对国家关系的比率应该尽可能大；"以便使每个公民对于其他一切公民都处于完全独立的地位，而对于城邦则处于极其依附的地位"。这就是说，在一个国家里，要运用民法手段赋予公民尽可能多的权利和尽可能大的自由度，同时，使公民与国家之间的联系尽可能紧密。

刑法规定"个人与法律之间的关系，即不服从与惩罚的关系"；"刑法在根本上与其说是一种特别的法律，还不如说是对其他一切法律的制裁"。卢梭反对严厉惩罚，认为这是一种消极的、无效的手段，旨在用恐怖来代替对法律的尊重；他这种思想不免显得失之偏颇。卢梭强调刑罚应与守法教育相结合，并把尊重法律看作是最重要的。这与他的社会契约理论是相一致的。

习惯法"这种法律既不是铭刻在大理石上，也不是铭刻在铜表上，而是铭刻在公民们的内心里；它形成了国家的真正宪法；它每天都在获得新的力量；当其他的法律衰老或消亡的时候，它可以复活那些法律或代替那些法律，它可以保持一个民族的创制精神，而且可以不知不觉地以习惯的力量代替权威的力量"。这里，卢梭所说的"习惯的力量"，就是"指风尚、习俗，而尤其是舆论"，"其他一切方面的成功全都有系于此"；"这也正是伟大的立法家秘密地在专心致志着的方面"，"尽管他好像把自己局限于制定个别的规章，其实这些规章都只不过是穹窿顶上的拱梁，而唯有慢慢诞生的风尚才最后构成那个穹窿上的不可动摇的拱心石"。在这里，卢梭描述了习惯法即不成文法与以上三种成文法的区别和联系，准确地指出了习惯法（其实相当于道德）的重要性。

卢梭继承和发展了孟德斯鸠的观点，明确地把法律分为以上四种，并详尽地论述了各自的性质和作用，这在法律思想史上有着十分重要的意义。

运用法治思维和法治方式
化解社会矛盾[*]

党的十八届四中全会明确提出，要更加注重发挥法治在国家治理和社会管理中的重要作用，提高领导干部运用法治思维和法治方式深化改革、推动发展、化解矛盾、维护稳定能力。党的十九大报告要求打造共建共治共享的社会治理格局，加强预防和化解社会矛盾机制建设，正确处理人民内部矛盾。

一 当前我国社会矛盾的基本情况

从根本上来讲，社会矛盾都是因一定生产方式下的生产关系与生产力不相适应而产生的。当前我国正处于社会转型期，由传统的农业向工业迈进，由传统的计划经济向完善的社会主义市场经济转变，这种双重转型决定了现在是社会变革的关键时期。关键时期的社会矛盾越来越凸显。可以说，现在的基层社会矛盾涉及社会经济、法律、教育、医疗、环境等生活的方方面面，如不妥当解决化解，必然会使社会矛盾加剧，势必会阻碍我国社会主义市场经济建设和全面深化改革的进程。这就要求我们在新的历史条件下，正确认识我国社会转型期各种矛盾的类型和性质，正确把握矛盾发展变化的规律和特点，从我国基本国情出发，创新社会治理体制机制，积极主动地化解社会矛盾。

我国处于转型期的社会矛盾主要有以下几个表现。

第一，存在利益冲突。当前利益冲突的表现之一是利益失衡。例如，

---

[*] 本文拟写于 2018 年 7 月初，后笔者曾携此文参加沈阳师范大学法学院承办的中国社会法学研究会 2018 年年会。

劳资矛盾突出。劳资矛盾现在常见诸报端和各新闻媒体，尤其是在我国经济较为发达的东部地区。

第二，贫富差距加剧。近些年来，我国地区、城乡、行业、群体间的收入差距有所加大，分配格局失衡。有些低收入群体攀比现象严重，心理无法平衡而引发矛盾纠纷。当前，社会分配两极分化倾向也导致有些社会成员心理失衡，他们有的仇视社会、敌视富人，为了发泄心中的怨恨和不满，甚至铤而走险，造成社会局部紧张的氛围。

第三，干群关系紧张。由于我国社会主义市场经济还不够完善，行政权力可能不当干预正常的经济生活，作为行政权力的人格主体——官员也就可能与群众发生一些矛盾。另外，实践中少数干部办事拖拉、态度恶劣甚至假公济私、贪污腐败，严重影响了干群关系。这种情感上的对立不仅滋长老百姓的社会怨恨心理，还严重破坏政府在百姓心目中的形象和公信力。

第四，出现了阶层矛盾。在40年的改革开放期间，各类社会成员的社会地位不同，导致社会阶层逐步拉开距离。不同社会阶层之间经常发生矛盾，这种矛盾往往表现为"特殊利益集团"与外部的矛盾。

第五，诉求表达不畅。当前我国正处在社会转型期，社会资源、社会结构都在发生巨大变化，民众的法律意识、参与意识、利益表达需求不断提高。但部分政府回应能力欠缺，社会危机得不到及时关注，对民众的正当需求表达回应滞缓。在司法领域，一些司法不公、司法腐败等现象的发生，使人民群众对司法望而却步，部分群众因为法律意识淡薄，走上信访不信法、信权不信法、信官不信法、信闹不信法的道路。①

当前，我国社会矛盾数量较大、多种社会矛盾同时交织叠加，形成了错综复杂的社会形势。例如全国各地发生的拆迁征地纠纷、医疗纠纷、自然灾害赔偿纠纷、环境污染恶性事件、劳资社保纠纷、对公务人员工作作风不满引发矛盾等，这些矛盾呈现出主体多元化、形成原因复杂化、表现形式多样化、解决繁难化等特点。

二 何谓"法治思维""法治方式"

党的十八大报告指出，法治是治国理政的基本方式；党的十八届四中

---

① 参见穆华桂《论化解社会矛盾的法治化途径》，《湖北行政学院学报》2015年第3期。

全会报告要求党员干部自觉提高运用法治思维和法治方式深化改革、推动发展、化解矛盾、维护稳定能力。党的十八届四中全会的这一提法,有其现实必要性,为正确认识当前社会转型期所面临的诸多矛盾和化解此类矛盾指明了方向,即应当积极主动运用法治思维和法治方式来预防、化解当前社会矛盾纠纷。

(一) 法治思维的内涵

党的十八大后,理论界和实务界从价值论、方法论、过程论、行为选择论等方面对法治思维作出各种界定。有学者认为,所谓"法治思维",是指执政者在法治理念的基础上,运用法律规范、法律原则、法律精神和法律逻辑对所遇到或所要处理的问题进行分析、综合、判断、推理和形成结论、决定的思想认识活动与过程。[①] 法治思维的内涵可通过四个维度来呈现。

第一,法治思维是一种底线思维,是以合宪性与合法性为起点、以公平正义为中心的一个逻辑推理过程。这种底线思维主要体现在以下三个方面:(1)要按照宪法和法律的基本价值进行合法性判断,这是法治思维的魂;(2)要按照宪法和法律的基本内容进行合法性判断,这是法治思维的基本要求;(3)要按照宪法和法律的基本程序进行合法性判断,这是法治思维的"用"。

第二,法治思维是一种规则思维。这种规则思维的基本要求是:(1)通过培养规则意识提升规则思维来提升法治思维;(2)国家机关及其工作人员严格遵守法律规则,依照法律规则行使权力;(3)国家机关及其工作人员寻求解决问题的方案,应当符合基本的法律规则。

第三,法治思维是一种权利思维。这种权利思维应当包含以下三个方面的内容:(1)不得侵犯公民的合法权利;(2)实现权力与责任的平衡;(3)实现权利与义务的平衡。

第四,法治思维是一种契约思维。这种契约思维在现代法治的价值取向与制度安排上,具体反映在以下三个层面:(1)宏观层面上,政府权力来自人民的授权;(2)中观层面上,政府行使权力的终极价值目标是为人民服务;(3)微观层面上,政府在权力行使过程中应当遵守契约,讲究诚信。

[①] 参见姜明安《再论法治、法治思维与法律手段》,《湖南社会科学》2012年第4期。

（二）法治思维的特征

第一，合法性。法治思维的核心是崇尚法律之治，合法性是法治思维的核心特征。法治思维强调法律的最高权威，法律具有至高无上的地位。法律的至尊地位主要体现在以下两个方面。（1）在诸种社会规范中，法律规范是最高规范，任何其他规范都不能背离法律。法律手段是社会治理的根本手段，任何其他手段的运用都不能脱离法律的轨道。（2）法律的权威高于任何权力的权威。法治思维要求政府、企业团体或公民个人必须树立强烈的法律意识，严格遵守法律，养成依法办事、努力在法律框架内解决问题的习惯。法治思维尤其强调政府行为的合法性。政府需要做到目的、权限、内容、手段和程序五个方面合法，否则，就是与法治思维的精神相背离。

第二，民主性。民主与法治共生并存，民主性是法治思维的根本特征。法治思维强调法律必须体现多数人的意志和利益。其既崇尚科学立法，也重视民主立法，强调以反映人民意志与利益的良法，促进社会的良性发展。法治思维重视用法律保障多数人的合法权利，强调依法制裁侵犯公民合法权益的行为。任何人都不能享有法外特权。公民可以通过法律途径追究侵权者的法律责任，有效地捍卫自己的合法权益。

第三，程序性。程序性是法治思维的显著特征。法治思维极其重视程序的价值，特别强调按照制度办事，强调通过明确规定制度运行过程的每一个环节，通过严格科学规范的程序确保制度运行高度有效，降低制度运行的成本，消除制度运行的不确定性，使各种制度切实地发挥作用。

第四，限权性。法治思维把依法限制权力、有效制约政府视为法律的重要任务，限权性是法治思维的突出特征。为从根本上有效限制权力的不正当使用，法治思维强调法律必须能够制约政府权力。

第五，透明性。法治思维高度重视公开透明的办事原则，强调一切权力都必须在阳光下运行，坚决反对暗箱操作。在法治思维的框架下，当权者应尽的责任和义务之一就是公开透明行使权力，必须公开办事的原则规则和基本程序，及时公开权力运作的目的、内容、过程和结果。[①]

[①] 参见吴玉英《领导干部法治思维运用能力的现状及提升对策》，《中国井冈山干部学院学报》2015年第2期。

（三）法治方式的含义与特征

法治思维是基于法治的固有特性和对法治的信念来认识事物、判断是非、解决问题的思维方式。法治方式是运用法治思维处理和解决问题的行为方式。法治思维和法治方式相辅相成，善用法治思维和法治方式可以促进法治实践，法治实践又会激发人们自觉能动地运用法治思维和法治方式。当前，我国已进入全面深化改革的战略机遇期，社会的各类主体都要适应社会的发展变化，确立法治思维，将法律手段作为解决社会矛盾和问题的主要手段，以法治思维和法治方式来凝聚全社会深化改革的法治共识。

在社会矛盾化解的过程中运用法治方式，从根本上说就是提出了系统的方法论。所谓社会矛盾化解的法治方式，是指在化解社会矛盾过程中，以合法处置为中心，适当运用合法合理的策略，采用多元方式，遵循法治原则和法治精神，处理社会矛盾和纠纷，达到既恰当解决社会矛盾，又实现保障公民权利、维护社会公正的目的。法治是迄今为止人类能够认识到的治国理政的最佳方式，是破解当前各种难题的最佳选择。

第一，这是一种理性文明方式。"要探明法治方式的内涵以及问题指向，就需要观察我国过去的社会治理方式，以明确法治方式所针对的人治或专制的因素，进而揭示法治方式的特定意义。"[①] 从历史来看，我国曾经有过用"盖帽子"等方法掩盖矛盾或者化解矛盾的历史，甚至部分地方政府还存在用与法治相对的人治方式制造社会矛盾的行为。因此，党的十八大所提出的用法治方式解决社会矛盾，目的就在于积极引导当事人通过正当法律程序，依靠法律，根据法律，相信法律。这里的当事人实际上既包含了普通群众，又包含了各级政府。这种纠纷解决方式是在平等说理、依法说事、合法配权的基础上进行的。这里说的理性文明是指化解社会矛盾的主体必须冷静客观分析矛盾性质和事实，避免无辜之人受到牵连和伤害，避免不分青红皂白地伤害矛盾对方及其家人，使得矛盾化解有理有据有节。

第二，这是一种普遍适用方法。社会矛盾本身是不可能复制的，但是类似的社会矛盾会发生在不同的时空。解决社会矛盾，不仅只是给特定的当事人一个说法，更要给潜在的当事人一个说法。今天人们可以按

---

① 陈金钊：《诠释"法治方式"》，《新疆师范大学学报》（哲学社会科学版）2013年第2期。

照此种方式来化解此种纠纷,那么明天另外一个当事人也必须能够按照此种方式来化解此种纠纷。这就是法治方式所能够给予的。如果一个当事人在政府门口或者在法院门口一顿大闹,就能将本已严重犯罪的行为按照轻罪处罚,或者不了了之,这是法治所不允许的。一个不具稳定性的法律制度,只能是一系列仅为了应付一时性的变故而制定的特定措施,它会缺乏逻辑上的自治性和连续性。这样,人们为将来的交易制订计划的时候,就会无从确定昨天的法律是否会成为明天的法律,人们也不会对此寄予某种深刻的信仰,从而社会矛盾处于无序化状态。法治方式所解决的纠纷,尽管可以采用合法合理的策略,但是对于类似问题而言,是具有可复制性的,因而是能够普遍适用的。

第三,这是一种尊重权利方法。化解社会矛盾,关键在于保障公民权利。甚至在社会出现不稳定状态之时,国家的维稳都必须先维权。清末民初时期的思想家何启、胡礼垣就说:"人人有权,其国必兴;人人无权,其国必废;此量如日月经天,江河行地,古今不易,遐迩无殊。"化解社会矛盾适用法治方式,就必须尊重和保障权利。马克思说,"权利,就它的本性来讲,只在于使用同一尺度"①。也就是说,用法治方式化解矛盾,就应该是该保护的权利应当是在同一水平线上坚决给予保护,不该保护的利益,绝对必须给以必要的扬弃。

第四,这是一种综合平衡方法。社会矛盾的发生,其成因是多方面的,既有经济利益方面的原因,也有文化思想方面的原因,更有时代价值的原因。在当今时代,采用法治方式化解社会矛盾,实际上并不是说用法治方式解决矛盾是唯一方法。相反,用法治方式化解社会矛盾既可以采用法律方法来解决,也可以采用经济方法、政治方法、思想方法,当然还可以采用其他能够为我所用的方法,前提是这些方法的适用都符合法治的基本精神和原则。同时,运用法治方式解决社会矛盾要关注各方利益,进行综合权衡,因地制宜、因时制宜、因人制宜。而且,在多元方法多管齐下之时,化解社会矛盾还可以采取合法的策略。比如,我们现在所提倡的"三调联动"总体来说就是综合平衡方法的体现。在调解或者和解的过程当中,居中调解人就可以采用相关策略以达到最大限度之矛盾化解。②

---

① 《马克思恩格斯选集》第 3 卷,人民出版社,2012,第 364 页。
② 彭中礼:《论社会矛盾化解的法治方式》,《中南大学学报》(社会科学版)2014 年第 1 期。

三 运用法治思维和法治方式化解社会矛盾的路径

(一) 前提：养成敬法守法意识

人类历史是纠纷不断发展的历史，也是不断解决纠纷的历史。自有纠纷产生以来，人类社会先后主要出现过三种纠纷解决方式：复仇解决方式、神判解决方式、法律解决方式。相比于复仇解决法和神判解决法，法律作为纠纷解决的方法的出现，是人类文明的巨大进步。制度化、规范化、普遍化的法律解决方式就变成了我们今天所强调的法治方式。当前，应该将人们解决纠纷的思路引导到诉讼、复议、仲裁等理性的维权渠道上，通过法治的方式化解矛盾纠纷。新闻媒体也应该多宣传那些依法而不是靠领导解决纠纷的案例。[①] 实行依法治国，建设法治国家，首先要形成良好的法治道德风尚，而法治道德风尚的形成则是有赖于公民法治意识的养成，公民法治意识养成的前提即信仰并且遵守法律。因此，敬法守法意识的养成，将有助于正确地运用法治思维与法治方式化解社会矛盾。养成敬法守法意识，须涵养全民法律信仰。卢梭就言，一种法律"既不是铭刻在大理石上，也不是铭刻在铜表上，而是铭刻在公民们的内心里"[②]；当代著名法学家伯尔曼的一句话——"法律必须被信仰，否则它将形同虚设"也被广为传颂没有对法律信仰的心理基础，任何社会都不能迈进法治社会的门槛。法治是治国理政的基本方式。因此，我们不能简单地将法治仅仅理解为一种社会治理的工具。相反，我们应该将其内化为一种社会观念与态度，成为一种全民信仰，让法治成为一种社会生活方式。

(二) 关键：推进依法行政

依法行政是近现代法治国家奉行的基本准则。依法行政就是行政机关行使行政权力、管理公共事务必须由法律授权并依据法律规定。当前我国正处于社会转型期，无论是深化改革、推动发展，还是化解矛盾、维护稳定，都亟须各级领导干部培养"法治思维"和提升运用"法治思维"的能

---

① 马怀德：《依靠法治力量化解社会矛盾》，《人民日报》2012年6月6日，第18版。
② 〔法〕卢梭：《社会契约论》第3版，何兆武译，商务印书馆，2003，第70页。

力，即提升领导干部依法行政的能力。党的十九大报告要求，建设法治政府，推进依法行政，严格规范公正文明执法。在具体贯彻落实依法行政准则过程之中，仍须注意以下问题。第一，反对人治，反对潜规则。法治是相对人治而言的，法治的核心是规范公权、保障私权，人治的核心是个人专权、权力一元化，是一种单向的、自上而下的、等级森严的"线状"控权模式。个人专权往往容易滋生腐败。因此，那种依照领导干部个人意志行事，政府公权力不受约束的观念应该彻底摒弃。第二，杜绝"选择性执法"。当前，社会中暴露出的选择对象执法、选择时间执法（即所谓的运动式执法）等不良社会现象，归根结底，皆是源于"官本位"思想，与之伴随的，则是权大于法、钱重于法、情过于法的种种不良风气。这种唯权、唯钱、唯情所招致的"选择性执法"，严重动摇威胁法律的平等性、权威性、正义性，也在很大程度消解了人们的公平观念和法治意识。[①] 因此，坚持依法行政，要强调公平执法，做到一视同仁，优化当前执法环境。第三，注重树立权力制约理念。在法治思维中，权力欲具有多种表现方式，这取决于有关个人的特有品质，然而人性是有缺陷的，且此种缺陷无法通过社会发展和个人的自我修养予以消除；若缺乏有效的制约，任何掌握权力的人最终都会滥用权力。孟德斯鸠有一句名言，"一切有权力的人都容易滥用权力，这是万古不易的一条经验"[②]；德国历史学家佛里德里希·迈内克（Friederich Meinecke）也讲，"一个被授予权力的人，总是面临着滥用权力的诱惑，面临着逾越正义和道德界限的诱惑"，"人们可以把它比作附在权力上的一种咒语——他是不可抵抗的"。[③] 可见，不受制约的政治权力乃是世界上最具有动力的、最肆无忌惮的力量之一，而且滥用这种权力的危险也是始终存在的。强调法治思维与法治方式就是要求"有权者不可太任性"，这也刚好与行政权"法无明文授权皆禁止"的原则相对应。

（三）基础：树立司法权威

公正是法治的生命线。党的十八届四中全会强调，"必须完善司法管

[①] 参见范正伟《"选择性执法"别把公正"选择"掉》，《人民日报》2010年5月20日，第6版。
[②] 〔法〕孟德斯鸠：《论法的精神》，张雁深译，商务印书馆，1961，第154页。
[③] 参见〔美〕博登海默：《法理学：法律哲学与法律方法》，邓正来译，中国政法大学出版社，2017，第377页。

理体制和司法权力运行机制，规范司法行为，加强对司法活动的监督，努力让人民群众在每一个司法案件中感受到公平正义"。党的十九大继续强调，"深化司法体制综合配套改革，全面落实司法责任制，努力让人民群众在每一个司法案件中感受到公平正义"。司法本身的特殊职能决定了它不仅是直接关系依法治国实施好坏的重要环节，也决定了它是检验社会秩序公正与否的直接窗口和关键性标志。司法权威来源于公众对司法的信任与认同，其需要法律信仰的支持和维护。只有司法权威得以真正地实现，才能为国家治理的法治化提供可靠的保障。为了使我国的司法机关真正发挥其应有的作用，可以有效地保护公民的合法权益，解决社会各种纠纷，应当把培育公平正义的司法法治文化作为培育中国特色社会主义法治文化的一个突出着力点。为此，建议：（1）注重对司法机关工作人员的教育，让他们珍惜自己的权力，认真严格地依据宪法和法律的授权行使自己的职权；（2）深入有序地加快推进司法体制改革，革除不利于司法公正的体制和机制障碍；（3）以《宪法》第131条中"人民法院依照法律规定独立行使审判权"的规定为中心，通过集中学习、进修等形式对立法机关、行政机关、政党等社会团体工作人员以及领导干部进行宣传教育，避免非法干涉司法机关依法行使职权；（4）继续实施对司法腐败强而有力的监督，坚决查处影响司法公正的事件和人员；（5）对广大公民继续进行宣传教育，让他们明白司法机关解决争端是最合理、最有效的方法，司法机关是保护他们权益的最后"卫士"；（6）大力表彰和树立体现优秀司法法治文化的法官、检察官、律师等行业先进模范，以提升中国司法法治文化的鲜活影响力和公信力。[①]对于人民法官来说，不但要做到忠于党，忠于国家，忠于人民，还要强调忠于法律。法官最大的耻辱就是知法犯法、枉法裁判。一个对法律不忠的人，是没有资格担当法官重任的。法官不仅要模范地遵守法律，而且要善于运用法治意识和法律思维创造性地执行法律，不仅要服从现有的法律，更要服从法律的基本价值——正义和良知。正义和良知是法官健康人格的基石。总之，要通过各种形式和渠道在全社会营造一种尊重司法的文化氛围。

（四）保障：接受全面监督

从理论上讲，目前我国对行政权力的监督制约已经形成了比较全面的

[①] 参见孙育玮《中国特色社会主义法治文化的理论与实践》，《学习与探索》2014年第4期。

严密体系。这一体系包括同体监督和异体监督。同体监督包括行政机关自身的监督，权力机关、监察机关、审判机关、检察机关的监督等；异体监督包括新闻媒体、人民群众、社会团体的监督等。但实践中存在的有法不依、执法不严、违法不究以及贪污腐败的事例有力证明了对行政权力的监督是缺乏力量的。其原因有立法的壁垒，也有机制上的障碍。立法上的壁垒导致监督缺乏刚性的法律支撑，使监督常常流于形式而无法落实；机制上的障碍导致监督机构缺乏必要的对立性，直接影响监督作用的发挥和监督的实效。不受制约的权力是危险的权力。只要有权力，就可能存在权力滥用，从而极易滋生腐败现象。权力导致腐败，绝对权力导致绝对腐败。完备的内外监督体系可以避免公权力超越法律界限，有利于增强政府工作的透明度，让权力在阳光下运行。特别的，根据今年（2018年）3月20日公布、施行的《中华人民共和国监察法》，我国构建起集中统一、权威高效的国家监察体制，对所有行使公权力的公职人员进行监督，逐步实现国家监察全面覆盖，这将有利于推进我国国家治理体系和治理能力现代化。

（五）重要环节：注重创新工作方法

在推进经济社会进程中，面对实践中出现诸多亟待化解的新矛盾、新问题，如果还满足于"老手段""老方法""老经验"，已经不能适应发展的要求，我们必须按照事物发展的客观规律和市场经济的需求，与时俱进，不断地创新工作方法。当前，运用法治思维与法治方式化解社会矛盾的过程中不可避免地会出现一些疑难矛盾纠纷，这就需要领导干部充分发挥并运用自己的智慧和领导艺术，不断创新工作方法。第一，坚持一切从实际出发。在具体工作中应当将上级精神与本地实际结合，不能从"本本"出发，不能只唯上、只唯书。第二，具体问题具体分析，抓主要矛盾。工作的过程就是解决矛盾的过程，矛盾有主次，主要矛盾解决了，次要矛盾就会迎刃而解，要避免"捡了芝麻丢了西瓜"现象发生。第三，提升自身素养，培养创新精神。工作方法创新从哪里来？从浩瀚的知识和丰富的经验中来。不学习是不可能创新工作方法的。因此，只有掌握了广博的知识和丰富的实践经验后才能厚积薄发、见微知著，创造性地解决问题。如，吉林省安图县委、县政府搭建的群众诉求服务平台创新。2010年，面对"党委、政府职能部门感到棘手，诉求百姓也觉得委屈"的问题，安图县委、县政府深刻认识到必须从激发社会活力入手，构建群众利益诉求服务平台,最终形成了"四位一体、三个平台、一个频道的全流程、全覆盖的诉求服务网络"社会矛盾共治新格局。此种创新社会管理的新模式最终获得第七届"中国地方政府创新优胜奖"。

结　语

法治是治国理政的基本方式。要全面推进依法治国,善用法治思维和法治方式治国理政,这是党在新时期、新形势下对实施依法治国方略提出的新标准、新思路、新要求。法治是化解矛盾的最佳途径和维护社会稳定的根本保障。要实现运用法治思维与法治方式化解社会矛盾这一目标,就必须坚持养成敬法守法意识,涵养全民法律信仰,在具体工作中坚持依法行政、依法执政,优化司法环境、不断提升司法公信力,树立司法权威,主动接受广泛、全面的监督,注重不断创新工作方法。

中国特色社会主义法治文化建设[*]

文化是民族的血脉，是人民的精神家园。2014年10月15日，习近平总书记在文艺工作座谈会上指出："文化是民族生存和发展的重要力量。人类社会每一次跃进，人类文明每一次升华，无不伴随着文化的历史性进步。"[①] 文化对一个国家、一个民族的发展进步起着至关重要的作用。

我们今天使用的"文化"（Culture）一词是个舶来品，是19世纪末通过日文转译从西方引进的。大致有内涵不同的三种文化观：广义文化观、中义文化观和狭义文化观。广义的文化观认为，文化是人类创造的一切，主要包括精神文化、制度文化和物质文化。中义的文化观认为，文化是指社会的意识形态，以及与之相适应的制度和组织机构。狭义的文化观认为，文化仅指社会的意识形态或社会的观念形态，即精神文化。[②] 从文化角度看，法治文化是以"法治"为治国理政基本方式所形成的一种社会文化形态；从法治角度看，法治文化是以"文化"为表现形式和主要内容的一种法律统治形态。两个角度相辅相成、殊途同归。基于对文化和法治的一般理解，可以把法治文化作出广义和狭义的不同界定。广义地讲，法治文化是一个国家中由法治价值、法治精神、法治理念、法治思想、法治理论、法治意识等精神文明成果，法律制度、法律规范、法治措施等制度文明成果，以及自觉执法、守法、用法等行为方式共同构成的一种文化现象和法治状态；狭义地讲，法治文化是关于法治精神文明成果和法治行为方

---

[*] 此文原载于北京市法治宣传教育领导小组办公室等组织编写的《北京市国家工作人员学法教材》（中国民主法制出版社2017年版）。
[①] 习近平：《在文艺工作座谈会上的讲话》，人民出版社，2015，第2页。
[②] 参见李林《中国语境下的文化与法治文化概念》，《中国党政干部论坛》2012年第6期。

式相统一的文化现象和法治状态。①

党的十八届四中全会首次将"建设社会主义法治文化"写入全会决定，充分体现了党在新形势下对中国特色社会主义法治文化建设的重要性、现实性、紧迫性的深刻认识和科学把握。所谓中国特色社会主义法治文化，是由体现社会主义先进文化内在要求的法治价值、法治精神、法治意识、法治理念、法治思想、法治理论等精神文明成果，反映中国特色社会主义民主政治本质特征的法律制度、法律规范、法治机制等制度文明成果，以及自觉依法办事和尊法守法等行为方式共同构成的一种先进文化现象和法治进步状态。② 简言之，中国特色社会主义法治文化是以社会主义法治理念为导引、以社会主义法律制度为主干、以依法办事和自觉守法为基础、以构建社会主义法治秩序为目标的法治文明状态。

在社会转型时期，文化不改，新的制度、法律便很难真正发挥作用。因此，在新时期，在新形势下，勠力厘清中国特色社会主义法治文化建设的基本特征，坚持大力开发和弘扬中国特色社会主义法治文化建设的核心内容，着力推动中国特色社会主义法治文化建设的真正实现，具有重大的现实意义和长远的历史意义，需要百炼成钢，久久为功。

一 中国特色社会主义法治文化建设的基本特征

现阶段建设中国特色社会主义的法治文化，应当首先把握五个特征。

（一）导向上的政治性

社会主义法治具有鲜明的阶级性、政治性和党性，因此，建设社会主义法治文化应当坚持政治与法治的有机统一，不能只讲法治不讲政治，更不能只讲政治不讲法治；应当坚持党的领导、人民当家作主和依法治国的有机统一，三者一体，相辅相成，缺一不可；应当围绕中心，服务大局，坚持以社会主义法治来实现政治效果、社会效果和法律效果的有机统一；应当以人为本，保障人权，坚持以社会主义法治来实现执法、司法、法律监督的政治性、人民性和法律性的有机统一；应当坚持社会主义方向，在

---

① 参见李林《中国语境下的文化与法治文化概念》，《中国党政干部论坛》2012年第6期。
② 参见李林《我国社会主义法治文化建设的若干问题》，《哈尔滨工业大学学报》（社会科学版）2012年第5期。

社会主义法治文化建设中实现树立社会主义法治理念、弘扬社会主义法治精神、崇尚社会主义法治价值、增强社会主义法治观念、提高社会主义法治意识的有机统一。

（二）内容上的法律（法治）性

社会主义法治是以国家意志的形式并通过制度、规则等来调整社会关系的行为规范，法律性是其区别于道德、纪律、宗教戒律、乡规民约、党内规章等行为规范的重要特征。建设社会主义法治文化，必须充分体现其法律（法治）性的特征，形成并完善以宪法为核心的法律体系，构建并运行以法律为构建基础的各项制度（包括立法制度、执法制度、司法制度、法律监督制度、普法制度、依法办事制度、守法制度、诉讼制度等），遵循并创新以法学为学科支撑的各种法学原理、法律原则和理论学说等。建设社会主义法治文化，既要防止法治虚无主义和人治文化，也要防止法治万能主义和法治意识形态化。①

（三）过程上的长期性

中国特色社会主义的法治建设和法治文化建设，是相互依存、紧密结合的实践过程，由诸多因素所决定，必然也是一个长期的发展过程。首先，"旧中国留给我们的，封建专制传统比较多，民主法制传统很少"②。这个历史特征和现实国情，决定了加强社会主义法治文化建设，彻底否定和铲除人治文化，清除和改造非法治文化，将是一项长期艰巨的历史任务。其次，西方法治社会、法治文化的形成，经历了千年以上的历史，近代以来又经历了数百年的发展，至今尚不完善。社会主义法治文化也不可能一蹴而就。第三，我国仍处在并将长期处于社会主义初级阶段，社会主义制度的不断完善，社会主义优越性的充分体现，生产力的高度发达，科技文化的全面发展，社会文明程度和道德素养的全面提高，社会公平正义的充分实现……都需要经历一个长期的实践过程。第四，社会大众真正认同法治、信仰法治，养成良好的法治行为习惯，中国要形成独具特色的法治文化非一日之功，更不可能毕其功于一役，这是一个长期的积淀、筛

---

① 参见李林《我国社会主义法治文化建设的若干问题》，《哈尔滨工业大学学报》（社会科学版）2012年第5期。
② 《邓小平文选》第2卷，人民出版社，1983，第332页。

选、比较、淬炼的过程。

（四）背景上的文化性

一方面，中国特色社会主义法治文化在形成和发展过程中，受到中华传统政治法律文化、苏联东欧社会主义法律文化、西方大陆法系和英美法系的法治文化的影响，吸收了道德文化、宗教文化、社会文化、政治文化、行为文化、管理文化等文化因素，是人类先进文化的集大成者；另一方面，社会主义法治文化本身是"文化建设"，必然具有"文化"软实力的特征，即民族的凝聚力、国际的影响力、社会的稳定力、道德的影响力、统一的向心力、历史的传承力、舆论的导向力、宗教的替补力、文艺的创新力、时空的定位力、信息的控制力、新潮的同化力、时尚的倡导力、知识的保护力、文明的扩散力、生态的平衡力、文化的主权力。建设社会主义法治文化，应当把文化软实力的一般特征与法治文化的专业特征结合起来，把文化建设的一般要求与法治文化建设的特殊要求结合起来，真正体现社会主义法治的文化性和文化软实力的内在特征。[①]

不忘本来才能开辟未来、善于继承才能善于创新。优秀传统文化是一个国家、一个民族发展的根本。"中华优秀传统文化已经成为中华民族的基因，植根在中国人内心，潜移默化影响着中国人的思想方式和行为方式。"[②]"抛弃传统、丢掉根本，就等于割断了自己的精神命脉。"[③] 习近平总书记指出："一个国家、一个民族的强盛，总是以文化兴盛为支撑的，中华民族伟大复兴需要以中华文化发展繁荣为条件。"[④] 中国是世界上文明发达最早的国家之一，法制文明是中国古代文明的重要构成和明显标志。中国古代法制文明中有许多超越时空、具有普遍价值的因素。例如，注重法律的人文精神，强调以人为本，以民为本，社会和合；善于通过人文精神对社会成员心理和观念世界的整合与引领，来维系和范导整个社会；注重礼法互补，主张德治与法治并存，强调明德慎刑；注重法律的教育功能，主张以法为教，强调法律的任务不仅是"禁暴惩奸"，而且要"弘风阐化"，仁义礼乐者，皆出于法；注重治国者、执法者的道德品质以及对

[①] 参见李林《我国社会主义法治文化建设的若干问题》，《哈尔滨工业大学学报》（社会科学版）2012年第5期。
[②] 《习近平谈治国理政》，外文出版社，2014，第170页。
[③] 《习近平谈治国理政》，外文出版社，2014，第164页。
[④] 《习近平关于社会主义文化建设论述摘编》，中央文献出版社，2017，第3页。

国家的责任感和使命感，主张为官者、执法者要清正廉洁，光明正大，发挥以吏为师的榜样作用；注重法律的综合意义，主张对法律条文和典籍从天理、国法、人情的有机结合上予以解释和注释，法律的实施不能就事论事；注重变法促进，强调通过变法革新来解决社会深层次矛盾，保持社会稳定，推动社会发展。在全球化的潮流面前，割舍文化背景，当代中国特色法治文化将无法创建和发展。我们要在对中华传统法律文化的丰富资源进行梳理和甄别的基础上，对其进行现代化的改造和扬弃，把那些能够与以科学、理性、民主、自由、公平、人权、法治、和平、秩序、效率为内容的时代精神融为一体的文化传统融入社会主义法治之中，使中国法治的民族精神和时代精神浑然一体，形成具有中国特色的法治话语体系和法治文化，增加中国在世界上的法治话语权，增加国际法治话语体系中的中国元素。①

2017年2月18日，在首届人民法治论坛上，福建省寿宁县人民法院院长林松涛作了题为《落实"两创"精神让梦龙无讼文化焕发新活力》的精彩发言。林松涛指出，以习近平同志为核心的党中央提出全面依法治国，既要吸收中华法制的优良传统，也要借鉴世界各国法治的有益做法。如何吸收中华法制的优良传统呢？关键是按照习近平总书记反复强调的，要大胆实践，要对民族优秀文化传统进行"创造性转化，创新性发展"②。明崇祯七年至十一年（1634~1638年），年过花甲的冯梦龙从故乡江苏来到千里之外的闽东北寿宁任知县，翻开个人生平摇曳多姿的崭新一页，写下地方历史浓墨重彩的一笔。根据当时寿宁"岭峻溪深，民贫俗俭"的特点，他提出"险其走集，可使无寇；宽其赋役，可使无饥；省其谳牍，可使无讼"的施政纲领。③ 其中，"省其谳牍，可使无讼"是其司法纲领。冯梦龙提出的"省其谳牍"，本质上是一种司法改革，"可使无讼"本质上是一种司法追求，即通过创新举措，简化程序，通过非诉方式促使人们遵纪守法，息止纷争。把"省其谳牍，可使无讼"置于现代法治背景下加以观照，其含义与中央和最高院提出的多元化纠纷解决机制、立案登记制度、繁简分流机制以及司法文书改革等，都有相近之处，与西方当代兴起的

---

① 参见张文显《论中国特色社会主义法治道路》，《中国法学》2009年第6期。
② 《习近平谈治国理政》第二卷，外文出版社，2017，第552页。
③ 参见林松涛《落实"两创"精神 让梦龙无讼文化焕发新活力》，《人民法治》2017年第3期。

ADR制度也有相似之处；其精神与"司法为民，公正司法"是相通的。[①]"无讼"是中国传统诉讼理念的一大特色[②]——在社会关系的领域，中国古代的和谐观念演化为一个具体原则，那就是"无讼"。[③]冯梦龙无讼文化是优秀的传统文化和宝贵的精神财富。据不完全统计，习近平总书记至少8次点名称赞冯梦龙，8次引用冯梦龙名言，其中党的十八大之后点赞5次。寿宁法院与冯梦龙文化始终相伴同行，是冯梦龙文化的挖掘者、继承者、转化者、宣传者和受益者，寿宁法院通过目标规划、内涵诠释、模式转化、品牌运作、宣传引领等围绕冯梦龙无讼文化进行"两创"实践，取得了收获。2013年以来，寿宁法院连续4年实现诉讼案件数福建省全省最少、万人诉讼比全省最低。寿宁法院以"三级化讼"为龙头，逐步形成司法品牌集群效应。以冯梦龙文化为内容特色的历史文脉得到了传承发展。冯梦龙无讼文化连同法院院训、法院精神，成为凝聚寿宁法院干警精神力量、涵养法官精神品质的重要源泉。[④]

二 中国特色社会主义法治文化建设的核心内容

（一）宪法法律至上

我国现行《宪法》在序言中庄严宣告："本宪法以法律的形式确认了中国各族人民奋斗的成果，规定了国家的根本制度和根本任务，是国家的根本法，具有最高的法律效力。全国各族人民、一切国家机关和武装力量、各政党和各社会团体、各企业事业组织，都必须以宪法为根本的活动准则，并且负有维护宪法尊严、保证宪法实施的职责。"《宪法》第5条明确规定："中华人民共和国实行依法治国，建设社会主义法治国家。国家维护社会主义法制的统一和尊严。一切法律、行政法规和地方性法规都不得同宪法相抵触。一切国家机关和武装力量、各政党和各社会团体、各企业事业组织都必须遵守宪法和法律。一切违反宪法和法律的行为，必须予以追究。任何组织或者个人都不得有超越宪法和法律的特权。"社会主

[①] 参见林松涛《落实"两创"精神 让梦龙无讼文化焕发新活力》，《人民法治》2017年第3期。
[②] 参见林荣松《"三言"与冯梦龙的"无讼"梦》，《福建江夏学院学报》2017年第1期。
[③] 参见梁治平《寻求自然秩序中的和谐》，中国政法大学出版社，2002，第214页。
[④] 参见耿振善《大力推进中国特色社会主义法治文化建设——首届人民法治论坛会议综述》，《人民法治》2017年第3期。

中国以最高法——宪法的形式,确认了宪法法律至上的原则,为建设中国特色社会主义法治国家奠定了观念、制度的基础。同时,基于中国共产党的执政党特殊地位,《中国共产党章程》在总纲中也明确指出,"党必须在宪法和法律的范围内活动"。以上规定,就是"宪法法律至上"的制度表达,是建设中国特色社会主义法治国家必须深刻把握的内涵。

根据我国《宪法》和《中国共产党章程》的规定,宪法法律至上,是指在我国的社会调整系统中,以宪法法律为核心的法律系统是最重要的、最权威的,在各种社会调整手段中,它不仅具有至上性,而且具有排他性,即其他任何社会调整手段不得与之相对抗,因而也是所有社会关系参加者所必须遵守的。

宪法法律至上的内涵至少应包含以下基本内容。第一,在我国的社会调整系统中,以宪法法律为核心的法律系统,是最重要的、最权威的。在任何社会,调整人们的社会生活、社会关系的手段都是多种多样的,如思想、理论、道德、礼仪、习惯、法律等,这些思想、规范都受一定社会经济基础的制约,在一定的条件下,可以构成适应一定经济基础的社会调整系统。所谓社会调整系统,是建立在一定社会经济基础上的、适应一定时期社会生活需要的、由若干子系统构成的复杂整体。社会调整系统总体上可以分为思想、观念系统和规范、制度系统,后者实际上是前者的制度化体现。在规范制度系统中,包括以宪法法律为核心的法律系统、政策系统、社会团体规范系统、乡规民约系统、习惯系统、社会道德系统等,它们共同实现着对社会关系的调整作用。可见,社会调整系统是由上层建筑中不同的子系统构成的系统,其各个子系统,基于各自的不同特质,在整个系统内部相互联系、相互制约、相辅相成、对立统一。不同时期,各子系统在国家整个社会调整系统中的地位和作用也有所不同。这是由社会生活、归根结底是由社会物质生活的需要制约的,如我国的社会调整也曾经一度以政策为基本手段,发展到今天,思想、政策的主导、指导地位仍应坚持,但坚持依法治国,对人们社会行为的调整必须坚持以宪法、法律为最高的、基本的手段,必须维护宪法、法律的权威。这种变化是对新情况的新认识,标志着党的领导方式和领导水平的不断提高。①

第二,宪法法律是人人必须遵守的,法律面前人人平等。在我国任何社会关系参加者,包括自然人、法人、外国人、无国籍人、社会团体、执

---

① 参见孙国华、田聚英《论宪法法律至上》,《人民论坛》2011年第20期。

政党、参政党,都毫无例外地必须遵守宪法法律。一切国家机关和武装力量、各政党和各社会团体、各企业事业组织和个人等,都不得有超越宪法和法律的特权,绝不给以言代法、以权压法、徇私枉法提供土壤。有法必依、执法必严、违法必究,任何人违反宪法法律都应当依法承担相应的法律责任。宪法法律至上保证了党的事业至上与人民利益至上的统一:一方面,在党章和《宪法》中都规定党必须遵守宪法法律,不能违反人民意志、超越国家权力任意而为;另一方面,我们的法律是在党的领导下制定的,是党的主张和人民意志的统一。①

第三,宪法法律在社会调整中具有排他性,不得以其他社会规范为根据对抗宪法法律。在现实的国家和社会生活中,无论是中央还是地方都普遍存在以种种借口违反宪法法律的现象。这些现象的存在,极大地破坏了法的权威和尊严,导致国家政令难以落实,对中国特色社会主义事业危害极大。宪法法律至上,不允许借口政策、道德等理由违反宪法法律。当然,这并不是说,宪法法律的制定、实施,不需要加强思想、道德、政策的宣传等工作,不需要其他社会规范的配合。严格遵循宪法法律至上,应杜绝以下现象:其一,借口维护党的领导违反宪法法律;其二,借口政策、道德、思想工作违背宪法法律;其三,借口地方或部门的局部利益违背宪法法律;其四,借口具体问题具体分析违背宪法法律;等等。②

第四,宪法法律至上,维护宪法和法律的权威,形成宪法和法律的信仰是关键。习近平总书记指出,"法律要发挥作用,首先全社会要信仰法律"③。法律信仰是人们基于信任、尊重、信服而以法律为行为准则的主观认知及判断。④ 没有信仰,宪法和法律不过是一纸空文,形同虚设,所谓权威更无从谈起。要真正形成对宪法和法律的信仰,就必须切实贯彻落实宪法和法律的各项规定,将宪法和法律作为人们的基本行为准则,并在日常生活中自觉遵守宪法和法律的规定。社会主义法治文化建设的重要任务,就是要引导每个公民都应该做社会主义法治的忠实崇尚者、自觉遵守者、坚定捍卫者,使法律成为每一个公民的精神支柱,从而崇尚法律,懂

---

① 参见孙国华、田聚英《论宪法法律至上》,《人民论坛》2011年第20期。
② 参见孙国华、田聚英《论宪法法律至上》,《人民论坛》2011年第20期。
③ 《习近平谈治国理政》第二卷,外文出版社,2017,第135页。
④ 参见周叶中、祝捷《论中国特色社会主义法治文化》,《武汉大学学报》(哲学社会科学版)2008年第4期。

得法律的神圣。

第五，宪法法律至上，并不是说宪法、法律是不受其他现象制约的、是不发展的，或不能予以修改和废止的。随着社会生活的发展变化，宪法法律也要随之变化。也就是说，宪法法律一经制定、公布生效，在其没有被修改废止以前是至上的、人人必须遵守，也是排他的、不能以任何理由和借口与之相对抗。①

（二）规则意识

改革开放以来，随着我国经济社会的快速发展，人民的收入有了很大的提高，生活水平得到了极大的改善，但遗憾的是很多人的规则意识并没有像他们的收入一样得到大幅度的提高，不诚信、不遵守交通规则、办事"走后门"等不守规则的现象屡见不鲜。不守规则的行为给他人的生活和正常的社会秩序带来不便，容易引起和激化矛盾，不提高广大人民的规则素质将严重影响我国经济社会的健康发展。教育虽然说有利于提高人们的规则意识，但是教育毕竟费时费力，如果不守规则的人反而比守规则的人能得到更大的好处，这不仅是不公平的，而且也会动摇遵守规则人的积极性。现代国家的一个重要标志就是规则之治，而法律就是最明显、最有效的规则。法治文化的核心是法治，法治也叫规则之治。一个国家善于用规则来调整人与人之间的关系，来治理国家，来解决各种纠纷，而且人们遵守这个规则，可以说这个国家已经形成了法治文化。推进中国特色社会主义法治文化建设既有利于依法治国目标的实现，也有利于提高人民的规则意识。② 我国政府高度重视物质文明和精神文明协调发展，当前我国的物质文明程度远超精神文明，弥补精神文明的差距需要加强先进文化的引导和建设。作为一种先进文化，中国特色社会主义法治文化与当代的市场经济、民主政治和精神文明建设相伴而生，规则意识是其建设的重要内容之一。

由于特殊的历史发展阶段影响，我国经历了较长时期的封建社会阶段，农耕文明的发展遗留下社会结构的规则化程度不高的现状，虽然在一定程度上，这种凝结性的社会结构可以帮助我国在战争时期或其他同质发

---

① 参见孙国华、田聚英《论宪法法律至上》，《人民论坛》2011年第20期。
② 参见陈洁《中国特色社会主义法治文化建设的现实趋向》，《甘肃社会科学》2016年第6期。

展状态下较快形成合力，但是对于现代社会而言，民主、法治、公平正义等成为核心价值理念，利益多元化的价值追求也不断明晰，对规则化的国家治理和社会治理要求不断提升。当前，在建设新时代中国特色社会主义征程中，党和政府把法治和公平正义放在了前所未有的高度，被视为化解社会矛盾，提升国家治理能力和建设服务型政府的关键要素。依法行政是法治精神的精髓体现，孕育着公平正义的特质，是保证合法行政和社会规则运行的重要保证，理应成为我国全面深化改革和全面推进依法治国背景下的重要施政手段。

（三）公平正义

东汉许慎在《说文解字》中释道："灋，刑也。平之如水，从水。廌，触不直者去之，从去。"人类社会发展到当今，"法"与"公平"几乎成了同义词，而"公平正义比太阳还要有光辉"。公平正义是中国特色社会主义法治文化的价值追求。党的十七大报告指出，"实现社会公平正义是中国共产党人的一贯主张，是发展中国特色社会主义的重大任务"。同时，公平正义也是社会主义和谐社会的基本特征。建设中国特色社会主义法治文化，将会有力地促进社会公平正义的实现。随着经济的快速发展，我国社会利益格局发生深刻变化，片面追求经济利益、忽视社会公平正义的现象时有发生，这些无疑有违社会主义的本质以及社会主义和谐社会的基本特征。中国特色社会主义法治文化以公平正义为价值追求，要求宪法和法律以促进公平、维护正义为首要目标，并在实践中通过维护宪法和法律的权威，使公平正义得以实现。

恰如恩格斯所指出的公平"始终只是经济关系在其保守方面或在革命方面的观念化、神圣化表现"[1] 一样，社会主义的公平正义观并不是平均主义，而是与经济发展相适应，并体现在社会生活中人们的一般观念之中。社会主义法治文化中的公平正义应当包括规则、权利、结果三个方面的公平。规则中的公平正义，是指立法过程中要充分吸收各方的利益诉求，规则要体现公平正义，社会主义国家绝对不能在立法中充斥着大量的不平等条款。权利中的公平，是指公民在享有的权利上应当基本平等。一般情况下，不能因为出身、性别、家庭背景等无法通过个人努力而改变的因素而有所差异，特殊情况下，允许存在若干不公平的权利平衡先天不

---

[1] 《马克思恩格斯全集》第十八卷，人民出版社，1964，第310页。

足。社会主义中应有的公平正义不是强制拉平各方的差距,而是提供相对平等的先天条件和公平的竞争环境。结果的公平正义,是指在法律适用或实施中应当同案同判,相同情况相同处理,类似情况类似处理。要做到结果公正,就需要执法人员和司法人员在执法和司法过程中能够排除事实和法律之外因素的影响。[1] 我国国情复杂,符合国法的处理并不一定符合天理和人情,此时则需要依赖执法和司法人员通过法律解释手段来弥合国法和民情之间的冲突。

公正是法治的生命线。社会主义法治建立在生产资料公有制基础上,以促进社会公平正义、增进人民福祉为出发点和落脚点,实现立法公正、执法公正和司法公正的有机统一是社会主义法治的内在要求。[2] 习近平总书记指出:"促进社会公平正义是政法工作的核心价值追求。从一定意义上说,公平正义是政法工作的生命线,司法机关是维护社会公平正义的最后一道防线。政法战线要肩扛公正天平、手持正义之剑,以实际行动维护社会公平正义,让人民群众切实感受到公平正义就在身边。"[3] 现在,广大干部群众的民主意识、法治意识、权利意识普遍增强,全社会对公平正义的渴望比任何时候都更加强烈。中国特色社会主义法治文化,要把维护公平正义作为核心理念,在立法执法司法过程中彰显公正、公平、公开原则,推动实现权利公平、机会公平、规则公平,以法治的力量筑牢人们共享人生出彩机会的坚实平台。

三 中国特色社会主义法治文化建设的实现途径

文化的形成是一个自外而内逐步内化的过程,不仅需要时间沉淀,更需要具体的实践。[4] 在中国全面推进依法治国的过程中,始终强调道路选择的"中国特色",不盲目、机械照搬照抄别国模式。因为从文化发展的规律来看,世界各国文化及法律文化既有共性,也具有明显的差异性,我国的法治建设,是同中国特色社会主义道路的探索密切相关的,也是伴随

---

[1] 参见刘雁鹏《中国特色社会主义法治文化的构成要素》,《社会科学家》2014 年第 11 期。
[2] 参见何康、胡向阳《努力建设中国特色社会主义法治文化》,《思想理论教育导刊》2017 年第 5 期。
[3] 《习近平谈治国理政》,外文出版社,2014,第 148 页。
[4] 参见蒋传光《大力繁荣中国特色社会主义法治文化》,《学习时报》2017 年 6 月 12 日,第 3 版。

着改革开放的实践而逐步形成的。建设中国特色社会主义法治文化，必须尽力排除人治传统、法治信仰"怀疑论"、法治能力"怀疑论"、法治文化宣传不到位等主要障碍，以本国的实践为基础，在借鉴国外法治有益经验的同时，面对中国改革开放和法律实践活动所提出的问题，重视本土法律文化资源的利用。

（一）完善以宪法为核心的中国特色社会主义立法文化建设

制定良好的法律是实现法治国家的前提和基础。很难令人相信，一个国家法律都是侵犯公民合法权益或者难以有效实施的法律能够被称为法治国家。因此，中国在推进中国特色社会主义法治文化建设过程中要尤为重视立法文化的建设。为了实现建成具有中国特色的社会主义法治国家的目标，必须高度重视立法工作的重要性，而立法工作就是使国家各项事业能够在有法律依据和在法律范围内运行的工作。目前在中国立法工作中还存在许多问题，进行社会主义法治文化建设需要树立以民为本的理念，使每一项立法都能够代表人民利益、反映人民意志、符合宪法精神，要着重注意在立法的时候将宪法的规定和精神落到实处，避免违反宪法的立法情况的出现，加强对法律的合宪性审查，尽最大的努力使我国立的法都是"良法"。"法律是治国之重器，良法是善治之前提。"[①] 立法部门在立法的时候要把公平、公正、民主、人权等原则贯穿于立法的全过程。完善法律立、改、废、释的各项程序，增强立法的科学性、有效性。在推进具有中国特色的立法文化建设过程中，除了要遵守立法主体在立法时要有宪法依据，要在宪法规定的权限内立法，所立之法不得与宪法的规定和精神相违背等世界通行的立法规律外，还要注意我国是中国共产党领导的社会主义国家的特殊国情，在立法时加强中国共产党的领导，发挥中国共产党实践经验丰富的优势。推进中国特色社会主义立法文化建设应当采取以下手段。

第一，坚持和完善中国共产党的领导。在立法的时候要坚持和完善中国共产党的领导并不是说立法活动全程由中国共产党决定，不允许其他机构和个人参加。相反，由于中国共产党发展壮大的一大法宝就是群众路线，因此，在立法的时候要吸收专家、公民参加，提高立法的民主性和科学性。中国共产党对立法工作的领导应当是政治领导、思想领导和组织

---

① 《中共中央关于全面推进依法治国若干重大问题的决定》，人民出版社，2014，第8页。

领导。①

　　第二，所立之法要符合社会主义社会建设的需要。我国是以公有制为主体的多种所有制共同发展的社会主义国家，而西方发达国家都是以私有制为主体的资本主义国家，所有制结构和国家性质的差异导致很多在西方发达国家运行良好的法律在中国会水土不服。因此，虽然西方发达国家的法治水平较高，中国应当在推进依法治国的进程中努力学习、研究它们在长期建设法治国家中产生的经验、教训，在制定相应的法律规范时积极借鉴它们行之有效的法律规定，避免它们曾经走过的弯路，但是，这种学习和借鉴应当是主动、有选择、有取舍的，而不是盲目地"复制""粘贴"②，我国应当慎重对待西方发达国家在立法上的优秀经验。比方说，西方发达国家的法律制度是以维护私有制为核心的，私有财产神圣不可侵犯已成为西方发达国家的一个普遍共识，它们的法律侧重于保护私人财产。我国《宪法》第12条第一款明确规定"社会主义的公共财产神圣不可侵犯"，这跟西方国家私有财产神圣不可侵犯的理念是有明显区别的。社会主义的公共财产神圣不可侵犯并不是意味着中国政府不保护私人财产，我国《宪法》第13条中就规定"国家依照法律规定保护公民的私有财产权和继承权"，但是，"国家为了公共利益的需要，可以依照法律规定对公民的私有财产实行征收或者征用并给予补偿"。由此可见，中国的宪法和法律是保护公民私人财产的，只是在为了国家、社会等公共利益需要的时候可以对私人财产进行一定的限制。中国在立法的时候要学习西方发达国家对私人财产保护的规定，加强对公民合法的私有财产的保护力度，但绝不能把西方国家私有财产神圣不可侵犯写进我国的法律，因为这跟中国是一个社会主义国家的性质不符，也跟《中华人民共和国宪法》相冲突。

　　第三，立法的时候要考虑中国的历史和现实的特殊情况，要有中国特色。中国是有着几千年文明史的国家，数千年文化的传承已经深入中华民族的骨髓。即便现在的中国跟几千年前的中国有着极大的不同，但是当代的中国人在行为习惯和思维模式上仍然深受数千年来文化的影响，和数百年甚至数千年前的先祖们的行为习惯和思维模式相似。例如，中国数千年来的文化都是讲究"以和为贵"，素来有"厌诉"的传统。普通百姓之间发生纠纷时习惯通过协商、调解等方式来解决，而不是采用"打官司"的

---

① 参见陈洁《中国特色社会主义法治文化建设的现实趋向》，《甘肃社会科学》2016年第6期。
② 参见陈洁《中国特色社会主义法治文化建设的现实趋向》，《甘肃社会科学》2016年第6期。

方式解决，这跟欧美流行通过司法途径解决纠纷有着明显的差别。而且，为了减少纠纷的产生，在长期的实践中还约定俗成了很多具有约束力的民间习惯和规则。正是由于中西方有这样的差异，中国前些年努力将公民间的冲突都纳入司法解决路径中的效果并不明显，在有些地方，特别是少数民族聚居地，排斥解决纠纷的民间习惯和规则还引起一些公民的不满。因为司法手段解决纠纷效率较低、成本又高，还容易使纠纷双方感情失和，产生对立情绪。在过去一段时间的立法实践中，由于对我国长期历史形成的纠纷解决偏好的忽视和对西方解决纠纷的司法手段的借鉴，在立法上不注意把群众喜欢的解决纠纷的民间习惯和规则纳入法律中来，盲目地学习西方解决纠纷的方法，给中国的法治实践带来了一些负面影响，也给公民解决纠纷增加了麻烦。但可喜的是，近年来中国的不少学者已经认识到这个问题，努力研究中国历史传统对当前法治建设的影响，大力研究和推动民间习惯和规则法律化，在新立之法中吸收、改造民间习惯和规则，成效显著。在今后的立法过程中，立法机关应当更加重视中国在长期历史中形成的很多行之有效的规则和习惯，积极将这些优秀的规则和习惯吸纳到相应的法律中，使得所立之法既尊重传统和习惯，又能有效解决社会问题。[1]总之，中国的立法机关应当通过良好的立法文化引导立法，在立法活动中时刻牢记我国是一个有着几千年历史的由中国共产党领导的社会主义国家，立法一定要坚持中国共产党的领导、考虑和反映社会主义和中国长期的历史等特色，努力使我国的立法更加接地气，为解决实际问题和治国安邦提供可靠保障。

（二）强化领导干部法治意识，加强中国特色社会主义执法文化建设

建设中国特色社会主义法治国家的过程就是一个以法治文化代替人治文化的过程。毛泽东说："政治路线确定之后，干部就是决定的因素。"[2]在中国特色社会主义法治文化建设的过程中加大对领导干部的法治教育非常重要，各级领导干部对此重视与否，关乎社会主义法治文化建设的成败。执政党依法执政的文化对中国特色社会主义法治文化的形成具有引领

---

[1] 参见陈洁《中国特色社会主义法治文化建设的现实趋向》，《甘肃社会科学》2016年第6期。
[2] 《毛泽东选集》第2卷，人民出版社，1991，第526页。

和示范效应,因此要特别重视中国共产党的领导干部带头遵守法律的作用。对于领导干部而言,除了必须具备传统的心理素质、思想道德素质、文化专业素质、组织能力素质外,法治文化素质成为越来越不可缺少的素质。领导干部只有具备较高的法治文化素质,才能更加准确地把握法治的原则和精神,也才能在法治文化建设中坚持社会主义方向。提高领导干部的法治文化素质,必须以培养其法治精神为重点,使领导干部自觉把宪法和法律作为最基本和最权威的行为规范,着力培养其崇尚法治,追求公平正义,以人为本,以法为尊的价值观。必须坚持学用结合,在法治建设实践中锻炼干部,提高其依法决策,依法行政,依法管理,依法办事的能力和水平。必须以制度建设为有效引导,鼓励领导干部加强法治文化的学习和研究,培养其学习法律法规和法理知识的兴趣和爱好,促使领导干部主动学习,深入学习,不断提高法律知识水平。必须充分利用党校、行政学院和法学院校等阵地和资源,有计划、有系统、有针对性、有深度地抓好领导干部法治专门培训,不断向各级领导干部灌输先进的法治思想,及时使其更新法律知识,掌握法治真谛。[①] 必须将领导干部社会管理的法治化作为政绩考核的重要指标,建立健全领导干部个人法治考核的档案,并作为其选拔、奖惩、晋升、晋级的重要依据。

  法治国家实现的关键在于政府遵守以宪法为核心的法律体系。国家机关作为拥有强大暴力机器和丰富资源的组织,而且以国家的名义行事,如果它非法侵犯公民的合法权益,普通公民是难以与之对抗的,行政机关依法执行法律非常重要。中国数千年的历史既是中国人民的骄傲也是中国人民的负担,数千年的传统既创造了许多行之有效的规则和习惯,也产生了浓厚的人治传统和思想,"官本位"等人治思想至今仍然存在。加之在新中国成立后的相当长的一段时间内实行的是计划经济体制,政府部门特别是行政机关掌握着各种资源的支配权,公民依赖于行政部门,实际享有的权利很少。在这种环境下公民习惯于服从行政机关的各种安排,缺乏权利意识,也不敢质疑行政机关的行为。行政机关强势,对其缺少制约机制,公民和舆论不敢质疑它,这些综合因素导致行政机关的法治意识不强。

  中国的法治建设还有很长的路要走,执法机关工作人员的法治意识亟待提高。若想妥善解决这个问题需要重视对国家机关工作人员的执法文化

[①] 参见缪蒂生《论中国特色社会主义法治文化》,《中共中央党校学报》2009年第4期。

建设。各个国家机关应当采用一切可行的手段让国家工作人员深刻地意识到在行政执法的时候必须有法律的依据才能执法，在执法的过程中要遵守法定的程序，不能超越法定的限度，在执法的过程中要注重执法目标的实现和执法对象权利的保护并重，除了自己要依法执法、文明执法外还要积极主动告知执法对象权利救济的途径。简而言之，执法文化建设要以《宪法》第5条中"一切违反宪法和法律的行为，必须予以追究"的规定为核心，以尊重宪法的立法文化为基础，以守法文化为重点，以以人为本的理念为指引，使得执法机关的执法行为无违法情形，合法合理，使执法对象的合法权益得到有效保障，执法对象能够理解、认可国家机关的执法行为。①

在推进中国特色社会主义执法文化建设时要重视以宪法宣誓为代表的文化形式的作用。通过宪法宣誓等形式教育、提高国家机关工作人员特别是国家机关领导干部尊重、遵守宪法和法律的依法行事意识。《中共中央关于全面推进依法治国若干重大问题的决定》提出要"建立宪法宣誓制度"。对此，很多人曾经不以为然，认为宪法宣誓只不过是搞形式主义，没有什么实际意义。这种想法是错误的，千万不能小看了以宪法宣誓为代表的一些可以强化人们对宪法、法律尊重的仪式性的东西对提高人们法治思维、法治意识的作用。根据《全国人民代表大会常务委员会关于实行宪法宣誓制度的决定》，自2016年1月1日起，各级人民代表大会及县级以上各级人民代表大会常务委员会选举或者决定任命的国家工作人员，以及各级人民政府、人民法院、人民检察院任命的国家工作人员，在就职时应当公开进行宪法宣誓。

想要实现全面推进依法治国、建设社会主义法治国家的目标，关键在于提高掌握国家权力、行使国家权力的国家机关工作人员特别是领导干部的法律意识。为此可以通过开展法律知识讲座、法学专家报告会等活动普及法律知识，提高领导干部和广大公务人员的法治意识。例如，青海省在系统总结全省历年开展领导干部、公务员学法用法工作经验的基础上，始终聚焦各级领导干部和广大公务员学法用法的需求，聚焦人民群众关注的热点难点问题，把领导干部和公职人员作为"以案说法"法治宣传教育重点对象，推动法治宣传教育再上新台阶。（1）加强"以案说法"制度建

---

① 参见陈洁《中国特色社会主义法治文化建设的现实趋向》，《甘肃社会科学》2016年第6期。

设。以《中共中央关于全面推进依法治国若干重大问题的决定》和《青海省法制宣传教育条例》为依据，在不断健全完善领导干部学法用法、"以案说法"制度的基础上，尽快"建立法官、检察官、行政执法人员、律师等以案释法制度"，实现"以案说法"法治宣传工作的常态化、规范化、制度化。(2) 创新"以案说法"载体。不断推动"以案说法"向深度和广度拓展、延伸，使之发挥更大作用。联合"法律七进"牵头单位继续推动开展"每一进""以案说法"法治宣传活动，确保进得去、留得住、有实效。依托中央省级新闻媒体开展"以案说法"，以此推进"以案说法"活动实现常态化。(3) 丰富"以案说法"内容。结合党的十八届四中全会精神，进一步丰富完善"以案说法"内容，从立足全省法治宣传实际，满足不同普法对象学法需要出发，精心筛选"以案说法"内容，力求形式新颖，内容充实，使"以案说法"内容紧跟形势发展要求，更接地气、增实效，兼备时代特色和地方特点。(4) 优化"以案说法"工作机制。发挥司法行政部门和各级普法机构的主导牵引作用，有效整合各方力量和资源，充分调动各级党委、政府和省有关部门的积极性、主动性，相互配合、协调联动，优化"以案说法"协调机制和整体联动机制，形成强大工作合力，不断建立健全"以案说法"长效机制。[①]

（三）提高司法公信力，加强中国特色社会主义司法文化建设

维护社会的公平正义是法治的神圣使命，是法治文化的核心价值。司法机关是保护公民权利和自由的最后守护者，这在世界范围内已形成共识。司法本身的特殊职能决定了它不仅是直接关系依法治国实施好坏的重要环节，也决定了它是检验社会秩序公正与否的直接窗口和关键性标志。然而，遗憾的是，我国的司法机关在处理案件的时候经常受到立法部门、行政部门等组织和部分领导干部的干涉，而它们也缺乏宪法规定的独立的经济保障，司法机关工作人员的职务升降、福利都缺少宪法的保护，容易使司法机关受制于人，所以，有些时候它们并没有能够很好地履行自己的职责。为了使中国的司法机关真正发挥其应有的作用，可以有效地保护公民的合法权益，解决社会各种纠纷，应当把培育公平正义的司法法治文化作为培育中国特色社会主义法治文化的一个突出着力点。为此，建议：

[①] 参见刘伯林《深入推进领导干部及公职人员法治宣传教育创新发展》，《中国司法》2015年第1期。

（1）注重对司法机关工作人员的教育，让他们珍惜自己的权力，认真严格地依据宪法和法律的授权行使自己的职权；（2）深入有序地加快推进司法体制改革，革除不利于司法公正的体制和机制障碍；（3）以《宪法》第126条中"人民法院依照法律规定独立行使审判权"的规定为中心，通过集中学习、进修等形式对立法机关、行政机关、政党等社会团体工作人员以及领导干部进行宣传教育，让他们自觉主动地不再非法干涉司法机关依法独立行使职权；（4）继续实施对司法腐败强而有力的监督，坚决查处影响司法公正的事件和人员；（5）对广大公民继续进行宣传教育，让他们明白司法机关解决争端是最合理、最有效的方法，司法机关是保护他们权益的最后"卫士"；（6）大力表彰和树立体现优秀司法法治文化的法官、检察官、律师等行业先进模范，以提升中国司法法治文化的鲜活影响力和公信力。[①] 总之，要通过各种形式和渠道在全社会营造一种尊重司法的文化氛围。

（四）加强中国特色社会主义守法文化建设

公民是现代社会人们一种最具普遍性的社会角色和法律身份，这种身份已经截然不同于过去专制体制下的那种"臣民""子民"或"愚民""草民""顺民"，公民是社会的主体和国家的主人。随着人类社会现代化程度的不断提高，现代公民概念中的现代性内涵也在不断地被丰富和提升。其中，作为现代社会的合格公民必须具有适应现代社会民主法治生活的良好法治文化和法律素质。同时，由于公民角色身份具有囊括吸纳各类群体对象（如党政官员、司法人员、普通民众、广大网民等）的高度涵盖性，因此，培育公民法治文化也就具有了普遍性和统摄性的重要地位。法治国家的典型特征就是整个国家形成了良好的守法文化，人人自觉主动地遵守法律。然而目前中国法治进程中最突出的一个问题就是广大群众的法律意识不够，不会自觉地遵守法律。具有中国特色的社会主义守法文化的建设可以妥善解决这一问题。中国特色的守法文化建设要以《宪法》第5条第4款追究所有违法行为的规定为中心，努力在全国营造尊重法律、遵守法律的守法文化氛围。守法文化不是仅仅遵守法律的文化，更是知法、懂法、用法和守法的文化，即守法文化不仅包括自己守法的文化还包括促

[①] 参见孙育玮《中国特色社会主义法治文化的理论与实践》，《学习与探索》2014年第4期。

使他人守法的文化。① 不知法、不懂法就不会明白法律的作用和意义，就难以主动地遵守法律，而且在别人不守法、侵犯自己的合法权益时也不会想到利用法律武器保护自己的权益，为自己的利益服务。

我国政府应当加大宣传教育力度，继续循序务实地抓好全民"法治宣传教育工程"，综合运用报纸、书刊、电台、电视台、互联网等各类载体加强对国家机关工作人员和普通公民守法文化的宣传教育，尤其要重视在"国家宪法日"等法律色彩较为浓厚的时间积极开展面向社会所有成员的守法文化宣传教育活动。党的十八届四中全会通过的《中共中央关于全面推进依法治国若干重大问题的决定》把每年的12月4日确定为"国家宪法日"，明确要求通过"国家宪法日"这个契机"在全社会普遍开展宪法教育，弘扬宪法精神"，强化民众对以宪法为核心的法律的尊重和信仰。在每年12月4日的"国家宪法日"、3月15日的"消费者权益保护日"等具有鲜明法律特色的日子，中央各部门、各级地方人民政府、各个学校、各个企事业单位都应当组织人员开展各种形式的学习法律法规的活动，培养尊重法律和利用法律的意识。此外，还应当组织法治意识较高、法律素养较好的人员走上街头对广大群众开展守法文化的宣传教育，用法律的手段帮群众解决生活中的实际问题，提升整个社会对法治的信仰，让法律真正深入人们的生活中、思想中。再者，应当更加重视和发挥好"CCTV年度法治人物"评选活动的重要作用。从2001年起，历经16年的成长，这一活动已经成为中央电视台乃至中国普法宣传节目的第一品牌，与中央电视台《感动中国》年度人物评选活动一起成为引领中国社会风尚、弘扬民族精神、提升公民素质的两大最具影响力的活动载体。

基于公民法治文化的重要地位，我们始终应当把公民法治文化的培育作为中国特色社会主义法治文化建设的着眼点和落脚点。只有不断地完善以宪法为核心的守法文化的宣传教育，并让法律解决人们生活中的实际问题，制裁不守法的人和行为，法律才会赢得人民的认可和信赖。一旦中国公民在整体法治文化和法律素质上拥有了一个质的飞跃和明显的提升，特别是当他们把这种文化与素质积淀为我们民族的传统和风俗的实践方式与行为习惯时，其释放的能量将是无比巨大的，我们建设法治国家的目标就能真正实现。

---

① 参见孙育玮《中国特色社会主义法治文化的理论与实践》，《学习与探索》2014年第4期。

（五）繁荣"互联网+"法治文学、艺术、影视创作，营造崇尚法治的氛围

建设中国特色社会主义法治文化，重在全社会的共同参与。法治文学、艺术、影视是中国特色社会主义法治文化的重要表现形式。这种表现形式涉及道德与法律，情感与法律等方方面面，是理性与感性、刚性与柔性的统一，更能适应普通人的审美观念和精神需求。因此，法治文学、艺术、影视对人们的法治意识形成、法治理念确立、法治行为方式培养起着感染、引导和教化的特殊作用。丰富法治文学、艺术、影视作品的创作必然推动法治文化的繁荣和发展。法治文学、艺术、影视创作包括法治文学艺术、剧本、歌词、音乐、电影、电视等内容，涉及人们精神生活的方方面面，关系到人的素质和修养的提升。因此，繁荣我国法治文学、艺术、影视创作，要根据中国特色社会主义发展的时代要求，坚持以人为本、为社会主义服务的方向和"百花齐放、推陈出新、洋为中用、古为今用"的方针，鼓励、引导、支持广大的法治文学、艺术、影视创作者，贴近实际，贴近生活，贴近群众，努力创造出更多的反映社会主义法治实践活动和人民群众法治生活的优秀作品。要拓宽创作渠道，扩大创作队伍，重视发挥执法机关和专业文化影视团体、业余文艺团体、各级文化馆站的作用，积极开展法治题材的文学、艺术、影视作品的创作，以丰富生动、群众喜闻乐见的方式吸引人、感染人、教育人，将那些鲜活的法治事例展现在大众面前，并以此加强法治理念、法治精神、法治原则的宣传，提升广大公民的法治文化素养，形成全社会普遍关注法治的良好氛围。

网络空间是现实社会的延伸。随着互联网的快速发展，网络媒体已经越来越强烈地影响着我们的社会和生活。网络媒体在带给我们高效、便利的知识信息和丰富多彩精神生活的同时，也带来了诸如网络淫秽、网络欺诈和网络谣言等负面的东西，严重地影响了社会秩序，破坏了社会的和谐。因此，如何以鲜明的网络法治文化去占领这块崭新领域、营造一个健康有序的网络环境，是培育中国特色社会主义法治文化的一个极为现实而紧迫的课题。为此，建议：（1）实施网络法治文化文艺创作传播计划，推动网络文学、网络音乐、网络剧、微电影等传承发展中华优秀法律传统文化和当代法治文化建设；（2）加快完善网络空间的相关立法，提供清晰、严密、可操作的法治规范，以规制人们的网络行为；（3）重拳出击，及时打击网络媒体领域的违法和犯罪（近几年国家公安和司法机关快速行动侦破并处理了几起典型案件予

以公开报道，在社会上引起强烈反响）；（4）调动社会力量，营造培育网络法治文化和建设网络法治文明的良好氛围。① 中国互联网大会于 2013 年 8 月 10 日率先发出"坚守互联网七条底线（法律法规底线、社会主义制度底线、国家利益底线、公民合法权益底线、社会公共秩序底线、道德风尚底线、信息真实性底线）"的倡议就很好，已经引起了广泛响应。

云南省大理白族自治州弥渡县弘扬社会法治精神、营造人人讲法氛围的实践，颇受欢迎，效果良好，值得广泛借鉴。② 弥渡县利用群众喜闻乐见的传统花灯艺术、新兴媒体，创新法治宣传教育载体，形象生动地传播社会主义法治理念和法律知识，弘扬法治精神，营造人人讲法、个个守法，崇尚法律、依法办事的法治氛围。

弥渡县被誉为"花灯艺术之乡"，有着浓厚的文化底蕴和丰富的民族文化资源。弥渡县挖掘、开发和利用人文资源，创作演出具有民族特色的法治文艺作品。弥渡县人民法院排练表演音乐情景剧《阳光司法进彝乡》，把法律知识送到山乡。弥渡县司法局将法治文化与传统花灯文化、彝族打歌有机结合，编演花灯歌舞《弥川处处普法歌》《人民调解建和谐》《弱势群体法律援助》《社区矫正谱新篇》，自创花灯法治小戏《孙所长普法》，展示了战斗在基层一线的司法行政干警热心为民的风采。牛街彝族乡把法律知识选编成彝族打歌小调，广泛传唱，让法律知识家喻户晓。密祉镇弘扬花灯文化，在每年花灯艺术节向观众表演法治花灯剧、花灯小戏。弥渡县地税局表演"唱花灯，讲税法"节目，向纳税人宣传税法。

弥渡县公安局、县人民检察院先后在新浪、腾讯等网站开通"弥渡警方""弥渡检察"等官方微博，发布警务、检务信息，开展舆论引导和微博宣传活动，畅通网民问政渠道，提升运用新媒体与社会沟通的能力。税务部门充分利用税企 QQ 群、微信、短信等宣传法律法规。弥渡县委政法委进一步完善宣传工作考核机制，发挥网络新媒体宣传阵地作用，建好、管好、用好政法综治维稳工作门户网站——"弥渡县长安网"。在交通主干线和人员密集的公共场所制作 5 块大型广告牌、悬挂 500 多块宣传牌，在祥临公路、果河公路等重要交通道路悬挂法治宣传牌，在 8 个乡镇建设法治宣传集市，在天生桥、铁柱庙景区悬挂宣传标语，打造法治文化宣传阵地。

---

① 参见孙育玮《中国特色社会主义法治文化的理论与实践》，《学习与探索》2014 年第 4 期。
② 参见杨宋《弥渡县创新法治宣传教育载体受欢迎》，《大理日报》（汉）2015 年 9 月 22 日，第 A03 版。

二　法律制定

建立和完善社会主义市场经济体制需要加快我国的立法建设[*]

我国经济体制改革的目标是建立社会主义市场经济体制，党的十四大报告率先作出这种明确的规定。今年（1993年）召开的第八届全国人民代表大会一次会议也作出同样的决议，并在我国《宪法修正案》第7条写道："国家实行社会主义市场经济。"至此，"市场经济"的概念已家喻户晓，党和国家确定的目标也日渐深入人心，全国出现了万众齐奔市场经济的浪潮。但是，在当前全民思想中只能容纳"经济"的形势下，我们广大干部同志应清醒地认识到：市场经济作为通过市场机制配置社会资源的一种经济方式，是发展社会生产力、加快我国经济建设的必由之路，但它并不能独立地存在和发展，而必须与我国的法治相伴相长，因为市场主体及其行为的规范化、市场运行的有序化、市场宏观调控的有效化等都离不开法治。法治是市场经济体制的内在要求，二者要齐头并进、同步发展。这样，建立和完善社会主义市场经济体制，就必须加快、加强我国法治，本文主要从加强立法的角度来谈法治同我国市场经济的关系。

一

独立的商品生产者和经营者才是社会主义市场经济的主体，这主体大致分为农村和城市两大类。"在农村，以家庭联产承包为主的责任制和统

---

[*] 此文乃笔者1993年春毕业分配到学校担任教师以后撰写的第一篇文章。写作的直接目的在于参加当年9月在甘肃省委党校召开的三北（华北、东北、西北）法学会议。此文亦成为笔者撰写论文参加各种学术会议的滥觞。后载于中共中央党校出版社1994年12月出版的《"市场经济与法制建设"论文集》。

分结合的双层经营体制继续稳定和完善"①，广大农民成为独立的商品生产者和经营者，在此基础上出现了个体户、专业户、私营企业、联营企业、乡镇企业等；以未完全摆脱政府"附属物"地位为主的国有大中型企业，同大量的国有小企业、城镇集体企业、三资企业、私营企业、个体企业和联合企业等相对独立的经济实体，共同构成了城市的市场主体。

为了规范各类市场主体及其行为，使其能独立、平等地进入市场运行系统，我们必须做到"有法可依，有法必依"。为此，需要从以下几个方面建立和完善社会主义市场经济体制。

第一，制定公司法。大小各异的公司如雨后春笋般大量涌现，层出不穷，将成为一种力量不小的市场主体，但目前尚无法律对其作出统一、明确的规定。公司法应借鉴外国先进的有关立法，吸收其施行的经验教训；对有限责任公司和股份制公司进行重点规定，这两者皆已被接受，关于后者，《政府工作报告》中指出，"股份制是适应市场经济发展的一种企业组织形式，要使之健康发展"，八届人大代表、一汽总经理耿昭杰也说，一汽集团迎接"复关"挑战，"不搞股份制不行"。②

第二，制定企业集团法。"鼓励发展企业集团，有条件的可以跨行业跨地区跨国经营"③，与此相适应，就必须有法律来规定企业集团的内部构成、对外关系及其他有关事项，保证集团独立、完整、信誉地发挥其在经济建设中的强大作用。

第三，制定民营经济法，包括个体经济法和私营经济法。十几年来民营经济的迅速发展，根本未影响我国的社会主义方向，事实上，它在缓解国家就业压力，方便、丰富人民群众生活，增加国家财政收入方面，发挥了巨大的作用。但是，14多万户私营主、2700多万名民营经济从业人员构成的人员结构、生产结构、整体社会形象日佳的庞大队伍，仍然仅仅被视为"社会主义公有制经济的补充"，这显然是不够的了；宪法对国有、集体、个体、私营经济分别持"保障""鼓励、指导和帮助""指导、帮助和监督""引导、监督和管理"的态度（《宪法》第7条、第8条、第11条，《宪法修正案》第1条），这明显不利于各种经济成分在市场中平等地竞争。第八届全国人民代表大会一次会议上，民营经济成了代表们的新话

---

① 《政府工作报告》（1993年3月15日在第八届全国人民代表大会第一次会议上）。
② 参见阎卡林：《体制改革要有新突破》，《经济日报》1993年3月25日，第2版。
③ 《政府工作报告》（1993年3月15日在第八届全国人民代表大会第一次会议上）。

题，重点在论其"发展"；全国政协八届一次会议上，民营经济界的代表们则为民营经济的发展大声疾呼：要公平税负，要创造宽松的环境，要有外贸自主权，要有资金融通的便利……①为了保证民营经济与公有制经济以地位平等的主体资格进行公平的市场竞争，就必须借助于一系列合理的法律规定，而当前首先要对民营经济作出明确、细致的规定，使民营经济成为我们建立和完善社会主义市场经济体制的一个重要生长点，而不能再使民营经济有"杂牌军"的自卑感了。

第四，制定法律和规章，以加快贯彻落实《全民所有制工业企业转换经营机制条例》（以下简称《条例》）。《条例》是在《全民所有制工业企业法》基础上制定的，两者都是我国已被法律化的经济体制改革的重大成果，后者尤其是较好地适应市场经济体制要求的法律规定。国有企业是我国国民经济的主导力量，对我国经济建设起着举足轻重的作用；要建立和完善社会主义市场经济体制，就必须将国有企业从计划经济体制中解放出来，增强其活力，使其真正成为自主经营、自负盈亏、自我发展、自我约束的法人实体和市场竞争主体。《条例》正是顺应了企业发展的内在要求，反映了广大企业的强烈呼声，但是颁发近一年来，在贯彻落实上仍然存在不少困难。

1. 赋予企业充分的自主经营权是企业成为合格市场主体的前提。为此，《条例》第2章集中规定企业享有14个方面的经营自主权，即生产经营决策权，产品、劳务定价权，产品销售权，物资采购权，进出口权，投资决策权，留用资金分配权，资产处置权，联营兼并权，劳动用工权，人事管理权，工资奖金分配权，内部机构设置权，拒绝摊派权。《条例》实施情况日益好转，主要表现在各个部门、28个省市按照《条例》要求相继制定了实施办法，企业自主经营权得到进一步落实，"我国国有大中型企业的亏损面由过去的差不多三分之一降到四分之一"②，但是政府部门出于各种原因截留、上收权利，或者妨碍这些权利的行使的现象依然比较普遍，令广大企业头痛不已。其中，最典型的、最大的障碍莫过于"翻牌"公司了，它们由原来经济主管部门的专业司局换个牌子改为公司或强拉企业捏合成企业集团，拥有许多原来政府的职能和权力，或把企业的人财物、产供销大权又收上来，或者干脆取消下属企业法人资格。这是改革形

---

① 参见张曙红《民营经济冲击波》，《经济日报》1993年3月25日，第5版。
② 《企业没有自主权就不能走向市场》，《经济日报》1993年3月19日，第1版。

势下传统计划经济体制的复归，是政企合一，是以改革为名的倒退，必须撤销或令其与原机关脱钩。由此看来，政府是贯彻落实《条例》的关键。目前，政府主要应从三个方面入手。

第一，通过行政立法，合理界定政府行政权力的运作范围和方式，明确规定政府转变职能，实行政企分开。在我国传统计划经济体制下，政企不分，国家直接经营企业，行政管理职能代替了企业的经营职能；所以，严格地说，在传统体制下，我国不存在真正意义上的企业，只有生产车间或工厂。这种机制不转变，企业就不能成为独立的商品生产者和经营者，社会主义市场经济体制也是发展不起来的。为此，必须政企分开，《企业法》《条例》等法律法规中规定属于企业行使的权利，各级政府不得干预或截留、上收，同时，政府转变后的职能应主要是统筹规划、掌握政策法令、信息引导、组织协调、提供服务和检查监督，并依靠经济立法对企业进行间接管理。只有这样，政府与企业之间才能改以往管与被管的"婆媳"关系为服务与被服务的应然型关系，从而保证企业独立自主地、大胆地走进市场。

第二，各级、各地政府应清理过去制定的规章制度，凡是妨碍落实企业经营自主权，妨碍企业走向市场、成为市场主体的，予以废止或修改；抓紧制定配套的有关规章和实施办法，保障国家下放给企业的经营自主权尽快完全到位。

第三，制定国家机构编制法。转变政府职能，政府人员不再直接管理企业，这必然导致精简机构和人员，而这种改革结果必须以法律形式使其固定化，以免发生随意的反复。目前在精减中考虑到政府机关人员一般素质较高，有一定管理经验和业务专长，所以可以进行必要的训练，实现人员分流：①有的可以到基层任职，充实工商管理、税务、政法等部门；②有的可以到事业单位和实体性公司，但从事经营性活动的要与原单位脱钩，坚决杜绝以权经商、以权谋私；③鼓励一部分人员走出机关，创办第三产业。临时人员和借调人员则要认真清退。

2. 理顺产权关系，是国有企业成为真正意义上的市场主体的核心所在。商品经济，特别是市场经济的发展是与一定产权关系相联系的，其运行就是产权的运动和实现过程。独立的商品生产者和经营者之所以具有自主经营、自负盈亏、自我发展和自我约束的能力，其基础在于它是一个产权主体。以前，我们的国家不仅是全民所有制生产资料所有者的代表，而且还直接从事经营，这种产权状况不利于商品经济的发展和企业活力的增强，更不利于社会主义市场经济的健全运行和国有资产的保值增值。鉴于此，必须制定《国有资产管理法》，完善国有资产管理制度，加强包括地产在内的资产评估，把单个企业经营的国有资产与作为整体的国有资产界定清楚，理顺国家与企业之间的产权关系，保证国有企业依法占有、使用、有限处分国有资产的自主权。这样，企业才能凭借产权主体的经济地位自由进入市场，并享有切实的经营自主权，以谋求自身的存在和发展，同时承担国有资产有效实现的责任。

二

独立的商品生产者和经营者成为市场主体进入市场进行市场活动。这种活动与传统计划经济下的企业经济活动相比，具有三种特征。

一是公平竞争性。市场经济作为有组织地在自身规律支配下自动运行的经济模式，它要求商品生产经营者处于同一起跑线上，平等地展开竞争。二是契约化。市场经济的运行，必须使各种合同、信用关系得到广泛的发展，比如联营、居间、信托、发行债券、投资入股、房地产开发、信息服务等，都要通过彼此之间订立的合同实现其经济目的。三是全面开放性。市场经济的发展，必然在经济上打破一切地区和国家的界限，形成世界市场和多种形式的国际经济联系。市场经济的这种开放性，促使商品生产经营者闯入市场、占领市场、控制市场，进而去创造市场，也就是说，其活动必须全面开放，才能适应市场经济的要求，才能使自己在市场经济竞争中站稳脚跟，不断进击，处于优势地位。

市场主体的这些活动特征都与法律法规密不可分，原因如下：第一，公平竞争只有通过法律的形式才能有效地确立并贯彻下去；第二，所有的合同、信用关系，只有得到法律上的确认，成为受法律保护的契约关系，才能有效地实现；第三，要实行对外开放、搞活，加速经济的发展，必须把本国经济纳入法治的轨道并使之同世界市场经济运行的一般法则相对接。所以说，规范市场经济的运行必须依赖法律。

同时，建立和完善社会主义市场经济体制，其市场应该是一个包含多种特殊市场、包括各个市场层次的市场体系；对此，我国也缺乏相应的法律法规来进行调整。这样，当前，为保证市场运行的规范化、有序化，就有大量的立法任务急需完成。譬如，制定《公平竞争法》《证券交易法》《担保抵押法》《消费者权益保障法》《社会保障法》；修改《经济合同法》，重新规定订立合同的主体范围，取消大部分计划性合同；制定有关生产资料、金融、股票、债券、信息、劳务、技术、房地产等市场的管理法规，使各类市场及其主体的行为有法可依，有章可循，从而维护市场的正常秩序，保证市场的有效运行，保障社会主义市场经济体制的顺利发展。

三

让广大的经济实体成为独立、合法的商品生产经营者步入我国的社会主义市场体系，并不是说不再要政府或削弱政府的职能，只是政府不再直接管理经济实体。政府通过宏观调控，以市场为对象，以国家计划（包括信贷、利率、财政、税收、工资、价格等范畴在内的经济杠杆，经济立法，司法活动，国家经济管理机关的行政指示、命令、规章等）为手段，从经济运行的全局出发，对国民经济总体活动进行调节和控制，目的在于消除或防止经济中的总量失衡和结构失衡，保证国民经济的正常运转。由此可见，政府对于经济建设的职能并未减弱，只是改变并且加强了。

要建立和完善社会主义市场经济体制，宏观调控体系的建立和完善就是其中一项重要内容，而建立和完善宏观调控体系必须仰仗于法治。目前，我国这方面的立法工作刚开始，大量的立法工作尚待开展，如制定《计划法》《劳动法》《工资法》《价格法》《预算法》《银行法》《投资法》《物资管理法》《货币发行法》《消费资金控制法》《外贸法》等等。

四

党的十四大报告指出，加强立法工作是建立社会主义市场经济的迫切要求。在市场经济体制下，必须把立法建设和推进市场经济体制建设真正结合起来，使两者同步。上面主要着眼于构成动态市场体系的主体、行为、调控三点谈了两者的关系。具体来说，制定法律时，其做法应是多种多样的。

第一，授权立法。使原来属于全国人大立法权限范围内的问题"下放"，由国务院和地方国家机关就改革开放方面的问题颁布暂行规定。

第二，开门立法。广泛组织专家、学者、社会名流共同研究，必要时征求外国专家意见；大胆吸收和借鉴国外相关立法的精华。

第三,联合立法。改变过去一个部门起草立法,几个部门扯皮的方法,由各有关部门联合草拟;改变审议法律草案时人大、国务院等专门机构重复征求意见、重复审议的做法,由各有关方面联合审议。[①]

第四,紧急立法。改变立法求全与要求长期稳定不变的立法思想;采取专门措施,组织紧急立法小组,吸收各有关方面代表参加,法律只要基本完善即可先行出台,在实践中再不断修改。

建立和完善我国社会主义市场经济体制是一项浩大而繁重的工程,加强我国的立法建设也是一项浩繁的任务,两者是相辅相成的。只要我们始终坚持两者的同步建设,我国的经济发展和法律文化的发展就充满了希望。

---

① 参见东升《经济法制改革与市场经济秩序》,《法学天地》1993年第2期。

中国公益诉讼的立法选择[*]

公益诉讼的历史相当悠久。尤其是"二战"以来,以美国为代表的主要西方国家已经从立法上确立了各自的公益诉讼制度,这对规范行政机关的行为、保障人与自然和谐相处、维护各国的公共利益起着不可替代的作用。随着时代和社会的发展,中国的公众开始呼唤公益诉讼,中国的司法实践需要公益诉讼方面的立法。中国进行公益诉讼立法,可谓是大势所趋。面对世界各国不同的做法,中国到底会做怎样的选择,会作出哪些规定?本文试图从比较研究的角度,综合考虑中国现有的国情,就相对后进的中国公益诉讼立法作点探讨。

一 公益诉讼的源起和特征

公益诉讼滥觞于罗马法。在罗马法的程式诉讼中,已经出现公益之诉和私益之诉的区分。"公益诉讼(popularis)即可由社会中任一成员提起的诉讼。私益诉讼(privata)则(指)只能由相对关系人提起的诉讼。"[①] 当时的公益诉讼,主要是刑事方面的,又被称为罚金诉讼、民众诉讼。发展至今,公益诉讼制度已较为完善,对公益诉讼概念的探讨也较为深入。

现在的公益诉讼制度,是指国家、社会组织或者公民个人以原告的诉讼主体资格,对侵犯社会公共利益的行为,向法院提起民事或者行政诉讼,通过法院依法审理,追究违法者法律责任、维护社会公共利益的诉

---

[*] 此文载于《诉讼法理论与实践(2005年卷)》(陈光中、陈卫东主编,中国方正出版社2005年版)。

[①] 江平、米健:《罗马法基础》,中国政法大学出版社,1987,第357~358页。

制度。

继罗马法之后，法国1806年《民事诉讼法》和《法院组织法》都规定检察机关可以为维护公共秩序提起公益诉讼。检察官有权在民事诉讼中，以主当事人（即原告）的身份提起诉讼，也可以作为从当事人参与诉讼。在日本，公益诉讼被称为民众诉讼。日本民众诉讼的原告可以是纳税人，也可以是利益受到普遍影响的选举人或者其他公众人。在英国，检察总长可以代表国王，有权阻止一切违法行为，有权代表公共利益主动请求对行政行为实施司法审查，还可以在私人没有起诉资格时帮助私人申请司法审查，即检察长可以是原告，公民可以为告发人。在德国，检察院参与的民事诉讼与行政诉讼的范围尽管很窄，但仍确定了"公共利益代表人制度"。① 在俄罗斯，公民可以提起公共法权关系案件。从《俄罗斯民事诉讼法典》第246条的规定来看，法院在这类案件上被赋予了很大的主动权。②

美国也是最早实行公益诉讼的国家之一。1863年，美国《反欺骗政府法》规定任何个人或者公司在发现有人欺骗美国政府，索取钱财后，有权以美国的名义控告违法的一方。美国国会1890年通过的《谢尔曼法》、1914年出台的《克莱顿法》均规定对反托拉斯法禁止的行为，除受害人有权起诉外，检察官可提起衡平诉讼，其他任何个人及组织都可以起诉。美国的防治空气污染条例、防治水流污染条例、防治港口和河流污染条例及噪声控制条例、危险货物运输条例等都规定有公益诉讼。与此相适应，《美国区法院民事诉讼法规》第17条规定："法定情况下，保护别人利益的案件，也可以用美利坚合众国的名义提起。"其从程序法上为公益诉讼架桥开路，提供了切实、可靠的保证。可以说，美国是当今世界上公益诉讼制度最为完备的国家。③

尽管其表现形式和称谓各不一样，西方的公益诉讼却有许多共同特征。第一，其最鲜明的特点在于公益性，即原告提起诉讼的主要目的在于保护公共利益。在普通的民事、行政诉讼中，是原告本人包括公民、法人和其他组织认为自身合法权益受到直接侵害，要求法院行使国家审判权，确认自己权利的存在或者制止他人的侵权行为，恢复个人私法上的利益，

---

① 参见伍玉功《论我国公益诉讼制度的建立》，《湖南公安高等专科学校学报》2005年第1期。
② 参见於海梅《俄罗斯诉讼法制改革的尾声——关注〈俄罗斯联邦民事诉讼法典〉》，《齐齐哈尔大学学报》（哲学社会科学版）2004年第3期。
③ 参见赵许明《公益诉讼模式比较与选择》，《比较法研究》2003年第2期。

是为自己的"私利"而诉。公益诉讼则超越了对私权的救济，立足于对公共利益的保护。第二，起诉主体具有多元性。一般民事、行政诉讼中的原告，必须是和案件本身有直接利害关系的人；公益诉讼的原告并不局限于具体的合法权利或者财产受到损害的特定人，只要行为人侵害了社会公共利益，任何组织和个人都有权起诉违法者。第三，利害关系的不特定性。[①]公益诉讼的原告和案件具有直接利害关系，不是诉的构成要件。在公益诉讼中，原告的法律地位非常特殊：其既不同于一般民事、行政诉讼中的原告，也不同于被告；其既可能不是遭受违法行为侵害的直接利害关系人，更不是致害人；其不受法院裁判拘束，不承受法院裁判的后果。[②]

二 中国亟须建立公益诉讼制度

（一）中国公益诉讼在司法实践中艰难推进

改革开放以来，随着中国市场经济体制的建立和发展，20世纪初西方发达国家出现的一些新型社会纠纷相继在中国出现，例如，侵害国家经济利益、污染环境、垄断经营、侵害消费者权益等违法行为，严重损害了社会的公共利益。随着中国社会各方面的发展，特别是社会主义法治国家建设进程的逐步展开，人民群众法治观念日益增强，关涉社会公共利益的行为和活动越来越引起人们的关注，因此，公益诉讼或者涉及公益的案件在不断增多。但是，考察我国近年来带有公益性质的诉讼，结果大都不尽如人意，主要有以下几种结局。

1. 受害者无法或不愿意提起诉讼。以国有资产流失案件为例，国有资产属于全体公民，国家机关依照全体公民的授权管理国有资产。但对于国有资产的流失，公民却无法直接提起诉讼，而国有资产管理部门往往以不具有法人资格为理由拒绝提起诉讼。

2. 法院不予受理、驳回起诉或判决原告败诉。在轰动全国的银广厦案和亿安科技案中，最高人民法院以法院"受理的时机还不成熟"为理由，于2001年9月24日向全国各级法院下发406号通知，要求各级法院暂不受理相关诉讼。浙江台州画家严某对设在临近小学的色情娱乐场所进行多

[①] 参见伍玉功《论我国公益诉讼制度的建立》，《湖南公安高等专科学校学报》2005年第1期。

[②] 参见赵许明《公益诉讼模式比较与选择》，《比较法研究》2003年第2期。

次举报，行政机关未予理睬，于是起诉椒江区文体局行政不作为。椒江区法院以严某不是受害者为理由判决严某败诉。

3. 受害者虽然胜诉，但是没有能够达到预期的维护公益的效果。河南淮阳县青年农民葛某以郑州市火车站厕所收费违法为由起诉郑州铁路分局。该案经过近三年的审理，法院最终判决葛某胜诉，郑州铁路分局返还葛某 0.30 元厕所收费，并承担一审、二审诉讼费用各 50 元。然而根据媒体的报道，郑州火车站在败诉后，仍然继续收取入厕费用。①

（二）困难局面的成因

造成上述困境的原因是多方面的，包括制度设计的欠缺、法院审判能力的欠缺以及公益诉讼理念与传统民事诉讼理念的冲突等，大体可归纳为以下几点。

1. 程序保障理念与法院审判权边界的冲突。"二战"后，随着人权观念的日益深入人心，许多国家纷纷将公民诉讼权作为基本人权写入宪法。诉权保障呈现出国际化和宪法化的趋势。但是，中国《宪法》几经修正，至今仍然未有关于公民诉讼权的直接规定。与之相关的是，法院往往以某一类型纠纷不属于人民法院管辖范围或法律没有明确规定为理由不予受理或驳回起诉。即使对于属于法院受理范围的纠纷，一些法院也可能以某些理由不予受理。②

2. 公益诉讼与当事人理论的冲突。传统的当事人理论是从实体法的角度来考虑当事人适格的基础。所谓当事人适格，是指在具体事件的诉讼中，能够作为当事人进行诉讼或被诉，且获得本案判决的诉讼法上的权能或地位。具有该权能或地位的人就是"正当当事人"。根据传统的诉之利益理论，只有自己的合法权益受到违法侵害的人，才能成为正当当事人，具备起诉的资格，这种标准被称为"直接利害关系原则"。1940 年以前的美国，情况与此类似，当事人也只有在法定的权利受到侵害时才有起诉资格。该原则在中国的诉讼理念和诉讼立法中都得到了明确的体现，譬如，几乎所有的教材对当事人所下的定义均为"因民事权利义务关系发生纠纷，以自己的名义进行诉讼，案件审理结果与其有法律上的利害关系，并

---

① 参见齐树洁、郑贤宇《我国公益诉讼的困境与出路》，《中国司法》2005 年第 3 期。
② 参见齐树洁、郑贤宇《构建我国公益诉讼制度的思考》，《河南省政法管理干部学院学报》2005 年第 1 期。

受人民法院裁判拘束的人"①；《民事诉讼法》第108条规定，"原告必须是与本案有直接利害关系的公民、法人和其他组织"；《行政诉讼法》第41条第1项规定的起诉条件是"原告是认为具体行政行为侵犯其合法权益的公民、法人或者其他组织"。

诚然，"直接利害关系原则"对于避免当事人滥用诉权以节省司法资源具有一定的意义，但是，这种"直接利害关系"的当事人理论在现代法治社会受到了人们的质疑。因为随着社会的发展，许多新的纷争大量出现。当这些纷争进入诉讼的领域，就会表现出极其强烈的公益色彩。这些现代型诉讼超越了个人的利害关系，即诉讼案件与当事人可能没有直接的利害关系。按照传统的当事人理论，民众在这种有关公益的纠纷中就不是适格的当事人。②

3. 既判力的扩张与限制。既判力是法院作出的确定判决中，关于诉讼标的的判断所具有的通用力或确定力。对当事人来说，既判力无论对实体权利还是对程序权利都具有重大的影响，因此，传统民事诉讼理论认为既判力的主观范围除法律另有规定外，原则上限于原被告。这导致在一定范围扩张既判力的公益诉讼制度招致诸多质疑。

（三）在中国建立公益诉讼制度的功能

在当代中国建立公益诉讼制度至少具有四大作用。

1. 为保护国家利益和社会公共利益提供程序保障。缘于"没有救济的权利，不是真正的权利"的理念，同样可知，没有公益诉讼程序保障的公共利益是"裸体"的利益，是没有法律保护的利益。

2. 使宪法规定的人民主权思想得以贯彻实现。人民主权思想的精髓在于人民是国家的主人，人民应以国家主权者的地位和身份自主地去决定如何实现国家的统治，如何通过法律实现对统治者的抑制和约束。公益诉讼为人民主权的现实化和具体化提供了媒介和场所，即人民可以按自己的意志对国家机关及其工作人员和广大社会团体进行有效的监督；对侵害国家利益、社会公共利益的行为，可以通过行使公益诉权，启动司法程序进行救济。③

---

① 常怡主编：《民事诉讼法学》（第二版），中国政法大学出版社，1996，第85页。
② 参见金文彪《公益诉讼与我国传统诉讼理念的冲突及衡平》，《长春师范学院学报》2005年第1期。
③ 参见伍玉功《论我国公益诉讼制度的建立》，《湖南公安高等专科学校学报》2005年第1期。

3. 可以加强对执法人员的监督。对于与社会成员的利益息息相关的法律实施，人人都有参与权的公益诉讼制度不失为一种有效的监督方式，它使危害公共利益的违法行为如过街老鼠，人人喊打，这实际上是将涉及社会整体利益的法律的施行置于全社会的监督之下，能够有效地制止违法行为的发生，保证相关法律发挥最大的功效。①

4. 可以唤起公民的权利意识。对社会公益来说，公益诉讼昭示着维护《宪法》和法律规定的权利。越来越多的人为公共利益而努力，敢于保护公共利益，敢于用司法保障公民当家作主的权利，这恰恰是一种权利意识的觉醒。②

三　中国公益诉讼的立法选择

中国当前的公益诉讼制度不仅没有规定公民和社会团体公益诉讼，甚至连国家提起公益诉讼也未规定。由于公益诉讼法律缺位，大量侵犯公共利益的违法行为就得不到惩治。要改变这种状况，中国必须加快公益诉讼立法。这自然会涉及许多方面和许多问题，但是，比照国外不同的公益诉讼制度，其基本内容应该包括以下各项选择。

（一）三元启动模式

"不告不理"是各国民事、行政诉讼法所奉行的一个普遍原则。原告是引起民事、行政诉讼程序发生的人；没有原告，诉讼程序不可能发生。中国公益诉讼的"瓶颈"正是原告的诉讼主体资格问题。为此，学者们致力于发展传统的当事人理论。于是，"程序当事人"就应运而生。③ 在程序当事人理念下，一切符合起诉程序要件的人和应诉的人都是当事人，不论他是否与所主张的利益有关，也无论他所主张的利益是否得到法律的承认。

从原告提起诉讼的资格角度，公益诉讼的启动方式可做一元和多元之

---

① 参见颜运秋《中国亟需公益诉讼理念与制度》，《湖南工程学院学报》（社会科学版）2003 年第 3 期。
② 参见金文彪《公益诉讼与我国传统诉讼理念的冲突及衡平》，《长春师范学院学报》2005 年第 1 期。
③ 参见金文彪《公益诉讼与我国传统诉讼理念的冲突及衡平》，《长春师范学院学报》2005 年第 1 期。

分。所谓一元式，也叫国家诉讼，是指只有国家（一般是该国的检察机关）才有权提起公益诉讼。所谓多元式，是法律规定两个或者两个以上主体可以分别单独提起公益诉讼。即除国家公诉以外，其他一些主体也可以提起公益诉讼。有的国家实行两元制，规定只有国家公诉机关和社会组织可以提起公益诉讼；有的国家实行三元制，除了国家公诉机关和社会组织之外，公民也可以提起公益诉讼；还有的实行四元制，即另外还有相关人诉讼（其实，公民诉讼已经包含了相关人诉讼）。

公益诉讼采取何种启动方式，关系到公益诉讼起诉权的分配和诉讼渠道的宽窄，也关系到社会公共利益遭到侵害时能否得到充分的司法救济。一元启动方式的最大缺点是起诉权过分集中、诉讼渠道过窄，检察机关常因人力、物力、财力的局限，对社会上大量的公益案件无暇顾及；同时也可能因检察机关怠于行使权力，而使公共利益得不到救济。二元启动方式，将公益诉讼的起诉权扩展到其他国家机关、社会组织，这无疑有助于社会公共利益的救济，但依各国法例，这些国家机关、社会组织只能依法在自己的职权范围内行使起诉权，作用有限。三元启动方式将公益起诉权扩展至公民。三元启动方式将是中国公益诉讼中最理想的选择模式。[①]

（二）拓宽公益诉讼所保护的范围

公益诉讼是对公共利益进行保障的重要诉讼途径，因此，必须在公益诉讼制度中放宽公益诉讼的受案范围，使所有损害国家利益、社会利益的行为，都能受到应有的惩罚。在建立和完善公益诉讼制度的初期，在界定公益诉讼的保护范围时可以通过混合式的模式来确定。首先，以概括式的规定将所有侵害国家利益、社会利益的行为都纳入公益诉讼的保护范围之内；同时，可以通过肯定式的列举，列出目前迫切需要解决的情形，将之引入公益诉讼，使公益诉讼案件进入司法程序的过程具有可操作性。当司法机关在实践中积累了一定的经验之后，可以将其他领域的损害国家利益、社会利益的行为逐个列入法条当中，或者通过排除式规定将不适宜进入公益诉讼的案件列举出来。[②] 从另一个角度看，中国将来立法应当采用美国公益诉讼模式，允许提起事前预防诉讼。

[①] 参见赵许明《公益诉讼模式比较与选择》，《比较法研究》2003年第2期。
[②] 参见金文彪《公益诉讼与我国传统诉讼理念的冲突及衡平》，《长春师范学院学报》2005年第1期。

（三）具体程序的选择

1. 关于直接与前置程序模式的选择。以公民提起诉讼要不要先经过有关机关审查为标准，可分为公民直接起诉与前置审查起诉模式。

大陆法系国家多采取直接起诉模式。这种模式，同一般民事、行政诉讼没有什么区别，由公民以原告的身份直接向法院起诉。英美法系国家采取前置审查起诉模式，即公民提起公益诉讼之前，必须通知并要求有关国家机关制止损害社会公共利益的违法行为或者提起诉讼，当有关国家机关不提起诉讼时，公民才可径行提起诉讼。实行前置程序，既给有关国家机关一个缓冲期间，由其利用职权去纠正违法行为，又可以对公民提起公益诉讼进行控制，防止滥诉。

公民直接诉讼方式最大的优点是便民。前置程序对公民来讲，程序麻烦，手续较多，但其优点不可忽视。根据不同情况，中国可以兼采两种：凡涉及国家管理机关行政执法的，采取前置诉讼模式；凡不涉及国家机关行政执法的，采取直接诉讼模式。①

2. 诉讼管辖权。对于人民法院对公益诉讼的管辖权，首先应确定级别管辖。公益诉讼涉及大多数人的利益，对大多数人利益的侵害是比较重大的问题，所以，此类案件应当以中级人民法院为第一审人民法院。当公益诉讼的被告是国家行政机关时，为避免以权压法现象的发生，还有必要提高受理法院的级别，即案件由与被告同级的法院的上一级法院进行一审。②

其次应确定地域管辖。一般地域管辖采取原告就被告的原则。同时，公益诉讼案件主要是因侵权行为提起的诉讼，因而应采取特殊地域管辖，即由被告所在地或侵权行为地人民法院管辖。涉及不动产的公益诉讼案件，应适用专属管辖，由不动产所在地的人民法院管辖。此外，为防止有管辖权的两个以上人民法院争抢案件或相互推诿，致使当事人不能及时行使权利，维护公共利益，应当明确两点。第一，属于共同管辖的案件，当事人有权选择其中一个人民法院提起诉讼。若当事人同时就同一案件向两个以上有管辖权的人民法院起诉的，由最先受理的人民法院管辖。第二，有管辖权的人民法院，如果已经立案，就不得将案件移送给另一个有管辖权的人民法院。

---

① 参见赵许明《公益诉讼模式比较与选择》，《比较法研究》2003年第2期。
② 参见包万平、郝小娟《环境公益诉讼问题浅析》，《兰州学刊》2005年第1期。

3. 举证责任。民事诉讼中"谁主张谁举证"的原则不适宜于公益诉讼。在公益诉讼中，应当由知情者举证，但知情者只需举出公共利益确实受到侵害即可，至于损害是不是由被告所造成，则由被告承担举证责任，如果被告无法证明损害不是由其造成的，就应当承担败诉的结果。

4. 诉讼费用。一方面，不宜给提起公益诉讼的主体附加过高的费用，另一方面，提起公益诉讼的主体确实无力支付诉讼费用时，可以缓交或免交。至于诉讼费用的分担方面，应有所改进：（1）检察院代表国家作为公益诉讼提起主体时的诉讼费用，由国库支付；（2）公民或者社会组织作为公益诉讼的原告败诉后，原则上不承担诉讼费用，可对诉讼费用进行一定程度的转嫁；（3）对环境保护案件、国有资产流失等案件，让国家来负担诉讼费用。因为即使社会组织和个人在该类诉讼中败诉，仍可为国家带来一些积极的利益，给国家的公共政策方面带来正面的影响。

5. 激励模式的选择。所谓激励模式，是指对公益诉讼采取经济上的鼓励措施。原告提起公益诉讼，是出于对社会正义的追求，是为了社会生活和谐美满的共同需要，是为了惩恶扬善，维护社会正常秩序或保护国家利益不受侵犯。这种行为应当受到奖励。古罗马的罚金诉讼就有这样的激励：胜诉后原告可以从法院对被告所处罚金中分得一部分。这种激励模式一直影响到今天。如美国《反欺骗政府法》规定，原告胜诉之后，可以从法院判令被告支付的罚款中分得一部分，其比例为 15%～20%。中国立法也应采纳这种模式。

（四）对公益诉讼的限制

1. 限制滥用公益诉权的行为。滥用诉权实质上是当事人不正当行使法律赋予的进行诉讼的权利。为了防止滥用诉权，法律可以授权人民法院根据案件具体情况，责令滥用公益诉讼程序的一方赔偿对方所遭受的实际损失；当事人也可以要求滥用公益诉权的一方支付其因此造成的各种开支，甚至包括律师费用。

至于如何确定滥用公益诉权的标准，可以借鉴国外的经验，采取主客观相统一的条件：（1）起诉者有滥用公益诉权的恶意；（2）没有合理、合法的提起诉讼的理由；（3）原告败诉。此外，在法律中还要明确规定滥用公益诉权的侵权责任和侵权责任的承担方式，比如，由原告方承担诉讼费用。

2. 限制原告的处分权。公益诉讼，不是关乎一人一己的私利，因此，不少国家法律都对原告的处分权进行限制。例如，美国民事反托拉斯诉讼程序规定，原被告双方的和解协议必须经法院批准，在法院批准之前30天必须公开，以征求各方面的意见；协议判决和书面评论以及政府对此的任何反应必须在地区法院归档备案；所备案和公布的材料应在受理案件的地区和哥伦比亚特区所发行的报纸上公布。中国立法也应对公益诉讼原告的处分权进行适当限制，以防原告滥用处分权。

我国现行《环境保护法》存在的问题及修改建议*

作为新兴的部门法，环境法起步较晚、发展较快，这在我国也表现得非常明显。现行①的《中华人民共和国环境保护法》（以下简称《环境保护法》）出台于计划经济时期的 1989 年，是我国环保领域的基本法。随着我国社会主义市场经济体制逐步完善和人民生活水平日渐提高，国民的环境意识和法律意识日益增强，现行《环境保护法》已远不能满足 21 世纪中国经济、社会和环境发展的新需要，亟待修改。

一 《环境保护法》的诞生

我国真正意义上的环境立法始于 1979 年第五届全国人大常委会第十一次会议原则通过的《中华人民共和国环境保护法（试行）》。它标志着我国的环境保护工作真正进入法制阶段，同时也意味着我国环境法律体系建立的开始。在此基础上，1989 年第七届全国人大常委会第十一次会议通过了现行《环境保护法》。这是我国环境立法高潮的第一个顶点，其对健全我国环境资源保护法律体系，保护和改善环境，促进经济、社会和环境的协调发展发挥了重要作用。

1989 年以来，我国环境立法发展非常之快。污染防治法、自然资源法基本涵盖了各自领域，形成了基本的环境法律体系；各单行环境法相继进入了修订调理期。我国先后修改了《水污染防治法》（1996）、《矿产资源法》（1996）、《土地管理法》（1998）、《森林法》（1998）、《海洋环境保

---

* 此文载于《新视野》2006 年第 6 期。
① "现行"指 2006 年，该法于 2014 年修订。——笔者 2024 年 7 月 26 日补注

护法》(1999)、《大气污染防治法》(2000)、《渔业法》(2000)、《水法》(2002)、《草原法》(2002),新颁行了《水土保持法》(1991)、《固体废物污染环境防治法》(1995)、《环境噪声污染防治法》(1996)、《防沙治沙法》(2001)、《清洁生产促进法》(2002)、《环境影响评价法》(2002)等。目前,我国环境保护法已经形成一个以《宪法》为根据,以《环境保护法》为核心,以单行环境保护法律为主题,以环境保护行政法规、地方性法规、规章、标准及相关法律、法规中适用于环境保护的规定为补充,并与我国缔结和参加的与环境保护有关的国际条约相协调的法律体系。

二 《环境保护法》存在的主要问题

(一)《环境保护法》自身存在着形式错位、内涵缺位和制度滞后三大缺陷[①]

首先,环境立法体系是由一系列有关环境管理体制的法律、法规、规章制度等法律规范构成的相互关联和相互配合的完整法规体系。完善的立法体系最基本的特点是其系统性和完整性,以及不同层次立法之间的相互配合与协调。可是,我国环境立法体系框架存在效力层次的冲突和混乱,《环境保护法》作为环境基本法并没有起到统领环境资源法律体系的作用。我国《立法法》规定,基本法由全国人大制定并颁布,统领该领域的具体法律、法规。从法理上讲,《环境保护法》是仅次于我国宪法的环境保护基本法,是制定单项环境保护法律的依据。然而现行《环境保护法》与《水法》《森林法》《污染防治法》等单行环境法一样源于同一立法机关,都是由全国人大常委会制定颁布的。从效力层次上看,它们均属于一个层次。《环境保护法》的基本法身份无从彰显,其的基本法效力也大打折扣。

其次,我国环境保护法律体系下分别形成了环境污染防治法、自然资源法和生态保护法三大类子法体系。但是,《环境保护法》只涵盖了污染防治和环境资源保护,且内容过多地集中在污染防治上,而对自然资源和生态环境保护仅是少量的政策宣示,也无相应的法律责任规定。比如,有

---

① 参见丁岩林、高虹《对环境保护法修改的理性思考》,《宁夏大学学报》(人文社会科学版)2006年第1期。

关生物多样性的保护，我国已加入了《生物多样性保护公约》，但《环境保护法》中却没有相应的规定。再以基本法律制度为例，尽管《水法》《土地管理法》《森林法》《矿产资源法》等对资源权属制度、规划制度、许可制度、调查和档案制度以及有偿使用制度作了不同程度的规定，但是作为环境资源保护基本法的《环境保护法》却无相关制度的统领。

最后，20世纪90年代以来，环境法律制定、修订的速度明显加快，一批新的法律陆续实施，原有的法律也都进行了大幅度的修订。顺应新的环保理念，原有的行政管制制度得以改进，新的经济刺激制度得以创新。《环境保护法》中的制度已经明显滞后，有些制度已经被单行法中的新制度所取代。由于《环境保护法》过于原则和滞后，国家不得不在环境政策、行政法规、行政规章等层面进行了众多调整和革新，一些新的法律制度，如总量控制制度、排污许可证制度等在层次较低的法律法规中被确立；一些重要的法律制度，如环境影响评价制度、排污收费制度等已在其他法律法规中被修改。单行法随意突破、违背基本法且各单行法间互不协调给环境保护法制带来了危机。

（二）《环境保护法》不能回应我国社会主义的市场经济体制

《环境保护法》诞生于计划经济时期，带有浓重的计划经济的痕迹，其大部分的内容已远远落后于日新月异的社会经济生活。

从经济学角度看，由于原有经济制度的缺陷，人们长期以来错误地认为生态环境和自然资源属公共产品，取之不尽、用之不竭，这使得产品价格不能准确反映经济活动的环境代价，造成了不惜牺牲环境利益、求得短期经济发展的现象。环境与发展的关系在我国经济发展和社会生活中还存在着对立的一面，尽管国家制定实施了大量单项环境与资源保护法律，但现实上国家和地方大量的经济开发活动与环境保护是相对脱节的。例如，在环境污染的防治方面，许多地方采取的做法是宁可牺牲环境利益也要确保地域经济的增长和既得利益的提高。即使在自然资源的开发利用上，因确保资源产出量的需要，一些地方对环境和生态的考虑依然被放在次要的地位。

在制定1989年《环境保护法》的过程中，围绕环保部门的职权范围、法律的调整范围、环境管理体制以及是否实行较为科学和严厉的法律制度诸问题，主要在环保部门与资源管理部门之间、环保部门与经济行政部门之间、环保部门与其他行政管理部门之间、环保部门与企业之间展开了激烈的争论。另外，一些地方政府也对加强环境保护可能导致经济利益受损而表示担忧。其结果是环境保护的基本国策向"以经济建设为中心"的发展政策作出退让,一些在国外环境法律实践中被认为是行之有效的法律制度如排污许可制度则以"不符合中国国情"为由而未予采纳。

考虑到政府行政资源的有限性,为提高政府环境管理的效率,在社会主义市场经济体制下,在环境管理中更多地引入经济手段显然是非常必要的。充分利用市场经济规律,通过运用收费或者税、提供补贴或者信贷优惠、实行差别税率等经济手段,就能使环境外部不经济性内在化,改变行为人的成本和利益结构,从而有效抑制环境污染和生态破坏行为。[1]

(三)《环境保护法》不能适应环境保护的国际趋势

改革开放以来,我国国内商品市场正逐步与国际大市场接轨,加入世界贸易组织(WTO)后这种趋势更加明显。与此同时,我国环境保护也应同国际环境保护接轨。1987年世界环境与发展委员会在《我们共同的未来》报告中首次提出了"可持续发展"的概念。1992年,在联合国环发大会上通过的《里约宣言》和《21世纪议程》提出了实现可持续发展的27条基本原则和行动纲领。《气候变化框架条约》(1992)、《生物多样性公约》(1992)等国际环境条约也都确立了可持续发展原则。但是,1989年,可持续发展思想尚未为国人所普遍认同,在"以经济建设为中心"的时代背景下,《环境保护法》第4条中规定的"使环境保护工作同经济建设和社会发展相协调"的贯彻阻力重重,无法改变经济发展优先、环境保护滞后的现状。随着人口的增长和经济的发展,以城市为中心的环境污染逐步加剧,且逐渐向农村蔓延,生态环境恶化的范围日趋扩大。

客观而言,我国当前在总体上仍是以资源高消耗、环境高污染为代价来实现经济的增长。环保工作也在很大程度上滞留在"先污染后治理"的层面上。值得庆幸的是,里约大会后,我国政府根据中国国情编制了《中国21世纪议程》,全面阐明了中国的可持续发展战略和对策,将可持续发展明确为基本战略。在当前环境持续恶化的严峻形势下,对《环境保护法》的立法目的和任务重新定位以便同国际环境保护接轨,已势在必行。

---

[1] 参见张苏飞《关于我国〈环境保护法〉修改的若干思考》,《荆门职业技术学院学报》2005年第1期。

三 《环境保护法》的修改建议

（一）修改后的《环境保护法》应当成为国家的基本法律

我国环境保护立法经历了从单项立法到综合立法的发展过程，这个发展过程就要求国家从对单个环境要素的法律保护，发展到将环境作为一个整体加以保护。这也是环境保护基本法律制定的一个重要基础。无论是从借鉴西方国家（地区）的环境立法实践出发，还是从环境与资源保护在国家社会、经济发展中的重要程度出发，我国都有必要制定一部高位阶的环境保护基本法来指导和统领单项环境与资源保护法律。《环境保护法》被环境法学界公认为我国环境资源保护的基本法，但从立法学的角度进行实证分析，它却名不副实。我们不能一厢情愿地凭空将《环境保护法》作为国家基本法来对待。修改《环境保护法》理应成为完善我国环境与资源保护法律体系的当务之急。具体的做法就是由全国人大将《环境保护法》作为国家基本法予以修改制定，将其从传统实施法的功能定位中抽象出来，使其成为一部协调发展与环境的关系、确立国家环境政策、目标原则与方法的国家基本法律。修改后的《环境保护法》应该定位于环境保护的基本法，其主要作用在于宣示国家对于环境保护的价值目标、根本方针、基本原则、责任分配、权利界定、体制安排、罚则基准等，为制定单行环境保护法律法规提供源头性的法律依据。《环境保护法》的内容具有基础性、全局性和长效性，是关于环境保护的成熟的"国家意志"的体现，是环境保护的"法之法"。

（二）确立科学的立法目的、任务和原则

建议将《环境保护法》第1条关于立法目的和任务的规定修改为："为保护和改善生活环境和生产环境，保护和修复自然生态，防治污染和其他公害，保障人体健康，促进经济和社会的可持续发展，有利于构建社会主义和谐社会，制定本法。"

修改后的《环境保护法》应该明确国家对环境与发展相互关系的态度，确立国际环境保护理念和全球环境问题的应对措施，并确立以下基本原则：（1）种际正义原则，即地球生物圈内的不同物种之间在环境资源的占有利用方面应当具有基本的公平和正义；（2）代际正义原则，即人类的

不同世代之间应公平地享有地球权利并承担地球义务；（3）生态优先原则，即在处理经济增长与生态环境保护之间的关系问题上，应该确立生态保护优先的法律地位；（4）预防为主原则；（5）合理开发利用原则；（6）生态补偿原则；（7）公众参与原则。

（三）健全基本法律制度

1. 修改环境影响评价制度。环境影响评价制度是贯彻预防为主原则、防止新的环境污染和生态破坏的一项重要的法律制度。然而现行《环境保护法》仅对建设项目的环境影响评价作了原则规定，显然已经滞后了。建议将《环境保护法》中关于环境影响评价制度的规定修改为：（1）编制规划和在我国领域和其他海域内建设对环境有影响的项目，应依法进行环境影响评价；（2）在规划和建设项目批准立项之前必须开展环境影响评价工作，对未通过环评的，有关部门不予批准立项；（3）规划实施后应进行跟踪评价，发现有明显不良环境影响的，应及时提出改进措施；（4）国家鼓励有关单位、专家和公众以适当方式参与环境影响评价。

2. 修改排污收费制度。《环境保护法》第37条规定："未经环境保护行政主管部门同意，擅自拆除或者闲置防治污染的设施，污染物排放超过规定的排放标准的，由环境保护行政主管部门责令重新安装使用，并处罚款。"可见，排污单位如果没有擅自拆除或者闲置防治污染的设施，其超标排污行为并非违法，仅需按照《环境保护法》第28条规定缴纳超标排污费。然而依照《标准化法》和《标准化法实施条例》的规定，污染物排放标准属于强制性标准，强制性标准必须执行，据此超标排污行为无疑应当视为违法行为。《环境保护法》第37条的规定使得超标排污者逃避了本应受到的法律制裁而肆无忌惮地排放污染物。而且，我国在《大气污染防治法》修订之前是按照排污者超标排放污染物的倍数和单因子标准收取排污费的，即只对所排放的多种污染物中收费最高的一种征收，污染物浓度不超标就不收费。这种不考虑污染排放总量的收费制度显然不利于环境质量的改善。因此，建议将《环境保护法》中关于排污收费制度的规定修改为：（1）超标排污行为属违法行为，由环保行政主管部门对该行为予以行政处罚；（2）排放污染物但不超标者按排放总量计征排污费；（3）排污费的征收按略高于治理费用的原则征收。

3. 修改清洁生产制度。清洁生产是利用清洁的能源和原材料，通过清洁工艺及无污染或者少污染的生产方式、科学严格的管理措施制造出清洁的产品，以减轻或者消除对人类健康和环境的危害。《环境保护法》仅在第25条规定清洁生产是企业应承担的义务。这存在着严重的不足。建议将清洁生产制度修改为：（1）在我国领域内从事生产和服务活动的单位或者个人以及从事相关管理活动的部门依法组织、实施清洁生产，并接受政府有关部门的监管；（2）以清洁生产为目标，确立资源开发利用中的减废、回收、再生制度；（3）国家鼓励和促进清洁生产，各级人民政府应制定有利于实施清洁生产的税收、信贷、补贴、政府优先采购等政策，落实各项措施；（4）清洁生产是企业应承担的义务，违反相关法律规定的，依法追究企业的法律责任；（5）对在清洁生产工作中作出显著成绩的单位和个人，由人民政府给予表扬和奖励。

4. 增加环境押金制度和生态补偿制度。以保护环境为目的，国家确定和收取环境押金，使随意丢弃某些废旧物品的行为付出丧失押金的代价，从而以经济利益驱使使用者将废旧物品交回收集系统，再利用或者集中处理后消除可能的污染或者把污染降到最低限度。该制度在防止和减少固体废物污染方面的作用会十分明显。生态补偿制度是指对由于人类的社会经济活动给生态系统和自然资源造成的破坏及对环境造成的污染进行补偿、恢复、综合治理。比如，关于流域生态补偿机制、森林资源生态补偿机制、矿产资源生态补偿机制以及野生动物生态补偿机制等方面都需要建立相应的制度。

5. 增设环保目标责任制度。其主要内容包括：（1）国家倡导正确的政绩观，将辖区内环境质量的优劣纳入行政主管领导政绩考核的指标体系；（2）各级人民政府应组织开展多形式、多层次的创建环保模范活动，树立典型，推动环保和经济建设、社会进步的协调发展；（3）各级政府主管领导及有关部门负责人由于行政立法失误、决策失误、执法不当造成或者间接造成环境污染或者破坏，导致辖区或者相邻地区环境质量下降的，应追究其相应的行政责任，构成犯罪的，应追究其刑事责任。[①]

6. 明确规定公众参与制度。公众参与制度是指公众及其代表根据国家环保法律法规赋予的权利和义务通过一定的途径、方式和方法参与环境保护的过程，以保护自己的合法权益的制度。公众参与包括预案参与（指公众在环境政策、规划中和开发建设项目实施前的参与）、过程参与（指公

---

① 参见张苏飞《关于我国〈环境保护法〉修改的若干思考》，《荆门职业技术学院学报》2005年第1期。

众对环境法律、法规、政策、规划、计划及开发建设项目实施过程中的参与)、行为参与(指公众自觉保护环境的参与)以及末端参与(指对"三同时"和限期治理项目的验收,对环境生态破坏和垃圾处理等活动的参与)。但作为基本法的《环境保护法》却没有公众参与的直接规定。建议在《环境保护法》第 6 条之后增设一条:"公众及其代表根据国家环境保护法律法规赋予的权利和义务通过一定的途径、方式和方法参与环境保护。"

(四)完善法律责任

法律责任集中体现了法的强制性,健全完善的法律责任有利于保障环境资源保护法的有效实施。然而,《环境保护法》第 5 章规定的法律责任却明显偏重于污染防治,忽视了自然资源和生态环境的保护;无论是环境行政责任、民事责任,还是环境刑事责任都不够明确且显得过轻,制止环境违法行为及犯罪行为的力度不够;环境民事纠纷的解决途径过于单一,不仅不利于纠纷的尽快解决,而且增加了环保部门或者人民法院的负担。

《环境保护法》中法律责任部分可作如下完善。(1)在明确各级政府保护自然资源和生态环境职责的基础上,相应增设各级政府保护自然资源和生态环境的法律责任。(2)在行政责任方面只规定原则、程序与方法,不规定具体处罚措施,以统合指导单项环境与资源保护法律的行政处罚规定;完善环境行政处罚的种类,增设暂扣、没收、行政拘留等种类,以提高环保行政执法的效率。(3)完善环境刑事责任,增设破坏草原罪、污染海洋环境罪、破坏自然保护区罪等新罪名,适当提高刑罚力度以威慑环境犯罪分子,特别是对于污染环境、破坏生态造成重大经济损失或者人员伤亡的,最高可判处死刑。① (4)建立环境民事纠纷仲裁制度;明确复合污染、共同污染等的民事责任;加大力度追究环境犯罪者的民事赔偿责任。(5)确立公民的环境行政诉讼制度。

总之,修改后的《环境保护法》应当以科学发展观和构建社会主义和谐社会为指导思想,以实现可持续发展为主题,以统筹人与自然和谐发展,处理好经济建设、人口增长与资源利用、生态环境保护的关系为核心,贯彻污染防治和生态保护并重的方针,以控制污染物排放总量为主

---

① 参见张苏飞:《关于我国〈环境保护法〉修改的若干思考》,《荆门职业技术学院学报》2005 年第 1 期。

线，以防治重点区域的环境污染和遏制人为生态破坏为重点，以改善环境质量和保护人民群众健康为根本出发点，以建立政府主导、市场推进、公众参与的环境保护新机制为手段，全面统筹经济、社会、环境的协调发展，推动整个社会走上生产发展、生活富裕、生态良好的文明发展道路。我们期盼着《环境保护法》的新生。

我国非物质文化遗产的法律保护*

党的十七大报告倡议"弘扬中华文化，建设中华民族共有精神家园"①，要求"加强对各民族文化的挖掘和保护，重视文物和非物质文化遗产保护"②。本文拟从法学的角度谈谈我国非物质文化遗产的保护问题。

一 我国非物质文化遗产的保护现状

非物质文化遗产是一国文化遗产的重要组成部分。"非物质文化遗产"的正式定义来自联合国教科文组织于2003年10月17日第三十二届会议通过的《保护非物质文化遗产公约》第二条的规定③。具体而言，非物质文化遗产包括以下内容：口头传说和表述，包括作为非物质文化遗产媒介的语言；表演艺术；社会风俗、礼仪、节庆；有关自然界和宇宙的知识和实践；传统的手工艺技能。我国的神话、歌谣、谚语、音乐、舞蹈、戏曲、曲艺、皮影、剪纸、绘画、雕刻、刺绣、印染、唐三彩等艺术和技艺以及各种礼仪、节日、民族体育活动等都是我国的非物质文化遗产。

---

* 此文发表于《北京行政学院学报》2007年增刊II。
① 胡锦涛：《高举中国特色社会主义伟大旗帜 为夺取全面建设小康社会新胜利而奋斗——在中国共产党第十七次全国代表大会上的报告》，人民出版社，2007，第35页。
② 胡锦涛：《高举中国特色社会主义伟大旗帜 为夺取全面建设小康社会新胜利而奋斗——在中国共产党第十七次全国代表大会上的报告》，人民出版社，2007，第36页。
③ "在本公约中，非物质文化遗产指被各群体、团体、有时为个人视为其文化遗产的各种实践、表演、表现形式、知识和技能及其有关的工具、实物、工艺品和文化场所。各个群体和团体随着其所处环境、与自然界的相互关系和历史条件的变化不断使这种代代相传的非物质文化遗产得到创新，同时使他们自己具有一种认同感和历史感，从而促进了文化多样性和人类的创造力。在本公约中，只考虑符合现有的国际人权文件，各群体、团体和个人之间相互尊重的需要和顺应可持续发展的非物质文化遗产。"

我国对非物质文化遗产的保护也卓有成效。例如，《格萨尔王传》是藏族人民在漫长的历史长河中创造出的一部优秀的长篇英雄史诗，是中国乃至世界文学宝库中少有的珍品，但一直是通过民间说唱艺人口头流传。为了保护这一文化瑰宝，国家经过20年的努力，共搜集藏文手抄本、木刻本近300部，现已正式出版藏文本70余部，总印数达300余万册。经过努力，在2001年，联合国教科文组织将《格萨尔王传》列入了世界千年纪念名单。[①]但是，总的来看，我国非物质文化遗产的保护状况却令人担忧。

（一）家底不清

非物质文化遗产曾被誉为历史文化的"活化石""民族记忆的背影"。作为一个拥有五千年不间断文明史的古国，我国拥有十分丰富的非物质文化遗产。这些活态的文化，不仅构成了中华民族深厚的文化底蕴，也承载着中华民族文化渊源的基因。但是，随着我国现代化建设的加速和文化标准化、环境恶化、旅游业等因素的威胁不断加剧，不计其数的文化遗产正处于濒危状态，它们犹如一个个影子，随时都可能消亡。在文化遗产相对丰富的少数民族聚居地区，民族或者区域文化特色消失得更快。

（二）家底"薄脆"

目前，掌握一定传统艺术技能的民间艺人已为数不多，出现传承困难、后继乏人的现象，无数珍稀罕见的民俗技艺和民间文艺伴随着老艺人的逝去而销声匿迹，"人亡艺绝"的情形每天都在继续。

民间年画、民间皮影、民间傩戏等经典民间文艺随着它们生存土壤的变化而悄然离去，许多口耳相传的非物质文化如剪纸、糖画等在无声无息地消失。

如今，在我国所使用的八十多种少数民族和地方语言中，大约有十多种正处于濒危衰退的状态。一些民族语言，如赫哲语、满语、塔塔尔语、畲语、达让语、阿侬语、仙岛语、苏龙语、普标语等，会使用的都不超过千人。[②]

1981年普查时，湖南邵阳有100多种民间艺术，到2002年只剩下26种；登记注册的艺人有366个，到2005年就只剩下57个了。

---

① 参见唐广良《国际上对民间文学艺术表达的法律保护》，《中华读书报》2002年7月24日，第4版。
② 参见王琳《新农村文化遗产保护体系的创新与发展》，《南方论丛》2007年第2期。

（三）"抢"家当者多

由于我国有许多民族跨境而居，造成许多非物质文化遗产跨国分布。只要我们稍有疏忽，它们就有被对方国抢占主权之虞，而且这方面已经有了十分惨重的教训。如，我国是世界上第一部英雄史诗《格萨尔王》的故乡，但最早出版《格萨尔王传》的国家却是巴基斯坦[①]；我国新疆维吾尔族的套曲《十二木卡姆》就被伊拉克和阿塞拜疆抢先申报；新疆哈萨克族的阿肯弹唱艺术被吉尔吉斯斯坦抢先申报；蒙古国已成功申报马头琴为世界遗产。

即使不存在上面的地缘因素，同样"不幸"的消息也很多：木兰代父从军的故事被美国迪斯尼公司拍成动画片《花木兰》，在全球赚取了巨额利润，而木兰的故乡——中国却分文未得，且迪斯尼公司可以享有著作权保护；2005年11月24日，由韩国申报的江陵端午祭被联合国教科文组织正式确定为"人类传说及无形遗产著作"；等等。

（四）"家"法缺乏

与法国、美国、日本、韩国等一些国家相比，我国对非物质文化遗产的法律保护已严重滞后，这样就使非物质文化遗产的原创人、传承人、传播人的权益不能得到有效保护，公共利益也时常遭到侵害。

（五）护"家"不力

我国关于非物质文化遗产保护的现有法律法规没有得到全面贯彻执行，存在有法不依、执法不严的现象。

二 为我国非物质文化遗产的保护立法

文化保护，立法先行，这是保护民族民间文化遗产首要的成功经验，值得我们借鉴。

（一）确立保护和利用并重的指导思想

保护非物质文化遗产不只是有形文化遗产保护所需要的"整旧如旧"，

[①] 参见白庚胜《非物质文化遗产法律保护论——我国非物质文化遗产的现状》，《中国民族》2006年第5期。

而更多的是要在继承中发展,在发展中继承,这其实是一个传统文化如何面对现代化的问题。《保护非物质文化遗产公约》将非物质文化遗产的保护界定为"采取措施,确保非物质文化遗产的生命力,包括这种遗产各个方面的确认、立档、研究、保存、保护、宣传、弘扬、承传(主要通过正规和非正规教育)和振兴"。我国现有的几部保护民间传统文化的法律规范性文件都将立法目的规定为"保护民族民间文化,继承优秀文化传统,弘扬中华民族精神,促进社会主义精神文明建设"等。这种重保护而轻开发利用的倾向在今后的立法中应当予以纠正。①

(二)建立公法与私法相结合的综合法律保护体系

以保护私权为主要目的的知识产权制度无法独自承担起保护非物质文化遗产的重任,所以建立一套公法和私法兼顾、综合调整有形财产和无形财产的法律体系更加适合于我国非物质文化遗产的保护。

首先,应当积极利用现有的知识产权制度加强对非物质文化遗产的私法保护,尽快根据我国著作权法的授权制定《民间文学艺术作品保护条例》;对那些与知识产权保护要求的条件比较接近但尚未达到标准的非物质文化遗产,应考虑是否能从技术的角度上对知识产权制度做出适当的修改。

其次,制定《非物质文化遗产保护法》作为保护非物质文化遗产的基本法,确立县级以上各级文化行政部门为非物质文化遗产保护的主管部门,其他有关部门在各自的职责范围内协助文化行政部门共同做好保护工作,采用各种行政手段保护非物质文化遗产。

再次,在关于非物质文化遗产保护的地方性立法中,需要特别注重突出地方特色,适应各地文化发展的需要。

最后,非物质文化遗产的保护还应当与我国目前已有的法律制度体系相结合,例如人权保护、文物保护、自然与文化遗产保护、传统工艺美术保护、历史文化名城保护、风景名胜保护区保护等,最终形成一个综合的法律保护体系。②

---

① 参见陈庆云《非物质文化遗产保护法律问题研究》,《中央民族大学学报》(哲学社会科学版) 2006年第1期。

② 参见陈庆云《非物质文化遗产保护法律问题研究》,《中央民族大学学报》(哲学社会科学版) 2006年第1期。

(三) 强调政府强有力的保护主体地位

从国际经验看，政府作为保护主体，必须设有完善的规制机构，它可以是纵向的、线型的管理体制，也可以是以点带面的横向管理体制。就我国目前而言，可以在各级政府设置相应的保护机构，负责本辖区内的非物质文化遗产的保护工作，也可以按遗产的类型与等级进行分级管理。充分发挥政府在法律制定、政策规划、资源整合、经济扶植及国际协调等方面的特殊功能。①

(四) 明确规定公众参与的原则

非物质文化遗产是民族的生命力、文化的基因库、社会的组织力、学术的富矿石，以及产业的资源、教育的根基、文艺的土壤。② 就其保护的普查、传承、使用与开发等具体法律机制来看，这些机制的顺利实现都离不开公众的广泛参与。

(五) 对我国《刑法》进行相应的修订

主要包括：(1) 增加侵犯国家文化尊严罪的罪名，使任何严重破坏、诋毁、歪曲我国非物质文化遗产价值的行为都受到刑罚的惩处；(2) 把《刑法》第251条"侵犯少数民族风俗习惯罪"的罪名规定修改为"侵犯中华民族善良风俗习惯罪"，使整个中华民族的善良风俗习惯不分民族地给予一体保护；(3) 增加侵犯国家文化产权罪，使任何非法泄露或出售国家非物质文化遗产中具有商业价值和科学研究价值的技能或表演秘密的严重危害行为受到刑罚处罚；(4) 将非法剥夺宗教信仰自由罪和侵犯少数民族风俗习惯罪 (侵犯中华民族善良风俗习惯罪) 的犯罪主体，由特殊主体 (国家机关工作人员) 改为一般主体。③

三 加强我国非物质文化遗产的执法保护

在现有的法律框架下，各级政府应该集中一切可以利用的资源，建立

---

① 参见杨永芳《非物质文化遗产保护问题的法学界定》，《行政与法》2007年第7期。
② 参见白庚胜《非物质文化遗产法律保护论——我国非物质文化遗产的现状》，《中国民族》2006年第5期。
③ 参见朱俊强《论非物质文化遗产的刑法保护》，《广州大学学报》(社会科学版) 2007年第7期。

一套切实可行的法律保护机制，将非物质文化遗产的保护宣传、普查、建名录、申报、建立基金、开发、传承等活动都纳入到法律的范围内，做好具体的保护工作。

（一）搞好普查，摸清家底

2005年6月，"中国非物质文化遗产普查工作"启动，计划至2008年底结束。这次大规模的普查是在专家指导下分级进行，利用现代科技手段，开展调查、登记、摄像、录音、认定、建档等工作，摸清全国范围的非物质文化遗产资源；之后，将编辑出版《中国非物质文化遗产分布地图集》，逐步建立国家和省、市、县四级非物质文化遗产代表作名录体系。各级文化行政部门应当定期对自己辖区内的非物质文化遗产进行普查，确定辖区内的非物质文化遗产的数目以及其保护情况，并且做出相关的记录，然后向上级部门进行汇报。

（二）确立申请确认与主动确认并行原则

对非物质文化遗产的行政确认，是有关的行政主体对符合相关条件的非物质文化遗产在甄别的基础上，给予确定、认可并加以宣告的具体行政行为。对非物质文化遗产应当既鼓励不同主体的主动申报，也应当根据具体情况由确认非物质文化遗产的专门委员会主动确认。

（三）努力申报世界遗产

在目前的申报工作中，我们应该对那些与周边国家具有共性的非物质文化遗产予以优先申报，例如清明、中秋等节日。

（四）建立相应的行政奖励制度

对非物质文化遗产作出贡献的单位和个人给予行政奖励有助于鼓励先进、鞭策落后。该奖励可以包括纯精神性奖励和物质性奖励。例如，对积极出资保护非物质文化遗产的企业，可以给予一定的减税；鼓励个人或家庭出资设立非物质文化遗产保护基金或向保护基金提供捐助。[1]

---

[1] 参见费安玲《非物质文化遗产法律保护的基本思考》，《江西社会科学》2006年第5期。

（五）对破坏非物质文化遗产的行为进行行政处罚

对于破坏非物质文化遗产的行为，相关的行政主体要严格依照《行政处罚法》所规定的权限和程序，坚决地给以行政处罚。[①]

（六）着力保护农村非物质文化遗产

我们要加强对广大农民群众的教育和宣传，培养他们尊重和保护文化非物质遗产的意识，引导和鼓励他们参与非物质文化遗产保护。在建设社会主义新农村的过程中，要保持鲜明的民族特色、独特的地域特征，要弘扬优秀的文化传统，丰富新农村建设的文化内涵。

四 我国公众依法参与非物质文化遗产的保护

非物质文化遗产因其具有通俗易懂、极易被广大民众所接受的性质，往往被人们所轻视；人们也因为非物质文化遗产司空见惯、就在身边而对其淡然或者漠视。因此，我们要运用法律手段对其进行"全家动员"式的保护。只有这样，我国的非物质文化遗产才有真正的生存与延续的空间。

（一）积极发挥各种团体的力量

在口头传说和表述、表演艺术、传统的手工艺、技能等方面，行业协会性团体可以作为主体，通过著作权、商标权、地理标志权等法律制度途径享有相应的权利尤其是使用权，并对非物质文化遗产进行保护。[②]

由血缘关系或婚姻关系所构成的家庭性团体具有不容忽视的作用。

许多民间保护协会也起着不可替代的重要作用。例如，丽江大研镇纳西古乐团是一个民间社团，该团还开办了古乐传习馆，招收了120名中外学员入学。[③]

[①] 参见周涛《论行政法对非物质文化遗产的保护》，《中南财经政法大学研究生学报》2007年第3期。

[②] 参见费安玲《非物质文化遗产法律保护的基本思考》，《江西社会科学》2006年第5期。

[③] 参见姚艳《非物质文化遗产的法律保护》，《贵州民族学院学报》（哲学社会科学版）2007年第1期。

（二）大众媒介应该大显身手

媒介不只是传播新闻，同时更是文化的传播主体。媒介要宣传国家和公民对非物质文化遗产的文化使命、应尽的教育传承与认知义务，要承担一部分保护非物质文化遗产意识和知识的普及工作，还要浓墨重彩地宣传这方面的模范人物（比如一生追求国宝"永存吾土，世传有绪"的收藏家张伯驹、因为"抢救少数民族文化遗产联合会"经费短缺而卖画的冯骥才、云南孟连县勐马寨的傣族文化遗产保护者和传承人康朗帅）。

（三）大力发挥学校的集中教化功能

建议把对非物质文化遗产的保护纳入教育体系，在中小学进教材，在大学开设文化遗产学专业。

各中小学学校应该充分发挥"传承月"（每年9月）的作用，开展非物质文化遗产的普及教育工作，帮助青少年认识到非物质文化遗产保护的重要性、必要性和迫切性。有些非物质文化遗产可以在其传衍地区开掘、发展。例如，湘西地区的苗鼓、土家族的摆手舞进入当地小学的文体课，将侗歌纳入小学音乐课来学习。[①]

（四）加强对农村民间文化传承人的保护

建立国家的文化传承人名录；对传承人制定具体的保护措施，确保其后继有人。要充分发挥民间艺人独特的技艺，使其成为新农村建设的一个新财源。

（五）偏重少数民族非物质文化遗产保护

主要的措施如：（1）对少数民族的迁徙、一种重要民族文化形式的消失乃至杰出民间文化传承人的故去，都要做到事前有紧急抢救，即时开展抢救性记录、调查和整理，以博物馆方式予以整体保存；（2）设立少数民族文化抢救基金，资助重要和重点地区的少数民族文化的抢救；（3）在全国各地学校教育中开设有关我国各少数民族的文化成就与重要特征的课程，增进民族间的学习与了解；（4）在民族区域自治地区和少数民族较集

[①] 参见姚艳《非物质文化遗产的法律保护》，《贵州民族学院学报》（哲学社会科学版）2007年第1期。

中地区开展本民族或多民族文化知识的课程，提高少数民族传承自己文化的自觉。①

此外，法院应该为所有的非物质文化遗产保护工作"保驾护航"，这是我国非物质文化遗产保护的最后堡垒。限于篇幅，此不多述。

非物质文化遗产在我国的社会生活中始终存在，但是，主要由于我们对自己的非物质文化遗产缺乏应有的认识，使得我国大量的非物质文化遗产已经消失在历史的深处。当前，我们要从维护国家文化安全、提高国家文化软实力的高度来强调非物质文化遗产的保护，运用法律手段，群策群力，守护好我们民族文明的生命，守护好我们的精神家园。

---

① 参见王琳《新农村文化遗产保护体系的创新与发展》，《南方论丛》2007年第2期。

我国社会组织立法的完善[*]

2006年,党的十六届六中全会首次使用"社会组织"一词,要求"健全社会组织,增强服务社会功能";2007年,党的十七大报告进一步确认社会组织的地位,要求"发挥社会组织在扩大群众参与、反映群众诉求方面的积极作用,增强社会自治功能";2012年,党的十八大报告中三次提及"社会组织"。不过,到目前为止,我国的法律还没有给"社会组织"下一个明确的定义。依照现有的法规,社会组织可以理解为是"以社会力量为基础,以公共利益为主要目标,以提供公共服务和从事公益活动为内容的群体和组织形式"[①],包括有着共同利益追求的公民自愿组成并且依法注册登记的社会团体、民办非企业单位、基金会三大类。本文在梳理我国社会组织基本情况的前提下,简单回顾我国有关社会组织立法的历史,剖析这些立法存在的主要不足之处,进而就完善我国社会组织的立法作一点思考。

一 新中国社会组织的基本情况

新中国成立之后,社会组织的自主发展并没有真正展开。自改革开放以来,我国的社会组织发展迅速,大致经历了以下四个重要发展阶段:1978~1991年的初步恢复阶段,1992~1997年的快速发展阶段,1998~2006年的规范发展阶段,2007年至今的战略发展阶段。

---

[*] 2013年9月中旬,笔者携此文参加在广州召开的中国社会法学研究会2013年年会。后此文发表于《温州大学学报》(社会科学版)2014年第6期。
[①] 王磊:《公民社会理论视角下的社会组织发展研究》,《党政干部学刊》2013年第3期。

（一）数量越来越庞大

进入新世纪以来，在经济、社会和政治体制转型，公众与社会对公共服务和公共管理呼声日高的背景下，我国社会组织有了非常迅猛的发展。例如，截至 2009 年底，登记注册的社会组织总量接近 42.5 万个，其中社会团体 23.5 万个，占总数的 55.3%；民办非企业单位 18.8 万个，占总数的 44.24%；基金会 1780 个，占总数的 0.42%。[①] 截至 2011 年底，全国登记在册的社会组织总量接近 46 万个，其中社会团体 25.3 万个，民办非企业单位 20.2 万个，基金会 2510 个。[②] 但是，以上数据仅仅反映我国社会组织数量增长的一个方面。在我国民间还存在着数以百万计的草根社会组织。有学者对深圳、安徽的部分地区进行调查时发现，经过正式登记的社会组织只占实际总量的 8%~13%。[③] 如果把包括具有社团性质的网络组织、校园组织、联盟组织等算在内，这个比例会更低。

（二）作用越来越显著

在数量高速增长的同时，我国社会组织的服务范围几乎覆盖了所有的领域，发挥了其他组织所不可替代的独特作用，整体影响力日益增强。社会组织在促进经济发展、繁荣社会事业、参与公共管理、开展公益活动和扩大对外交往等方面都显示出越来越重要的作用。尤为突出的是社会组织对国民经济的直接贡献逐渐显现。据不完全统计，2007 年度，我国近 40 万个社会组织吸纳社会各类就业人员 456.9 万人，固定资产总规模约 682 亿元，总收入约 1343.6 亿元，总支出约 900.2 亿元，社会组织增加值为 307.6 亿元。社会组织服务社会能力不断增强，在抗击"非典"、汶川抗震救灾和北京奥运会期间，各类社会组织各显所长，提供志愿服务，开展社会工作，引起社会各界的广泛关注和好评。

当然，我国的社会组织发展尚存在总体弱小、领域分布和地区分布不平衡等问题。

[①] 参见葛道顺《中国社会组织发展：从社会主体到国家意识——公民社会组织发展及其对意识形态构建的影响》，《江苏社会科学》2011 年第 3 期。

[②] 参见王磊《公民社会理论视角下的社会组织发展研究》，《党政干部学刊》2013 年第 3 期。

[③] 参见谢海定《中国民间组织的合法性困境》，《法学研究》2004 年第 2 期。

二　我国现有的关于社会组织立法的主要不足之处

虽然在短暂的历史时空中我国已经逐步建立起一个等级序列的社会组织立法体系，但是，我国社会组织立法存在的问题仍然不容忽视。其中，既有立法理念上的问题，又有立法框架、技术上的问题。这些问题导致我国社会组织立法的不成熟，也制约了我国社会组织的健康快速发展。

（一）立法的理念存在偏差

第一，控管思维随处可见。控管作为一种治理模式，它集中表现在由一个权威部门对于社会和市场实施集权控制，而排斥或削弱市场、社会的需求。在这一思维模式的指导下，我国社会组织立法显得非常僵化，表现出三个特点。(1) 社会组织法律地位的确认，必须经过业务主管部门和登记部门的双重许可。虽然双重管理体制在很大程度上可以弥补社会组织单一机关监督管理的不足，但是，它的弊端也是显而易见的，"双重管理体制意味着社会组织的活动空间狭小，大量的民间社会组织因双重管理而无法获得合法的主体资格，也不能参与政府决策"[1]。(2) 社会组织的设立遵循着非竞争的原则。根据《社会团体登记管理条例》和《民办非企业单位登记管理暂行条例》，在同一行政区域范围内，可以成立什么样的社会组织以及存在多少性质相同的社会组织，完全取决于业务主管部门和登记部门的自由裁量。所以，我国社会组织在社会服务上这种非竞争性在所难免，社会组织设立后的行政化、腐朽化等种种异化现象也是一种必然。(3) 社会组织的人事、财政等各个方面受到国家的控制。这一方面是因为我国最初的社会组织大部分来自国家的出资，另一方面也是由于政府选择体制下我国社会组织对于行政资源的惯性依赖。

第二，权利本位尚未确立。目前，我国的社会组织立法单纯地将社会组织作为行政管理相对人予以规范，把"义务"本位作为社会组织立法的重点内容。首先，社会组织从申请筹备开始，到成立以及成立后的各种活动，直至合并、分立、撤销、解散等各个环节，都要经过业务主管部门和登记管理部门的审查批准。其次，政府监督管理几乎是社会组织立法中约

---

[1] 王磊：《公民社会理论视角下的社会组织发展研究》，《党政干部学刊》2013年第3期。

束机制的全部。在我国，社会组织不论规模大小、性质如何，均需要按照社会组织法的要求接受业务主管部门和登记部门的日常检查和突击检查，社会组织的内部治理、联合自律以及社会监督机制等方面的立法则暂付阙如。最后，现有社会组织立法赋予了两类行政机关较大的监督管理社会组织的权力，然而，当社会组织对两类行政机关的行政许可、行政确认以及行政处罚不服的时候，却没有适当的救济途径。义务本位的立法理念导致了我国社会组织"预防制"的立法体例，这在很大程度上钳制了社会组织的良性发展。

（二）立法的框架缺乏平衡

社会组织立法涉及我国法律的多个部门。从我国现行社会组织立法的情况看，我国社会组织的立法框架主要存在三个方面的问题。

第一，在总体上体现了管理法为主的倾向。经济、政治和社会转型为社会组织的发展提供了契机，但我国中央集权的传统依赖以及转型时期的秩序需求，对我国社会组织立法框架的影响之一就是"立法活动较多地体现为以管理为出发点和归宿"，"现有社团立法多侧重于政府如何加强对社团的管理"。[①] 目前，居于宪法序列的"结社法"至今没有出台，使得我国《宪法》确立的结社自由权至今没有强有力的配套立法保障。"社会组织法"至今没有出台，致使我国社会组织的法律地位、财产关系及其内部治理机制缺乏规范性法律制度，与社会组织相关的私法问题至今没有得到彻底解决。在社会法领域，社会组织的资金募集问题、志愿服务问题以及社会组织在社会保障中的法律地位等问题至今也没有解决。这种以管理为主导的框架在总体上造成我国社会组织整体发展上的畸形，对于我国社会组织发展所产生的消极影响是不言而喻的。

第二，社会组织激励立法严重不足。有学者指出："社会团体立法不是孤立的，它需要相关法律制度的支持……首先是税法的配合与支持。"[②] 社会组织税法问题涉及社会组织自身收入及其财产税收政策和立法以及公民、法人和其他组织向社会组织实施捐赠时的税收政策和立法两个问题。在社会组织自身所得税问题上，其法律规范相对较为丰富，但在向社会组织实施捐赠的税收问题上，尽管财政部和国家税务总局多次下发文件，摸

[①] 陈斯喜：《现状与未来：我国社团立法状况述评》，《环球法律评论》2002年第3期。
[②] 信春鹰、张烨：《全球化结社革命与社团立法》，《法学研究》1998年第3期。

索并逐渐改革公益捐赠资格认定以及税收优惠制度，但至今没有正式立法。

第三，社会组织社会约束机制和自律约束机制立法薄弱。约束机制与激励机制对于社会组织发展具有同样重要的作用。然而，我国已有社会组织约束机制的建设在总体上侧重于政府对于社会组织的监督管理，而社会组织的内部治理、联合自律以及社会监督机制等方面的立法还是空白。这种立法状况是导致我国社会组织丑闻频发的重要制度因素之一。

此外，现有的法律存在法律位阶低、互相协调差、实体规范少、政策不配套、制度有盲点等问题①，这些都非常不利于社会组织的发展和规范。

三 关于完善我国社会组织立法的几点思考

近年来，我国政府和社会组织的关系发生了新的变化，社会组织的发展迅速，功能逐步显现，但是，社会组织的可持续发展也面临不容忽视的制约：主体地位缺失、经济运行能力不足、不能有效参与政府决策、公信力面临考验等。为了建设一个社会组织蓬勃发展、各尽其力、各展其才的开放型社会，需要尽快完善我国的社会组织立法。

（一）与时俱进地变更社会组织立法的理念

第一，树立社会组织立法的非控管思维。作为社会或者市场存在之物，只要社会组织的行为不反社会和人民，不违背国家利益、社会利益以及现行强制法秩序，就应当不受限制地给予成立的机会，让它能够在社会上成长，并在其活动过程中得到检验。而且，竞争也是社会组织发展取之不竭的动力。因此，限制社会组织的数量在本质上是一种反市场、反竞争行为，应当断然废止。

第二，确立社会组织立法的权利本位。在权利与义务的相互关系中，权利是出发点，义务在本质上来源于权利，服从于权利。而从法治发展进化的角度看，从义务本位到权利本位体现了现代法治对于社会发展变迁的回应。因此，作为现代法治重要内容的社会组织立法必须围绕如何实现和保障宪法"结社自由权"这一主旨来设计——在行政管理法层面上，体现管理而不是限制；在民商法层面上，体现指引而不是强制；在社会法层面

---

① 参见王名《加快社会组织立法工作》，《人民政协报》2011年3月5日，第B02版。

上，实现社会关怀而不是社会钳制。

（二）相机行事地平衡社会组织的立法框架

我国的社会组织立法是一个相对复杂的问题，它涉及多部立法和多个法律部门，将来我国社会组织的立法完善至少应该在三个方面取得突破。

第一，在改进管理法的基础上，实现上下位法的配套衔接。结社自由是我国宪法所确立的一项基本人权，它的实现必须依靠结社法来保障。为此，有必要在《宪法》之下制定我国的"结社法"，实现对于结社自由权内涵、内容、行使及其限制的法律规范。其次，以民法典的制定为契机，修订我国法人制度。可以将我国法人区分为营利法人和非营利法人两种，然后进一步将后者区分为互益法人和公益法人，并以此为统领，确立我国的非政府法人制度。待将来条件成熟时，再行制定我国的非营利组织（促进）法或者社会组织（促进）法，甚至制定若干不同领域的社会组织专门法。通过这些法律，在总体上解决我国社会组织法律地位、财产关系和内部治理等问题。最后，社会组织（促进）法和正待制定或审定的慈善事业法、志愿服务法、社会工作者条例等社会领域的法规应当相互衔接，统一制定，同时对《工会法》《中国红十字会法》《公益事业捐赠法》等带有较重计划经济时代规制特征的条款进行相应修订，以形成我国统一的社会发展领域法规体系。

第二，加强对社会组织的激励立法。社会组织立法对于具有收入调节、再分配以及经济激励功能的税收制度具有极强的依赖性。目前，我国社会组织自身享有的税收优惠从种类上看已经比较广泛，向社会组织捐赠税收优惠的幅度问题也达到了国际水准。但我国公益性捐赠税前扣除资格认定还没有实现法定化。其认定主体、认定条件以及认定程序目前还仅仅是根据财政部、国家税务总局、民政部于2008年下发的行政文件。这种不确定性和不规范性对于我国的公益捐赠事业产生了极为不利的影响。同样，社会组织的生存不仅需要社会资金支持和财政税收支持，而且还需要志愿者的无私奉献。因此，志愿服务立法是社会组织立法的重要支撑体系，它对于构建完善社会组织法律制度具有重要的价值。

第三，优化社会组织监督管理的立法结构。社会组织约束机制是政府监管、组织自律以及社会监督的综合体。在我国，已有的立法侧重于政府对于社会组织的监督管理，而社会组织的内部治理以及社会监督等法律制度却远未到位。从治理的最佳状态看，自律管理和社会管理才是社会组织约束的最佳选择。因而，在政府监管立法之外，需要更好地研究和探索社会组织的内部治理立法以及社会管理立法。

（三）切中肯綮地建设几项具体的制度

第一，确保社会组织的独立社会主体地位。社会组织是社会建设和社会管理的重要主体之一。社会组织虽然不是行政机关，但社会组织从事的公共管理具有公法性质。国家应通过立法，明确社会组织的独立主体地位，明确社会组织与政府的关系。可以考虑以国务院的三个条例为基础制定《社会组织法》，将各种类型的社会组织置于一个统一和基本的法律框架下，就社会组织的定义和范围、社会组织在国家政治生活中的参与权和监督权、社会组织的权利和义务、社会组织的组织原则和组织机构、社会组织资产的管理和保障、社会组织经费的来源等各方面作出规定。

第二，调整登记制度，强化过程监管。在各方面的大力呼吁下，民政部已取消对社会组织的双重登记体制。下一步，还应进一步降低社会组织设立的门槛条件，逐渐由登记制向认证制转化，逐渐放松限制设立分支机构的规定，鼓励社会组织在竞争中不断规范、提高质量并发展壮大。相关部门在降低登记注册门槛的同时，必须同时辅以严格规范的过程管理，强化对社会组织的日常管理和财务监督。可以考虑在顶层建立一个类似于英国慈善委员会这样的机构，来负责全国层面的政策出台与指导，建立针对社会组织的信息公开、公众举报、年度检查制度，牵头调查处理制度，对社会组织的章程、组织结构等提出规范性的指导意见，推行国际通行的"公共资产的不可撤回性"原则。可以考虑在各地筹建社会组织的联合机构，对上执行国家统一政策，对下协调本地区、本行业的集体行动与内部冲突，充分发挥社会组织自律、自治和自我管理的作用。

第三，分类管理社会组织。我国目前专门的社会组织法规仅仅有三个：《社会团体登记管理条例》《民办非企业单位登记管理暂行条例》和《基金会管理条例》。它们远远不能满足遍布各行各业、各种类型的社会组织的发展需要。以我国已经拥有庞大规模的草根社会组织为例，依照《社会团体登记管理条例》第35条的规定，这些草根社会组织随时都可能被看作非法组织，并"依法"被取缔或解散。而且从我国的实际情况看，现阶段还不具备向所有社会组织全面开放的条件与环境，所以，可以考虑根据社会组织的类别制定分步开放、分类管理、分类立法的框架体系，对那些职能定位于政府助手的社会组织——如工商经济类、公益慈善类、社会福利类、社会服务类等——放开门禁，以后再视情况逐渐推开。①

第四，完善税收优惠制度。具体应该包括三个方面。首先，对不同类型社会组织减免的税种、幅度作出科学界定，实施分类引导；其次，对慈善公益类社会组织予以税收支持，既可减免这些慈善公益组织本身的税收，也可对捐款给这些经过税法认定的慈善公益组织的企业和个人，在一定范围内免除所得税；最后，扩大税收优惠的种类和范围，在目前所得税优惠的基础上，还应在财产税、商品税、房产税、车船使用税、城镇使用税等方面给予税收优惠。同时，还需要制定合理、规范、高效的税收优惠审批和监管程序。②

第五，保障向社会组织购买服务并吸纳其进入公共服务的决策过程。在我国，无论是中央，还是地方政府，都在通过"政府向社会组织购买服务"的方式，一方面支持社会组织的发展壮大，另一方面减轻政府在提供公共服务方面的负担。以后，我们需要逐渐将其纳入政府采购体系，明确标准，规范程序，建立公开、公平的公共购买服务平台，通过统一的招投标程序，将政府各部门购买社会组织服务的项目交由符合条件的社会组织承担。各级政府应该尽量将相关的社会组织吸纳到公共服务的政策制定过程当中（德国的许多社会组织在这方面就发挥了极好的作用）。这不仅有利于社会组织本身的成长与发展，塑造和强化其作为政府"助手"和"伙伴"的作用，也有助于政府规范行政、增强公共政策的可执行性，有利于减轻政府负担、促进政府职能转型、提高公共服务的整体质量。

第六，建立有别于企业、事业单位的社会组织劳动人事制度。为了从根本上解决社会组织人才储备不足的问题，我国需要对社会组织的人事管理、薪酬、专业培训、继续教育、人才评价、职称评定、社会保障等作出明确的规定。

总之，社会组织种类繁多、各具特色，并形成蒸蒸日上的发展态势，我们应该建立或者完善相关法律制度，逐步形成既与国际接轨又有中国特色的社会组织政策法规体系，为加快形成政社分开、权责明确、依法自治的现代社会组织体制并引导社会组织健康有序发展扫除法律障碍。

---

① 参见冯俏彬《如何促进我国社会组织发展》，《中国财经报》2013年3月23日，第6版。
② 参见何悦《我国社会组织面临的问题与对策研究》，载《新规划·新视野·新发展——天津市社会科学界第七届学术年会优秀论文集〈天津学术文库〉》，2011年。

《民法典》：绽放的法治文明之花[*]

第十三届全国人民代表大会第三次会议于 2020 年 5 月 28 日通过《中华人民共和国民法典》（简称《民法典》）。《民法典》是新中国第一部以法典命名的法律，开创了我国法典编纂立法的先河，被誉为"社会生活的百科全书"、新时代人民权利的"宣言书"，是中华民族当代精神的缩影，在法律体系中居于基础性地位。《民法典》共 7 编 84 章 1260 条，各编依次为总则、物权、合同、人格权、婚姻家庭、继承、侵权责任，以及附则。根据《民法典》最后一条的规定，到 2020 年底，原《民法总则》《婚姻法》《合同法》等一些相关法律同时废止。"旧的不去，新的不来。"俗话说得多么俏皮、痛快！焕然一新的规定，仿佛霎时间就锣鼓喧天地来了。

卅年往事堪回首

有资料说"民法典的出台，见证了一代代法律人艰苦卓绝的奋斗史"，这次编纂是"十年成长，十年成势"，是"十年磨一剑"，诸如此类。不过，对我来说，民事法律的学习却已是 30 多年的常态，对《民法典》的盼望真是有 30 多年了。

1986 年 4 月 12 日，《中华人民共和国民法通则》通过。《民法通则》是我国对民事活动中一些共同性问题所作的法律规定，是民法体系中的一般法，可谓此番《民法典》编纂过程的起点。那一天，虽然是星期六，我

---

[*] 本文完成于 2020 年 6 月初，刊于《北京干部教育》2020 年 6 月 10 日第 4 版。2021 年 5 月底略作增改，后以《盛世如花绽放的〈民法典〉》为题刊于《荆门社会科学》2021 年第 5 期。

应该坐在教室里，正在准备参加高考。后来，我考入中国政法大学，《民法通则》更是必修课程。巧的是，我的一位大学男同学和我大学室友的女儿都出生于4月12日。许多年以来，每到4月12日这一天我总会向他们发出"生日快乐"的祝福；他们甚感好奇，我何以能够记住他和她的生日！

来到党校工作以后，各种班次的法学教学，对我来讲其实也是极好的学习机会。诸如"人肉搜索"、网络账号、虚拟财产之类，这些新出现又涉及法律的内容，我还请教过学员中的高手，也是受益匪浅。当初谈到的一些内容，已经在《民法典》中得到了体现，让我也切实感受到我国法律体系的日臻健全。

《民法典》刚刚通过的那几天，有网友如此感慨："《民法典》一出，图书馆法律书籍大半都无人问津了……"环顾我的书柜、书架和书桌，有关那9部法律的书籍、笔记和资料，也全部成为档案。真应了那句笑谈："半生所学，毁于一旦！"编纂一新的《民法典》，需要我这个法律人"从头再来"。

姹紫嫣红花满园

许多年以来，我一直比较喜欢观察周围的花草树木。每年的5月，正是北京惠风和畅、花美草茂、景色最佳的时节，而《民法典》在5月通过出台，不禁让我在她与欣欣向荣的花草们之间产生联想、进行比对。我且借用九种花，就咱们洋洋洒洒10万多字的"百科全书"寥寥勾提几笔。

杠柳花，形如紫蛛，雍容可人——《民法典》字字珠玑。《民法典》第23条规定："无民事行为能力人、限制民事行为能力人的监护人是其法定代理人。"这与2017年3月15日通过的《民法总则》第23条一模一样。可是，远在《民法通则》第14条是这样规定的："无民事行为能力人、限制民事行为能力人的监护人是他的法定代理人。"作为一名女性，我对类似的用字用词腹诽不已：至少可以在"他"后面加个括号，里面写上一个"她"字呀！早在1918年，我国新文化运动初期重要作家、著名诗人和语言学家刘半农在北大任教时，首倡用"她"字指代第三人称女性。许久以来，"她"和"他"已经平起平坐了。这次编纂《民法典》以一个"其"字回避了这些质疑。干脆、利落！

太平花，乳黄淡雅，富贵吉祥——"居住权"首次亮相。物权编第十四章第 366 条到 371 条整章新增编写了居住权的规定。从字面来理解，居住权就是住户在特定房屋内居住的权利。创设居住权，就是要凸显房屋的居住属性，保障居住人尤其是老年人等弱势群体有房可住。

暴马丁香，微微小花，洁白飘香——订约是责，防止"跳单"。《民法典》第 495 条规定："当事人约定在将来一定期限内订立合同的认购书、订购书、预订书等，构成预约合同。当事人一方不履行预约合同约定的订立合同义务的，对方可以请求其承担预约合同的违约责任。"这样，"违约责任"之"约"就从原来的"合同（合约）"延伸到了"预约"领域。

牡丹花，国色天香，花开富贵——人格权独立成编。这在全世界开了民法典立法的先河，不但充分体现了中国立法的创新性，更体现了注重权利保护的人文关怀！《民法典》第 1023 条第 2 款规定"对自然人声音的保护，参照适用肖像权保护的有关规定"，这使声音有了独立的新型人格权"身份证"，这是人格权编的一大亮点。

女贞花，密密点点，幽幽吐香——无配偶者收养不再局限于"男士"。《民法典》第 1102 条规定："无配偶者收养异性子女的，收养人与被收养人的年龄应当相差四十周岁以上。"这从立法上实现了男女平等：有了一定年龄的单身女士同样可以收养异性子女。

金银花，两色绽放，沁人心脾——传（藏）富于民。《民法典》第 1128 条第 2 款规定："被继承人的兄弟姐妹先于被继承人死亡的，由被继承人的兄弟姐妹的子女代位继承。"这扩大了法定继承人的范围，有利于财产在家庭范围之内传承，尽量避免遗产收归国家所有或者集体所有。

梓树花，管状香花，令人想家——着力打造家庭"港湾"。《民法典》增设"树立优良家风""弘扬家庭美德""重视家庭文明建设"的规定（第 1043 条）；规定协议离婚过程中的 30 天冷静期（第 1077 条），提醒婚姻当事人谨慎行使权利，以利于社会形成良好的婚姻家庭观。

七叶树花，聚伞圆锥花序，洁白美丽——明确亲属的范围。《民法典》第 1045 条规定："亲属包括配偶、血亲和姻亲。配偶、父母、子女、兄弟姐妹、祖父母、外祖父母、孙子女、外孙子女为近亲属。配偶、父母、子女和其他共同生活的近亲属为家庭成员。"这划定了具有法律上权利义务关系的亲属的边界，使司法实践有统一的亲属认定标准，避免同案不同判。

香椿花，白白美美，芬芳迷人——为老年人打造更好的"夕阳红"环境。《民法典》增加打印遗嘱和录像遗嘱为法定遗嘱形式（第 1136、1137 条）；扩展遗赠扶养协议的扶养人范围（第 1158 条），将《继承法》规定的"集体所有制组织"拓展为"组织"。

虽然我用九种花（香）来形容《民法典》光彩照人的身姿和香气袭人的芬芳，可能显得有些牵强附会、略见一斑，但我相信，随着时间的推移，我们会越来越真切地感受到《民法典》这朵人类法治文明之花的更多魅力。

良辰美景肇今年

法律的生命，在于实施。2020年5月29日，《民法典》诞生第二天，中共中央政治局就"切实实施民法典"举行第二十次集体学习，其重要性不言而喻。《民法典》是新中国截至目前体量最为庞大的法律，1260个条文，囊括了不管是衣食住行，还是婚丧嫁娶、生产经营，从个人到家庭再到社会，可谓是涉及方方面面。

2021年1月1日，《民法典》正式实施。从此，适用新规的各种"利好"消息、各种"首例"判决已经纷至沓来。

1月4日，上海虹口法院适用《民法典》代位继承相关规定，通过调解方式成功化解了一起侄甥代位继承的法定继承纠纷案件，实现了财产在亲人之间的传承，减少了被继承人的遗产无人可继、收归国有的情况，体现了国家对公民私有财产的保护。此外，《民法典》对无主遗产的使用也有了更加明确的规定——以前法律只规定无主遗产收归国家，但是如何使用并没有相应规定，如今明确指出只能用于公益事业，这也是《民法典》的一大亮点。

1月上旬，首例"撤销婚姻关系案"跃入人们的眼帘：男方婚前患艾滋病未告知，女方请求上海闵行法院撤销婚姻关系。由于案件的特殊性，立案后，法官进行了大量细致充分的论证，从保护无过错方利益出发，根据《民法典》1053条中"一方患有重大疾病的，应当在结婚登记前如实告知另一方；不如实告知的，另一方可以向人民法院请求撤销婚姻"的规定，法院经审理认为，该案中被告在结婚登记之前未如实告知原告其患艾滋病的事实，原告在知情后一年内向法院起诉要求撤销婚姻，应予以支持，故依法判决撤销原被告的婚姻关系。原被告的婚姻关系被撤销后，双方的婚姻自始没有法律约束力，当事人不具有夫妻的权利和义务。

3月19日，我看到一则标题新闻：经历"离婚冷静期"后，武汉近六成申请离婚夫妻放弃登记。

5月中旬，全国首例经法院生效文书设立的居住权，以支付补偿款的方式调解结案。上海市第二中级人民法院审结一起因房屋拆迁利益分配引发的民事纠纷案件。该案最终以设立附期限居住权、支付补偿款的方式调解结案。法院出具调解书后，为保障居住权的顺利登记，承办法官陪同双方当事人一同前往静安区自然资源确权登记事务中心办理登记手续。该中心在核查民事调解书后，确定应依照《上海市不动产登记技术规定》第11.1.3条的规定，办理"因人民法院生效法律文书设立居住权的首次登记"。当事人已经取得了居住权登记证明。

对方违约，能否请求精神损害赔偿？浙江宁波的一场婚礼中出现了极其尴尬的情况：新娘的名字被写错，现场吊顶高度过低、舞台高度降低、舞台背景线帘未安装、路引鲜花摆放与合同约定有出入等。婚礼结束后，这对新人将婚庆公司诉至宁波鄞州法院，请求判令被告婚庆公司退还场地布置费2万元，赔礼道歉并赔偿精神损失费5000元。法院经审理后认为，被告婚庆公司未能全面了解场地问题，且擅自改变现场布置，迎宾台处摆放的新娘名字全部错误，使得婚礼现场的布置与预期效果严重不符。此外，婚礼对于新人来说是一种精神利益的体现，这种场景已经不可复制、不可再现，婚庆公司的违约行为给新人造成了一定的精神损害。据此，不久前，法院依据《民法典》第996条的规定判决被告婚庆公司返还场地布置费1.3万元，被告向原告赔礼道歉并赔偿精神损失费5000元。该条在吸纳既往法律规定的基础上，突破了违约责任与精神损害赔偿不能并行的规定，允许因违约行为损害对方人格权并造成严重精神损害时，受害者可以请求精神损害赔偿。

生活中，我们常常遭遇这样的状况：和网贷公司签订借款合同，却发现实际所付借款利率远高于合同展示利率；看样板房、沙盘购买楼盘，却发现开发商已在购房合同中声称样板房、沙盘、宣传册等资料仅供参考……面对这些被隐藏在复杂合同中的关键细节，消费者该如何保护自己的权益？《民法典》实施后，适用格式条款的相关判例显示，条款制定方利用地位优势制造"霸王条款"的空间将越来越小，合同关键信息必须"高亮"，市场交易将更加公平、规范。

《民法典》就像一本"百科全书"，它正带给所有的"用户"全新的美妙体验！让我们共同祝愿这朵法治文明之花恒久开放，这本"百科全书"成为全体民事主体物质世界的"黄金屋"，佑护每一个民事主体的精神世界"颜如玉"！

建设一个奉行法治的美好世界[*]

法治是全人类共同的语言和信仰，国际法治是国际社会和平发展的基石，是全球治理的核心原则。习近平主席统筹国内国际两个大局，统筹国内法治和涉外法治，立足全人类立场，高举开放合作、互利共赢的旗帜，提出构建人类命运共同体理念，为推动全球治理变革贡献了中国智慧、中国方案，具有世界的影响力，标志着人类法治文明的时代性进步。习近平主席多次提到"推动构建人类命运共同体"，强调了党领导我国以后发展国际关系的道路，高屋建瓴地剖析了波诡云谲的国际形势，为纷繁凌乱的全球治理指明了变革方向。

2020年9月21日，习近平主席在联合国成立75周年纪念峰会的讲话中提问："面对新形势新挑战，我们必须严肃思考：世界需要一个什么样的联合国？"[①] 对此，中国的建议是：主持公道、厉行法治、促进合作、聚焦行动。习近平主席强调，中国是第一个在联合国宪章上签字的国家，是联合国创始会员国，也是安理会常任理事国中唯一一个发展中国家。我们将始终做多边主义的践行者，积极参与全球治理体系改革和建设，坚定维护以联合国为核心的国际体系，坚定维护以国际法为基础的国际秩序，坚定维护联合国在国际事务中的核心作用。世界正站在一个新的历史起点上，习近平主席呼吁："让我们重申对多边主义的坚定承诺，推动构建人类命运共同体，在联合国旗帜下实现更大团结和进步！"[②]

---

[*] 此文发表于《北京日报》2022年4月18日第12版。
[①] 习近平：《习近平在联合国成立75周年系列高级别会议上的讲话》，人民出版社，2020，第3页。
[②] 习近平：《习近平在联合国成立75周年系列高级别会议上的讲话》，人民出版社，2020，第5页。

构建人类命运共同体是中华法治文明在建设国际法治中的时代旗帜。人类命运共同体理念,既是对《联合国宪章》宗旨、原则的继承和发扬,更为国际法的发展开辟了新境界,指明了新方向,提供了新动力。新时代孕育新思想,新思想指导新实践。这正是中华法治文明不断为人类发展贡献智慧和力量的表现。

构建人类命运共同体是西方法治文明精华的当代发展。历史与现实从正反两方面的经验教训清晰地告诉人们,只有国际法治才能确保国际秩序的正常运行,缺乏国际法治就会导致国际关系混乱甚至全球灾难,国际法治是全球治理的必然选择。只有国际法治才能确保国际秩序的正常运行,国际法治是全球治理的必然选择。建设当代国际法治是构建人类命运共同体的题中应有之义和法治保障。

坚持以《联合国宪章》宗旨和原则为基石的多边主义,致力于建设一个奉行法治的美好世界。我们要坚定维护以联合国为核心的国际体系,坚定维护以国际法为基础的国际秩序,推动全球治理变革,推动构建人类命运共同体。习近平主席指出:"我们应该共同推动国际关系法治化。推动各方在国际关系中遵守国际法和公认的国际关系基本原则,用统一适用的规则来明是非、促和平、谋发展。'法者,天下之准绳也。'在国际社会中,法律应该是共同的准绳,没有只适用他人、不适用自己的法律,也没有只适用自己、不适用他人的法律。适用法律不能有双重标准。我们应该共同维护国际法和国际秩序的权威性和严肃性,各国都应该依法行使权利,反对歪曲国际法,反对以'法治'之名行侵害他国正当权益、破坏和平稳定之实。"[1] 中国同世界各国的友好合作不断拓展,人类命运共同体理念得到越来越多人的支持和赞同,这一倡议正在从理念转化为行动。

我们应该创造一个奉行法治、公平正义的未来,要提高国际法在全球治理中的地位和作用,确保国际规则有效遵守和实施,坚持民主、平等、正义,建设国际法治,不断推动全球治理体系朝着更加公正合理的方向发展。

构建人类命运共同体是一个美好的目标,也是一个需要一代又一代人接力跑才能实现的目标。新的征程上,我们必须高举和平、发展、合作、

---

[1] 习近平:《弘扬和平共处五项原则建设合作共赢美好世界——在和平共处五项原则发表60周年纪念大会上的讲话》,人民出版社,2014,第11页。

共赢旗帜，奉行独立自主的和平外交政策，坚持走和平发展道路，推动建设新型国际关系，推动构建人类命运共同体，弘扬和平、发展、公平、正义、民主、自由的全人类共同价值，坚持合作、不搞对抗，坚持开放、不搞封闭，坚持互利共赢、不搞零和博弈，反对霸权主义和强权政治，推动历史车轮向着光明的目标前进。

新形势下国家安全立法的完善*

2014年4月15日，习近平总书记在中央国家安全委员会第一次会议上创造性地提出总体国家安全观。为了贯彻总体国家安全观，我国国家安全领域的科学立法发生了历史性变革，取得了较大成绩，国家安全法治建设取得了重大进展。在党的二十大开幕式上，习近平总书记指出："国家安全是民族复兴的根基，社会稳定是国家强盛的前提。必须坚定不移贯彻总体国家安全观，把维护国家安全贯穿党和国家工作各方面全过程，确保国家安全和社会稳定。"[①] 2023年2月，中共中央办公厅、国务院办公厅印发的《关于加强新时代法学教育和法学理论研究的意见》指出，加强立法学、文化法学、教育法学、国家安全法学、区际法学等学科建设。

国家安全法属于宪法及宪法相关法的领域，它是我国国家法律体系的重要组成部分，旨在维护国家安全、保障国家政权、主权、统一和领土完整、人民福祉、经济社会可持续发展以及国家其他重大利益。具体到国家安全法律体系的边界，当以"国家安全重要领域""维护国家主权、安全和发展利益""统筹发展和安全"三项构建逻辑为依据来从内部予以限定。本文对标新形势下对国家安全法学学科建设的新要求，检索国家安全法学的制度基础，梳理国家安全立法领域存在的不足并探索如何加以完善。

一 国家安全法律部门基本形成

当前我国国家安全内涵和外延比历史上任何时候都要丰富，时空领域

---

* 本文发表于《法治时代》2024年第10期。
① 习近平：《高举中国特色社会主义伟大旗帜　为全面建设社会主义现代化国家而团结奋斗——在中国共产党第二十次全国代表大会上的报告》，人民出版社，2022，第52页。

比历史上任何时候都要宽广，内外因素比历史上任何时候都要复杂。总体国家安全观涵盖政治、军事、国土、经济、粮食、资源、金融、文化、社会、科技、网络、生态、核、数据、生物、太空、深海、极地、人工智能、海外利益等诸多领域。党的十八大以来，为了贯彻总体国家安全观，以习近平同志为核心的党中央高度重视国家安全法治建设，国家安全法治建设取得了很大成绩，基本形成了以《中华人民共和国宪法》（以下简称《宪法》）为统领、以《中华人民共和国国家安全法》（以下简称《国家安全法》）为主干、以相关法律的有关条款为补充、大致覆盖国家安全各领域的法律部门。

据不完全统计，与国家安全直接相关的法律有45部，直接相关的国家安全行政法规有60部，与国家安全治理有关的法律法规有近200部。国家安全早期立法，主要围绕着传统安全领域展开。如《宪法》《中华人民共和国保守国家秘密法》《中华人民共和国军事设施保护法》《中华人民共和国国防法》《反分裂国家法》《中华人民共和国电子签名法》等，与此同时，与之相关的行政法规、规章也纷纷出台，如《中华人民共和国反间谍法实施细则》《中华人民共和国计算机信息系统安全保护条例》《信息安全等级保护管理办法》《互联网信息服务管理办法》《计算机信息系统国际联网保密管理规定》等。

2014年以来，我国的国家安全立法在提速。2014年11月1日，《中华人民共和国反间谍法》（以下简称《反间谍法》）施行，相应废止了1993年2月22日通过的《国家安全法》，并于2023年进行修订。修订后的《反间谍法》，完善了间谍行为的定义，将"投靠间谍组织及其代理人""实施针对国家机关、涉密单位或者关键信息基础设施等的网络攻击、侵入、干扰、控制、破坏等活动"明确为间谍行为。

2015年7月1日，第十二届全国人民代表大会常务委员会第十五次会议审议通过新《国家安全法》。该法以总体国家安全观为指导思想，是全面规范维护国家各领域安全的基础性法律。它明确了总体国家安全观的具体要求和制度措施；通过规定国家机关在维护国家安全方面的职责以及公民、组织在维护国家安全活动中的义务和权利，将国家机关、社会组织和公民个人的行为全部纳入《国家安全法》的调整范围，体现了《国家安全法》确立的总体国家安全观的全面性。

之后，以《国家安全法》为引领，一系列专门领域的涉国家安全法律法规加快制定（修订）施行。2016年1月至2024年6月，《中华人民共和国反恐怖主义法》《中华人民共和国国防交通法》《中华人民共和国网络安全法》《中华人民共和国国家情报法》《中华人民共和国核安全法》《中华人民共和国香港特别行政区维护国家安全法》《中华人民共和国数据安全法》《中华人民共和国个人信息保护法》《中华人民共和国反有组织犯罪法》《中华人民共和国境外非政府组织境内活动管理法》等一系列法律法规相继发布实施。

此外，我国还是一些有关国家安全、国际安全公约条约的缔约方，需依照国际法承担相应的维护安全的责任义务。如《联合国海洋法公约》《全面禁止核试验条约》《生物多样性公约》《湿地公约》《濒危野生动植物种国际贸易公约》《国际植物保护公约》《国际航标组织公约》等。

二 现有国家安全立法存在的问题

习近平总书记指出："我们要坚持以人民安全为宗旨、以政治安全为根本、以经济安全为基础、以军事科技文化社会安全为保障、以促进国际安全为依托，统筹外部安全和内部安全、国土安全和国民安全、传统安全和非传统安全、自身安全和共同安全，统筹维护和塑造国家安全，夯实国家安全和社会稳定基层基础，完善参与全球安全治理机制，建设更高水平的平安中国，以新安全格局保障新发展格局。"[①] 面对新时代国家安全法治建设的总体目标，我国国家安全法治的立法环节尚存在一些弱项或者短板。

一是《宪法》中缺乏总体国家安全观的站位。2018年3月11日，《宪法》修正后颁布实施，纵观《宪法》文本，在序言、第28条、第40条、第54条提及国家安全的表述有5处，但其并无总体国家安全观以及"安全"所涉具体领域的明确提法。

二是某些法律规定存在概念不清、规定粗疏、职权指向不明、配套规定不到位等情形，可实施性较差。如《国家安全法》第三章规定了维护国家安全的任务和各个国家机关维护国家安全的职责，但较少有配套规定进一步细化相关任务。

三是存在一些立法空白。我国传统的国家安全立法一般集中在政治安

[①] 习近平：《高举中国特色社会主义伟大旗帜　为全面建设社会主义现代化国家而团结奋斗——在中国共产党第二十次全国代表大会上的报告》，人民出版社，2022，第52~53页。

全、国土安全、军事安全等领域，总体国家安全观提出以来，我国在粮食安全、数据、电磁、太空、极地、深海、海外利益保护与海外军事行动等方面的立法则略显欠缺。

三　关于完善国家安全立法的思考

国家立法机关和国家安全治理机关应以总体国家安全观为指导思想通盘考虑，紧紧围绕提高国家安全立法质量这个关键，及时"立改废"，提高法律法规精细化水平，较好地解决立法供给不足的问题，更好发挥国家安全立法在优化提升国家安全治理能力及治理体系、平衡和调整社会利益关系等方面的作用，努力使每一项国家安全立法都符合宪法精神，反映人民意志并得到人民拥护，力求以完备的国家安全法律规范体系来打造新安全格局、保障新发展格局、适应国家安全法治建设新要求。为此，笔者建议在以下几个方面完善国家安全立法。

（一）在《宪法》中增设总体国家安全观的表述

首先，将"总体国家安全观"纳入《宪法》，以国家根本法的形式确立国家安全的至关重要性。其次，修订或者整合一些条文。比如，关于《宪法》第 40 条至少可以考虑两点：第一，在当前的网络时代，其中的"通信自由""通信秘密"几乎失去了意义，可以改为"通讯自由""通讯秘密"；第二，既然其中的"公安机关"包括国家安全机关（第六届全国人民代表大会第一次会议决定成立的国家安全机关承担原由公安机关主管的间谍、特务案件的侦查工作），可以行使《宪法》和法律规定的公安机关的侦查、拘留、预审和执行逮捕的职权，建议将"国家安全机关"置于"公安机关"之后或者列于其后的括号之中。最后，将总体国家安全观的各个领域稍加明确，以利于专门立法项目的开展。

（二）推进重点安全领域法律立法工作

运用立法手段完善国家安全力量布局，构建全域联动、立体高效的国家安全防护体系。

1. 推进重点安全领域立法以及实施细则、配套法规规章建设。针对政治安全、网络安全、经济安全、社会安全等重点安全领域法律缺位或可实施性差等问题，抓紧推进立法工作及实施细则、配套法规规章建设工作。

例如，细化经济安全方面的立法，确保粮食、能源资源、重要产业链工业链安全，尽快制定关于加强金融安全的法律。比如，健全金融法律制度，提高金融立法的实效性，守住不发生系统性风险底线，将其中失灵、不合理的条文剔除，适当增加必要、合理的部分。具体可从以下几个方面进行完善：（1）建设现代中央银行制度；（2）加强和完善现代金融监管，将各金融监管主体的职权落实到位，增加监管风险的方式及方法，依法将各类金融活动全部纳入监管；（3）强化金融稳定保障体系，加强国内与国际立法之间的融合与相互联系；（4）禁止私人从事金融活动及行为，科学规范民间借贷市场，并建立相应的监管规范。

2.完善公共安全方面的立法。坚持人民至上、生命至上，坚持安全第一、预防为主，建立大安全大应急框架，完善公共安全体系，推动公共安全治理模式向事前预防转型，不断完善公共安全方面的立法：（1）完善和落实安全生产责任制，建立公共安全隐患排查和安全预防控制体系；（2）加强和改进食品药品安全监管制度，完善食品药品安全法律法规和标准体系，建立食品安全民事公益诉讼惩罚性赔偿制度；（3）健全生物安全监管预警防控体系，梳理现行法律、法规与《中华人民共和国生物安全法》（以下简称《生物安全法》）不一致的内容，抓紧及时做好清理修改工作，厘清生物安全与重大传染病防治和公共卫生应急处置之间的关系，推进《生物安全法》得到正确、有效实施。

（三）加快形成系统完备的涉外法律法规体系，加强海外安全保障能力建设

充分发挥国内法在解决涉外法律纠纷中的重要作用，运用法律武器反制国外"长臂管辖"、贸易歧视等有损我国主权和利益的行径，维护我国公民、法人在海外合法权益，坚定捍卫国家主权、安全和发展利益。改变对外投资、对外援助、口岸、开发区、领事保护等领域无法可依或法规层级较低的现状，逐渐细化对外贸易、知识产权保护、国籍、外国人服务管理以及涉外民商事争端解决等领域的法律法规。具体操作时，可以先颁布实施相关的法规规章，待时机成熟时再予以立法。比如，2021年，商务部及时公布《阻断外国法律与措施不当域外适用办法》，聚焦阻断禁止或限制中国企业与第三国企业正常经贸活动的不当域外适用，为拒绝承认、执行和遵守有关外国法律与措施提供了法律依据，成为我国涉外法治领域的

一项重要举措。2021年6月10日,《中华人民共和国反外国制裁法》公布并施行,其中明确规定"外国国家违反国际法和国际关系基本准则,以各种借口或者依据其本国法律对我国进行遏制、打压,对我国公民、组织采取歧视性限制措施,干涉我国内政的,我国有权采取相应反制措施"。

(四) 行政法规、地方性法规和规章针对性补充

在上位法授权立法的框架下,要因事制宜、因地制宜地制定富有特色、针对性强的行政法规、地方性法规和规章,把安全发展贯穿地方、行业(职业)发展各领域和全过程,防范和化解影响我国现代化进程的各种风险,在全国各地各行业时时筑牢国家安全屏障。

总之,国家安全是中国式现代化行稳致远的重要基础。必须全面贯彻总体国家安全观,完善维护国家安全体制机制,实现高质量发展和高水平安全良性互动,切实保障国家长治久安。总体国家安全观是不断发展完善的思想理论体系,新时代国家安全立法也应与时俱进,努力建设更高法治水平的平安中国,为世界和平贡献中国力量。

北京市加强全国文化中心建设的
地方立法保障[*]

当今世界，激烈的国际竞争已经在文化层面展开了。究竟何谓文化呢？据考证，文化的最早含义是指人类装饰身体的活动，活动的结果意味着人与原来的状态相区别，由此引申，文化即实现人的角色转变。由此，我们可以说，文化本身就是一种管理。我国古老的经典《周易》说："观乎人文，以化成天下。"（《贲·象辞》）意思是说，观察人类文明的进展，就能用人文精神来教化天下。[①] 可见我们的老祖宗已经非常重视用"文"来"化"天下了。其实，文化是世界上最为复杂的问题之一。虽然直到现在全世界还没有一个权威的、统一的、共识的、经典的文化定义，但是，世界各国在文化的效果和功能上达成了高度的统一，很多人都接受一个定义，即文化是一种思维方式、一种生活方式。[②] 在中国，随着岁月的流逝，北京逐渐确立了其"全国文化中心"的地位。新中国成立之初，我们对"文化"不是很重视，作为"全国文化中心"的首都北京也不例外。随着进入全球化的新世纪，随着改革开放的步伐不断迈进，我们越来越重视文化的价值，越来越强调法律对于保护和发展文化的重要性。本文即在勾勒北京成为"全国文化中心"的历史之后，检索已有的相关的地方性法规，简析其不足，进而根据自己的文献研究和所做的实地调查集中提出一些立法建议。

---

[*] 此文先以英文写成于2014年初并提交给了俄罗斯西北管理学院，笔者2014年5月下旬赴俄罗斯西北管理学院以《北京市实施保护物质文化遗产法律情况的简介》为题进行学术交流的主要内容亦来自此文，后此文发表于《北京行政学院学报》2015年增刊。
[①] 参见汤一介《"观乎人文，以化成天下"》，《科学中国人》2004年第3期。
[②] 参见沈望舒《浅谈全国文化中心的内涵和主要功能》，《北京人大》2011年第8期。

一 北京市"全国文化中心"地位的确立

北京地区是中华文化的发祥地之一,北京猿人、山顶洞人、王府井人在此活动、繁衍。北京最早见于历史文献记载的名称当属西周时期的燕蓟古城。在春秋战国时期(前770~前221年),蓟国就在北京地区建立城市,后燕国打败蓟国,迁都蓟,称为燕都或燕京。先秦至隋唐时期,北京地区的文化发展已经崭露头角。

到了五代,在北京城的历史上发生了一件大事——为了做皇帝,后唐河东节度使石敬瑭把今北京和大同附近一带边防重地拱手让给契丹,史称为"燕云十六州"的割让。公元938年,契丹入蓟城建为陪都,号称南京,这就是中国历史上的"辽"。从此以后,北京从一个华北平原的北方门户,逐步发展,在中国封建社会的最后数百年间代替了前期长安城的地位,形成了全国最大的一个行政中心。南京是辽的文化中心。史书记载辽南京文化发达,历时七十余年、篇幅长达六千多卷的《辽藏》,即雕造于燕京阳台山清水院(今北京西山大觉寺)。[1]

继辽代之后,金朝兴起。1153年,海陵王完颜亮下令迁都燕京,改称"中都",这是北京正式建都之始。女真人进入中都后,与汉民杂处,逐步学习并接受了汉族先进的科学文化、风俗习惯。民族融合为北京成为全国的文化中心奠定了基础,在多民族文化的激荡之下,北京文化的内涵和影响进一步扩展,北京从区域文化中心走向全国文化中心的时刻就指日可待了。

1260年,忽必烈登基之后,最初以元上都为都城。1267年,忽必烈决计迁都于中都,将其改名为"大都"(突厥语称汗八里,蒙古文为Khanbalik,帝都之意)。作为元朝大都,北京首次成为全国统一政权的都城,这样,在其政治核心地位的影响下,北京终于成为全国文化中心。

1368年,朱元璋建立明朝,定都南京。1403年,朱棣夺取皇位,决计迁都北京;明永乐十九年(1421年)正月,明朝政府正式迁都北京。在元大都的基础上,明代北京的政治文化中心地位得到进一步强化和巩固,包

---

[1] 参见北京市社会科学院历史研究所《北京作为全国文化中心的历史考察》,载北京市人大常委会课题组《推进全国文化中心建设》,红旗出版社,2012,第302页。

括政治中心地位的强化、各项制度的完善与成熟以及文化集聚效应的巩固等。①

1644年，多尔衮率领清军占领北京，其后将都城由沈阳迁至北京。清代是我国封建社会发展的最高峰，作为全国政治文化中心的北京，已经形成了独具特色且臻于成熟的京师文化：有上层阶层的宫廷文化、士大夫文化、规模性的商业文化以及下层民众的市井文化等。②

清朝末年，随着封建政治的衰落以及西方文化的强烈冲击，中国文化逐渐走上探索近代化的道路，北京则成为近代中国文化转型的先声。

1949年10月1日，中华人民共和国在北京天安门广场宣告成立。作为新中国的首都，北京先后进行过六次城市建设规划，前三次提出不仅要当文化中心，还要当经济中心、工业中心，中央都没有批准，后三次中央明确北京是国家的政治中心、文化中心和国际交往中心。③ 2005年1月27日，国务院批复了《北京城市总体规划（2004年—2020年）》，其中第8条规定了北京的城市性质："北京是中华人民共和国的首都，是全国的政治中心、文化中心，是世界著名古都和现代国际城市。"

2011年11月18日，在北京市十三届人大常委会第二十八次会议上，《北京市人大常委会关于推进全国文化中心建设的建议》引起了与会人员的极大关注。在这个基础之上，12月21日，中共北京市委十届十次全会审议通过了《中共北京市委关于发挥文化中心作用 加快建设中国特色社会主义先进文化之都的意见》，明确了首都文化改革发展的总体目标。该意见提出，到2020年，把首都建设成为在国内发挥示范带动作用、在国际上具有重大影响力的著名文化中心城市，成为全国文化创作中心、文化创意培育中心、文化人才聚集教育中心、文化要素配置中心、文化信息传播中心、文化交流展示中心。

二 北京市文化方面地方立法尚需进一步完善

1979年7月1日，第五届全国人民代表大会第二次会议通过《中华人

---

① 参见北京市社会科学院历史研究所《北京作为全国文化中心的历史考察》，载北京市人大常委会课题组《推进全国文化中心建设》，红旗出版社，2012，第304页。
② 参见北京市社会科学院历史研究所《北京作为全国文化中心的历史考察》，载北京市人大常委会课题组《推进全国文化中心建设》，红旗出版社，2012，第304页。
③ 参见沈望舒《浅谈全国文化中心的内涵和主要功能》，《北京人大》2011年第8期。

民共和国地方各级人民代表大会和地方各级人民政府组织法》，赋予省、自治区、直辖市人大及其常务委员会制定地方性法规的权力，这是我国立法体制的重大改革。自那时以来，北京市人民代表大会及其常务委员会紧紧围绕全市工作大局，把立法与首都的改革发展稳定紧密结合起来，从北京市实际出发，突出首都特色，有针对性地解决实际问题，先后制定、修订了一些地方性法规。

检索"北大法宝""首都之窗"和其他资料来源得知，截至2014年11月30日北京市现行有效的地方性法规共有140部左右，其中关于或者涉及文化事项的有13部，约占总数的1/10。这些地方性法规分别是：《北京历史文化名城保护条例》、《北京市公园条例》、《北京市古树名木保护管理条例》、《北京市城乡规划条例》、《北京市图书馆条例》、《北京市博物馆条例》、《北京市发展中医条例》、《北京市图书报刊电子出版物管理条例》、《北京市音像制品管理条例》、《北京市旅游管理条例》（2010年修正）、《北京市实施〈中华人民共和国文物保护法〉办法》、《北京市实施〈中华人民共和国档案法〉办法》、《北京市实施〈中华人民共和国国家通用语言文字法〉若干规定》。

对照上述首都文化改革发展的总体目标来看，北京市现有文化方面的地方性法规尚需进一步完善。

第一，结构不完善，缺乏严密性，发挥作用较为有限[1]，特别是在社会文化、专业文化、文化产业、对外文化交流等领域，文化立法要么尚属空白，要么落后于其他地方。例如，进入21世纪以来，全国各地方对文化发展产业基金问题几乎都作了专项规定：2005年4月8日，绍兴市财政局发布了《绍兴市文化发展基金管理办法》；2007年6月14日，杭州市委宣传部、杭州市财政局发布了《杭州市文化产业发展专项资金管理办法》；2008年5月27日，《昆山市文化发展资金使用管理办法》出台，对"昆山市公益性基层文化设施建设发展引导资金""昆山市群众文化活动发展资金""昆山市文化产业发展引导资金"等文化发展资金进行规范；2009年12月，《江西省文化产业发展专项资金管理暂行办法》出台；等等。迟至2012年7月16日，北京市财政局才印发了《北京市文化创新发展专项资金管理办法（试行）》。这与首都北京的"全国文化中心"地位极不相称。

---

[1] 参见王渊《政协委员会诊文化法治三问题——文化立法应分清轻重缓急 鼓励地方先行先试》，《检察日报》2012年3月6日，第11版。

第二，与社会、经济等领域的立法相比，北京市的文化立法总体比较迟缓，现行文化管理体制对改革过程中新产生的各种文化业态尚无科学客观的法律认定，难以实施政策支持和法律保障。例如，新中国成立以来，出版业作为国家舆论阵地，一直作为事业单位实行高度集中的管理体制。1997年的《北京市图书报刊电子出版物管理条例》正是在这种管理体制和社会背景下出台的。但是，随着出版体制改革的深化和出版产业的发展，出版业出现了许多新情况、新问题，包括出版的产业属性得到国家确认，但是缺乏促进产业发展的法治保障；出版业态正在由传统的纸质出版向以信息技术为支撑的数字出版方向发展，但目前并未纳入法规规范范围；出版市场主体更加多元化，民营资本成为出版业中新兴生产力，但其法律地位并未得到确认等，导致该条例难以适应新形势的需要。

第三，缺乏保障公民实现文化权利方面的法律功能，如文化公益服务、网络监管等方面的立法都难以适应形势要求。再如，缺乏有力的对民族文化权益予以保障的制度。民族传统文化是民族地区具有历史传承性的文化体系，是民族地区公共文化建设过程中不可分离的部分。[①] 这些文化都深深植根于民族地区群众的生活中，深深打上了各个民族的烙印，它是一个丰富的人文载体，记录了民族的性格特征、气质观念以及传统道德等的重要信息。它具有非常高的社会价值。北京也有一些少数民族聚居地，保护好这些地方的少数民族传统文化也就是在保护一笔非常丰厚的文化资源。可是，1998年通过的《北京市少数民族权益保障条例》仅仅有一条关于文化方面的规定（第23条）：本市各级人民政府应当重视少数民族文化建设，适当投入经费；加强对少数民族传统文化的保护、发掘和整理；帮助少数民族开展具有民族特色的健康的文化、艺术、体育活动；帮助民族乡、村和少数民族公民较多的地区逐步建立和完善文化站（室）。其实，这一条规定也非常笼统，非常概括，操作性不强，至于具体保护和发展少数民族文化的规定更是暂付阙如了。

[①] 参见李少惠《民族传统文化与公共文化建设的互动机理——基于甘南藏区的分析》，《西南民族大学学报》（人文社会科学版）2013年第9期。

三 关于加强北京市全国文化中心建设的地方立法建议

《中共中央关于全面推进依法治国若干重大问题的决定》中明确要求"建立健全坚持社会主义先进文化前进方向、遵循文化发展规律、有利于激发文化创造活力、保障人民基本文化权益的文化法律制度","制定公共文化服务保障法,促进基本公共文化服务标准化、均等化","制定文化产业促进法,把行之有效的文化经济政策法定化,健全促进社会效益和经济效益有机统一的制度规范"。具体到北京,根据全国文化中心的定位和中央关于北京工作一系列重要指示的精神,在新的历史时期,为了改变北京市"文化资源优势没有充分发挥出来"[①]的局面,弥补北京市文化立法方面比较大的不足或者缺口,提高北京市文化建设的法治化水平,加快建设具有世界影响力的文化中心城市和中国特色社会主义先进文化之都,特就北京市在公共文化服务保障、文化产业振兴、文化市场管理等方面急切需要的地方性法规提出一些立法建议。

(一)公共文化服务保障方面

1. 制定《北京市实施〈中华人民共和国非物质文化遗产法〉办法》。保护弘扬非物质文化遗产,制定与《中华人民共和国非物质文化遗产法》配套的地方性法规。加强非物质文化遗产的普查、认定和登记,建立非物质文化遗产档案和资源数据库。多种形式开展非物质文化遗产的宣传和传承。鼓励传统文化、表演、手工等"传帮带"。结合传统节日和重大节庆活动,举办丰富多彩的文化活动,使市民通过体验、互动等多种方式参与优秀传统文化的传承。鼓励社会力量参与非物质文化遗产的保护和开发,把非物质文化遗产的资源优势转化为带动经济发展的优势,使非物质文化遗产在提升经济价值的同时得到保护和弘扬。

2. 制定《周口店遗址保护条例》。周口店北京人遗址是世界文化遗产、全国重点文物保护单位,是迄今为止出土人类化石材料以及人类遗物最丰富、动物化石门类齐全、研究最深入的古人类遗址群,是世界上同时期古人类遗址中内涵最丰富、材料最齐全和最有科研价值的一个,是唯一贯纵

---

① 王安顺:《政府工作报告》,《北京日报》2014年1月24日,第3版。

70万年的史前人类活动遗迹的遗址。① 因此，它是全人类共同的财产。为了保护好周口店遗址，1989年2月1日北京市人民政府公布了《北京市周口店北京猿人遗址保护管理办法》（简称《办法》）。但是，随着国家文物保护相关法律、法规的调整，周口店遗址管理体制的改变以及《周口店北京人遗址保护总体规划》（2006年6月）的公布实施，1989年的《办法》已经无法适应遗址的保护和管理要求。2009年3月31日，《周口店遗址保护管理办法》经北京市人民政府第31次常务会审议通过，北京市人民政府第212号令公布，自2009年6月1日起施行。自那时以来，周口店遗址迎来了保护发展的春天，保护局势非常好。② 可是，近年来，周口店的外部与内部都出现了一些对周口店遗址保护不利的因素。为此，迫切需要通过制定《周口店遗址保护条例》，加大周口店北京人遗址保护在遗产管理、人才培养、国际交流、资金投入等方面的重视程度，使其与世界上发达国家先进的管理方法接轨，以期在思想、方法、技术和可持续发展中探索一条适合中国世界遗产的科学发展模式。

3. 修订《北京历史文化名城保护条例》。北京作为六朝古都，文化底蕴深厚。历史文化的积淀，使北京市拥有文物古迹7000余项，包括历史文化遗址、皇宫及历史园林、各类宗教建筑、大型陵墓群落，以及革命遗址和纪念性场所。当前，需要进一步从立法角度明确北京历史文化名城的保护范围和保护内容，细化条例相关条款，明确落实责任，促进保护规划的实施。再者，《北京历史文化名城保护条例》是2005年3月28日由十二届市人大常委会第十九次会议先行全票通过的，三年之后，即2008年4月2日，国务院通过了《历史文化名城名镇名村保护条例》。这样，北京市需要修订立法将历史文化名城、名镇和名村的保护统一规定到一部法律之中。

4. 制定《北京市长城保护条例》。万里长城是世界上最宏伟的军事防御工程，是世界公认的历史文化遗产。作为世界上最大的一处文物保护单位，长城的历史、长度及当初建造的工程质量在世界军事防御设施中是独一无二的，长城（北京段）更是中国保存下来的明长城中的最精华地段。可是，近些年来，全国范围内在长城保护方面出现的一些问题，如取材性

---

① 参见崔亚杰、黄德林《周口店北京人遗址管理中的主要问题与对策分析》，《资源与产业》2006年第2期。

② 参见冯朝晖《世界遗产地周口店遗址监测中心揭牌》，《中国文物报》2013年1月4日，第1版。

破坏、建设性破坏、开发性破坏、修复性破坏等，在北京也同样出现。经过两年的调查研究，北京市人民政府基本掌握了长城保护中存在的各类问题，据此于2003年5月22日通过了《北京市长城保护管理办法》，自2003年8月1日起施行。该办法的最大意义是使长城保护问题实现法治化，而且富有非常强的针对性，可以解决长城保护工作中管理职责分工不清及无序开发问题，通过分段式责任制管理，围绕长城的开发问题将在有序、科学的环境下进行。时至2006年9月20日，国务院第150次常务会议通过了《长城保护条例》，自2006年12月1日起施行。这几年，长城保护工作确实得到了各方面的重视，进步很多，但不足也很明显。具体来看，《长城保护条例》目前还处在"一纸空文"阶段。因为它只是一个说明性的文件，没有具体的细则，没有执法者。① 具体到北京市，需要依据上位法《长城保护条例》，将《北京市长城保护管理办法》提升为《北京市长城保护条例》，加大对法人违法现象的惩处力度，从根本上改变"破坏长城，有人说无人罚"的现状，使破坏长城的人真正感受到法的震慑力。

5. 制定《北京市地下文物保护条例》。作为历史文化名城，北京是一座文化遗产极为丰富的城市。几千年的文化积淀使得这座城市几乎成了文物蕴藏地。② 北京市地下文物埋藏丰富，但是，地下文物保护形势严峻，引起了社会各界对地下文物保护工作的高度关注。虽然北京市人民政府于2013年11月7日公布了地方政府规章《北京市地下文物保护管理办法》，但是，这次立法层次不高，希望通过地方性立法，制定《北京市地下文物保护条例》，真正做到"要动土，先考古"③，加大对基建项目考古勘探的监管力度，建立补偿机制，更好地保护、发掘和利用地下文物，细化和完善上位法有关的规定，协调解决基本建设与地下文物保护之间的矛盾。

6. 制定《北京市中轴线保护条例》。目前的北京市中轴线以紫禁城为核心向南北延伸，北至钟鼓楼，南至永定门，全长7.8千米，集中了故宫、太庙、社稷坛、天坛、先农坛等多处著名历史文化遗产，被称为古都北京的"脊梁"和"龙脉"。北京市"十二五"规划明确提出，要重构历史文

---

① 参见李伟《〈长城保护条例〉目前还是"一纸空文"》，《东方早报》2012年2月27日，第A11版。
② 参见崔晨《将保护地下文物进行到底——宋大川委员印象》，《北京观察》2008年第11期。
③ 吕天璐：《北京地下空间保护——要动土，先考古》，《中国文化报》2011年5月25日，第5版。

化魅力走廊、系统规划实施魅力中轴线工程。为切实加强对历史文化遗产的保护，北京市积极推进中轴线申遗工作。为了充分展示古都文化价值和内涵，在保护"物"的同时，要强化对"文"的保护和利用。中轴线的保护要有法可依、有法必行。

7. 制定《北京市公共文化服务促进条例》。全国第一部关于公共文化服务体系建设的综合地方性法规《广东省公共文化服务促进条例》于2012年1月1日起实施。北京市可以借鉴广东省的立法经验，针对本市的实际情况，尽快立法促进本市的公共文化服务工作。

8. 制定《北京市居住区配套文化设施建设条例》。北京将在全国率先建成均衡的、城乡一体的公共文化服务体系。在公共文化设施建设方面，北京将向城南地区、城乡接合部、重点新城、新建大型社区及农村地区倾斜，并优先安排涉及基层和农村群众切身利益的文化项目。因为，"社区文化是城市的灵魂，社区文化的建设和推进应当和老百姓的日常生活结合起来，并融入全国文化中心的建设中"[①]。

9. 修订《北京市科学技术普及条例》。该条例缺乏可操作性。比如，有禁止性规定，但无相应的法律责任。例如，其第24条规定"国家投资兴建的科普场所、设施，禁止出租、出借或者以其他形式改作他用。如有特殊情况需要临时改作他用的，须经上级主管部门批准，但不得改变其科普场所的基本性质，妨碍开展科普活动"，但是，由于法规并未规定相应的法律责任，缺乏可操作性，实践中将科普场所改作他用的现象屡禁不止。

10. 修订《北京市少数民族权益保障条例》。根据第六次人口普查统计数据，北京市现有少数民族居民80.1万人，占全市总人口数的4.1%；有民族乡5个，民族村116个，民族工作重点街道13个[②]；少数民族流动人口约14万人，占全市流动人口的2.8%。在目前这样错综复杂的民族关系下，在建设全国文化中心的过程中，《北京市少数民族权益保障条例》已经不能适应保护和发展少数民族文化的要求了，应该予以修订，以求细化和更加综合化、动态化。

（二）文化产业振兴方面

1. 制定《北京市文化产业促进条例》。为了完善文化产业发展的促进

[①] 胡姮、李曼：《审议推进全国文化中心建设情况的报告》，《北京人大》2012年第12期。
[②] 参见中共北京市委党校《北京市情数据手册（2013）》，第9~10页。

和保障机制,加快文化产业发展步伐,把行之有效的文化经济政策法定化,健全促进社会效益和经济效益有机统一的制度规范,北京市亟须在文化产业促进方面进行立法。其他地方在这方面已经有了一些经验,例如,2008年7月22日,《深圳市文化产业促进条例》通过;2008年12月17日,《太原市促进文化产业发展条例》通过;2012年6月19日,《西安市文化产业促进条例(草案)》公开征求意见。

2. 修订《北京市发展中医条例》。中医药是中华民族的宝贵财富,为中华民族的繁荣昌盛作出了巨大贡献。传统医学的治疗理念正逐渐为世界所接受,传统医药受到国际社会越来越多的关注,世界范围内对中医药的需求日益增长,这为中医药的发展提供了广阔的空间。北京市拥有丰富的中医药理论与实践。2001年6月22日通过的《北京市发展中医条例》对中药的规定非常之少。当前,需要修改该条例以便对中医药予以全面而综合的总结,并求有助于我国中医药事业的继承、发展与推广。

3. 制定《北京市文化发展基金管理条例》。虽然北京市财政局于2012年10月开始施行《北京市文化创新发展专项资金管理办法(试行)》,但是,该办法中的"资金"来源仅仅为"市级财政性资金"。其实,在文化大发展大繁荣的今天,这种"财源"是远远不够的。浙江省杭州市(杭州市文化创新发展资金来源:市财政预算内专项拨款;机关、企事业单位、社会团体及个人的赞助或捐赠;其他合法收入)和绍兴市(绍兴市文化发展基金来源:财政预算拨款;上级补助资金;社会团体和个人捐赠;其他资金)的做法倒值得借鉴。此外,该办法的有效期只是至2015年12月31日。所以,北京市应该扩大文化发展基金的来源,对此进行统一立法,予以全面、长期的管理。

4. 制定《北京市对外文化交流管理条例》。当前,我国尚无对外文化交流管理方面的法律。为了深入实施文化"走出去"工程,促进对外文化贸易和文化交流,不断提高首都文化的国际影响力,北京市可以率先进行自主性立法。

5. 制定《北京市文艺演出条例》。为了加强对营业性演出的管理,国务院于2005年7月7日公布了《营业性演出管理条例》,同年8月30日文化部公布了《营业性演出管理条例实施细则》(2009年又作了修订)。但是,北京市对营业性演出活动的监管缺乏具体有效且符合本市实际的规范,对大型室外演出、小剧场演出、宾馆洗浴场所及酒吧内的小型乐队演出活动等没有具体规定,导致这些演出活动实际上游离于政府监管之外。

另外，北京市的公益性文艺演出越来越多，这方面的管理出现了制度空白。为此，北京市亟须制定一部文艺演出方面的地方性法规，来统一调整和规范北京市的文艺演出市场。

（三）文化市场管理方面

1. 制定《首都市民公共文明条例》。北京市要实施思想道德引领战略，践行北京精神，深入推进社会主义核心价值体系建设。为此，北京市市民文明素质和城市文明程度应该进一步提高，需要建立健全公共卫生、公共秩序、公共交往、公共观赏、公共参与等领域文明行为的规范体系，加大文明行为引导力度，狠抓文明行为习惯养成。

2. 制定《北京市地名管理条例》。1983年3月16日，北京市人民政府先行发布了《北京市地名管理办法》。不过，该办法中的"市区是指东至定福庄、西至石景山、北至清河、南至南苑范围内的城近郊区"。1986年1月23日，国务院发布了《地名管理条例》。随着北京市城区范围的不断扩大，该办法已经"入不敷出"，尤其需要加紧修订或者升格为地方性法规。

3. 修订《北京市音像制品管理条例》。该条例制定于1997年。2001年7月26日、12月12日国务院分别修订了《印刷业管理条例》《音像制品管理条例》等相关上位法，导致该条例与上位法冲突。此外，2003年，国家出台了《行政许可法》，该条例与《行政许可法》规定的行政许可标准不一致的有多处。这导致该条例的主要条款实际上已经停止执行。

4. 修订《北京市图书报刊电子出版物管理条例》。2001年7月26日、2011年3月16日国务院先后修订了《印刷业管理条例》《出版管理条例》等相关上位法，导致该条例与上位法冲突。此外，该条例与2003年出台的《行政许可法》规定的行政许可标准不一致的也有多处，这导致该条例的主要条款实际上已经停止执行，形同虚设。

5. 制定《北京市文化娱乐市场管理条例》（《北京市文化市场管理条例》）。1993年9月17日北京市第十届人民代表大会常务委员会第五次会议通过、1997年6月4日北京市第十届人民代表大会常务委员会第三十七次会议修订的《北京市文化娱乐市场管理条例》已经失效。2006年1月18日，国务院通过了《娱乐场所管理条例》，而2000年11月14日通过的《北京市实施〈娱乐场所管理条例〉办法》的上位法是1999年3月26日国务院发布的《娱乐场所管理条例》（已经废止）。如今，北京市娱乐场所的管理无法可依，依然存在无证经营、涉黄涉毒、扰民、安全隐患等现象，这些仍然是文化市场举报投诉的热点。北京市亟须做出应对：或者重新单独制定《北京市文化娱乐市场管理条例》，或者针对文化娱乐市场、文化制品市场等统一制定《北京市文化市场管理条例》。

6. 制定《北京市文化市场行政执法管理条例》。《北京市文化市场综合行政执法办法》已于 2011 年 10 月 26 日经市长令第 241 号公布，自 2012 年 1 月 1 日起施行。该办法解决了北京市文化执法中迫切需要明确的执法主体、执法权限认定等问题，对加强北京市文化执法工作起到了积极的推动作用。但是，比照 2006 年 3 月 16 日文化部发布的《文化市场行政执法管理办法》来看，该办法存在着明显的不足，主要是关于行政执法程序的规定比较笼统，缺乏关于取证、保存证据、举行听证等的规定。建议在适用该地方规章的基础上，适时制定北京市地方性法规。

7. 制定《北京市美术品经营与展览展示管理条例》。目前，对美术品的管理北京市尚无地方性法规或者规章，美术品经营单位很少向文化行政部门备案，文化行政部门对备案信息内容也没有规定，工商行政部门发放的营业执照对美术品经营单位的经营范围也只作笼统表述，给执法工作带来了困难。当然，该条例本身的宗旨仍然在于鼓励北京市美术品交易经营企业的专业化、特色化和精品化，有利于繁荣北京市美术品的展览展示市场。

北京市博物馆事业的法治化研究[*]

——以《北京市博物馆条例》为视角

北京是一座有着50多万年前古人类进化生存遗迹、2万余年前人类生活遗址、3050余年建城史和850余年建都史的著名古都。漫长的历史岁月，独特的传统人文环境，孕育和造就了令世界瞩目的辉煌文明，并为当今的北京留下了博大精深的历史文化遗产。[①] 文化遗产中的可移动文物主要由博物馆保护和展示。今天，北京拥有比较多的博物馆。然而关于博物馆事业，我国当前既无专门法律亦无行政法规。在全国范围来看，北京的文化遗产保护事业总体发展得比较好，相关的法治建设也比较齐备，这由博物馆领域全国首屈一指的地方性法规——《北京市博物馆条例》——也可见一斑。本文即以《北京市博物馆条例》（以下简称《条例》）为视角，首先简单介绍《条例》公布之前北京地区博物馆的基本情况，接着考察《条例》公布以来北京市博物馆的发展情况，进而梳理北京市博物馆发展过程中存在的主要问题，最后思考如何进一步实施《条例》，发展北京市的博物馆事业。

一 《条例》公布之前北京地区博物馆的基本情况

我国古代没有"博物馆"这一专用名词，但是很早就有皇室、贵族的

---

[*] 2014年10月9日至10日，笔者携此文参加在云南省行政学院召开的2014年全国行政学院系统社会治理和文化管理教研协作会议，此文后被收录于祁述裕主编，国家行政学院出版社2015年出版的《中国社会管理和文化管理论丛（2014）》。

[①] 参见孔繁峙《世界遗产项目保护的北京成果》，《北京日报》2006年6月12日，第20版。

文物收藏机构。北京第一个正式建立的博物馆是历史博物馆，这是在著名教育家、时任政府教育总长的蔡元培先生倡议下，经当时在教育部任职的鲁迅先生悉心策划，于1912年7月在北京国子监旧址筹建的。这也是我国第一座公共博物馆。这一段时间，一批博物馆相继筹建，其中影响最大的是1925年10月10日北京故宫博物院的正式成立。截至1937年底，北平有各类博物馆10余座。到1949年北平解放时，仅剩有故宫博物院和历史博物馆在勉强开放。

新中国的成立使北京地区的博物馆事业获得新生，开始了新的发展阶段。从下面一组数字可以看出北京地区博物馆的发展轨迹：1965年，15座；80年代初，38座；1985年，62座；90年代初，90座；1997年，100座。这个门类越来越齐全、阵容越来越强大的博物馆群体发挥了越来越重要的作用。

二　《条例》公布以来北京市博物馆的发展情况

2000年9月22日，北京市第十一届人民代表大会常务委员会第二十一次会议通过了《北京市博物馆条例》①，自2001年1月1日起施行。这是我国当时唯一一部关于博物馆管理的地方性法规，它以法律的形式确认了北京市博物馆行业管理的主体，规定了博物馆的权利和义务，规范了博物馆的行为。《条例》实施13年来，北京地区的博物馆已经具备相当规模，逐渐渗入人们社会生活的各个方面。

（一）形成了数量众多、门类较为完备的博物馆群体

由于《条例》第2条第2款界定"博物馆是指收藏、研究、展示人类活动的见证物和自然科学标本并向社会开放的公益性机构"，第13条明确了博物馆的设立条件，第14条统一规定了申请博物馆注册登记时需要提交的文件，北京地区博物馆数量的发展在全国处于绝对领先地位，其速度和规模也是前所未有的。截至2004年底，北京地区在北京市文物局登记注册的各类博物馆、纪念馆和具有博物馆性质的文物单位已达到127座，比20

---

① 自2001年1月1日起施行的《北京市博物馆条例》在当时是全国领先的专项法规，对北京市博物馆事业发展与管理起到了极大促进作用。因与国务院2015年2月颁布的《博物馆条例》对博物馆成立的规定明显不一致，《北京市博物馆条例》已于2016年11月25日被废止。

世纪 80 年代末增加了一倍。截至 2012 年 12 月，北京地区注册登记的博物馆已达到 165 家[①]，依然在全国遥遥领先。

北京地区博物馆原来以历史类（综合历史类或专题历史类）居多，自然科技类和艺术类博物馆较少。现在，这种面目单一的格局已经彻底改变。如果按照《走进博物馆——北京地区博物馆大全》（以下简称《博物馆大全》）的编排标准，其收录的 139 家博物馆中"社会历史类""自然科学类""文化艺术类"博物馆各有 69 家、35 家、35 家。例如，中国科学技术馆新馆、中国铁道博物馆等都是《条例》颁布以后设立的"自然科学类"博物场馆，而北京中华民族博物院（南园）、中国电影博物馆等都是《条例》颁布以后设立的"文化艺术类"博物场馆。

（二）博物馆的兴办主体呈现多元化局面

《条例》第 7 条规定："本市鼓励公民、法人和其他组织兴办博物馆，优先发展填补博物馆门类空白和体现地区文化、行业特点的专题性博物馆。"事实正是如此。过去，博物馆主要由各级政府的文化文物部门兴办，在 20 世纪 90 年代，出现了国家各部委、北京市各级政府、军队各兵种、各在京大专院校以及各类企业、私人等全社会各行各业兴办博物馆的热潮。《条例》的公布，更使这股浪潮"名正言顺""天长地久"。例如，2003 年 1 月正式向公众开放的密云县博物馆新馆、2006 年 5 月 18 日正式开放的首都博物馆新馆等都是以"体现地区文化"为特色。私人兴办博物馆近年来方兴未艾。例如，2004 年 4 月，崔永平皮影艺术博物馆开馆，它为我国濒临失传的民间艺术——皮影戏建立了一个生存与传承的空间[②]；2007 年，我国首个以科举匾额为主题的私人博物馆——北京励志堂科举匾额博物馆成立，它填补了北京博物馆门类中的一个空白。民办博物馆的出现使北京地区的博物馆呈现多彩景象。

（三）博物馆的公益性活动开展得风生水起

《条例》第 20 条中规定："博物馆应当向老年人、残疾人优惠开放，向青少年学生免费、定期免费或者低费开放。"北京市博物馆门票减免工

[①] 参见北京市文物局、首都博物馆联盟编《走进博物馆——北京地区博物馆大全》，北京出版社，2013，"编写说明"。

[②] 参见北京市文物局、首都博物馆联盟编《走进博物馆——北京地区博物馆大全》，北京出版社，2013，第 162 页。

作长期以来一直走在全国各省市前列。2001年初，市属及区县属大部分博物馆开始对北京市60岁以上的老人实行持证免费参观，后来又不同程度地对青少年观众、残疾人、军人等群体实行了减免措施。2004年2月，北京地区绝大多数博物馆实行了对"中小学生集体预约参观免费"开放的措施。2008年3月28日，北京地区部分市属及区县属博物馆共33家统一免费向社会开放。少数民办博物馆，如北京金台艺术馆、老甲艺术馆，也免费开放。现在，全北京市共有68家博物馆免费开放。于此，博物馆"公益性机构"的首要特征彰显出来了。

（四）博物馆的社会教育功能发挥得日益显著

博物馆是根植于现在、保存与沟通过去的鲜活机构，它们将全世界各地的观众、各代人与他们的文化紧密联系起来，让现在和未来的各代人更好地理解他们的根源与历史。面对着不断变化的社会，20世纪90年代中后期，北京市各级政府加大了对博物馆的投入，相当一部分博物馆对旧有陈列进行了大规模改造，研究出吸引更多观众的新策略，特别是不断改进展示藏品的传统方法，并陆续开展了数字化信息工程建设，以便与公众保持联系。公布《条例》之后，各个博物馆继续"运用现代科学技术，提高展览、陈列水平，增强宣传教育效果"（第18条），纷纷"根据办馆宗旨，结合本馆特点举办临时展览、巡回展览，开展多种形式的宣传教育活动"（第19条）。有了这些努力，《条例》第3条的规定——博物馆应当发挥社会教育功能，传播有益于社会进步的思想、道德、科学技术和文化知识，弘扬优秀文化和科学精神，丰富人民的精神文化生活，提高公众素质，促进国际文化交流——就逐一落到了实处，其中，尤以首都博物馆和中国科技馆表现得最为突出。例如，2014年5月18日，首都博物馆与黑龙江省博物馆联合主办并参评的"白山·黑水·海东青——纪念金中都建都860周年特展"荣获"第十一届（2013年度）全国博物馆十大陈列展览精品奖"。该展览于2013年9月17日至2014年3月16日在首都博物馆展出，受到社会各界的广泛好评，获得了很好的社会效益。而且，特别喜人的是，北京市中小学生进博物馆将成为常态化的学习方式。①

---

① 参见课改短消息《北京市中小学生进博物馆将成常态化的学习方式》，《新课程研究》2013年第6期。

三 北京市博物馆发展过程中存在的主要问题

（一）资金不足

虽然《条例》第6条规定"市和区、县人民政府应当将博物馆事业纳入国民经济和社会发展规划，为发展博物馆事业提供必要的条件和保障"，第8条第一款规定"各级人民政府应当保障本级政府兴办的博物馆的事业经费"，第10条第一款规定"博物馆可以多渠道筹措资金发展博物馆事业"，第11条中规定"鼓励公民、法人和其他组织向博物馆捐赠或者以其他形式提供资助"，但是，由于这些规定都不是强制性条款，大多数人对博物馆还停留在"投入多、产出少"的认识层面，资金短缺、发展缺乏后劲就成为博物馆业面临的一个普遍问题。

（二）不均衡

1. 地理分布很不均匀。——核查《博物馆大全》中139家博物馆的地址可以发现，近20年前"这些馆的分布极不平均，近一半的馆集中在城区的东城、西城、海淀三区境内"① 的情形并没有改变，但是朝阳区的博物馆建设非常迅速，它已经从原来"近郊的朝阳、丰台、石景山、昌平等每区县约有3~5座不等"② 的队列中脱颖而出，拥有了26座博物馆，而东、西、朝、海四区现有的博物馆数量占到北京市博物馆总量的70%。这种布局当然不利于提高居民的整体文化素质。

2. 藏品的分布很不均匀。博物馆的产生和发展是从收藏文物开始的，藏品是博物馆业务活动的基础，藏品是博物馆的核心与灵魂。③ 2014年国际博物馆日的主题就是"博物馆藏品架起沟通的桥梁"。藏品质量的高低和数量的多少是衡量博物馆社会地位及其作用的一个主要条件。④ 目前的情形是，几乎所有重要的藏品都集中在几家大型的国有博物馆中。例如，在中国国家博物馆和首都博物馆中漫游时，笔者曾多次见到在密云县境内出土的文物（它们淹没于众多的贵重文物之中），可是，密云县博物馆的

---

① 傅公钺：《北京市博物馆事业法制建设述略》，《中国博物馆》1997年第4期。
② 傅公钺：《北京市博物馆事业法制建设述略》，《中国博物馆》1997年第4期。
③ 参见郭桂香《谈〈北京市博物馆条例〉》，《中国文物报》2001年1月10日，第3版。
④ 参见丁喜清《博物馆的重要性》，《大众文艺》2010年第13期。

藏品却显得稀稀落落，多年以来一直都是"密云历史文化陈列""杵臼文化陈列""刘祯祥捐献文物陈列"三个展陈，展厅内总是给人空空荡荡的感觉。

（三）民营博物馆处境困难

民营博物馆以专业、主题类为主，内容和门类丰富且星罗棋布，和公立博物馆在文化资源、地理位置上形成互补，是难得的社会文化资源。到2010年，北京注册登记的民办博物馆有20多家，可是，《博物馆大全》中收录的对外开放的只有10家，而且，它们几乎都面临门庭冷落、入不敷出、举步维艰的窘境。

（四）经营不善

虽然经营在文博界一直是一个比较敏感、长期争论不休的话题，《条例》第10条中却清清楚楚地规定"博物馆可以依法开展符合本馆特点的经营活动"，前提是"博物馆开展经营活动不得改变博物馆功能、危及博物馆藏品的安全和影响开放环境"（第22条）。由于市场经济大潮的冲击，博物馆内部的一些人过分重视经济效益，忽视社会效益，而另外有些人跟不上形势发展，"等、靠、要"思想严重。这两种极端思想都不同程度地影响着博物馆业务的正常开展。

（五）公共服务不够

笔者陆陆续续地参观了《博物馆大全》中的63家博物馆，其中一些博物馆去得比较频繁。总体的印象是，除了中国国家博物馆、中国美术馆、中国人民革命军事博物馆、中国科技馆、首都博物馆之外，其他博物馆的服务质量都差强人意，或者说只看到管理看不到服务。此外，博物馆的开放时间常常与公众的工作时间、学习时间几乎完全一致，这不便于公众去参观。

四 关于进一步实施《条例》的思考

（一）明确"博物馆"的外延

虽然《条例》第2条第2款规定"博物馆是指收藏、研究、展示人类活动的见证物和自然科学标本并向社会开放的公益性机构",但是,只要翻阅《博物馆大全》的"索引"就可以清楚地看到:54家博物场所是以"纪念馆""陈列馆""美术馆""艺术馆"等为名的,它们的名称中并无"博物馆"字样。此外,北京的动物园、植物园都没有进入"博物馆"系列,它们本来可以壮大自然科学类博物馆的队伍。

(二)各级政府要树立投资理念,保障博物馆的发展资金

《条例》第8条第一款规定"各级人民政府应当保障本级政府兴办的博物馆的事业经费,并逐步增加投入"。但是,由于《条例》第四章"法律责任"中对此没有任何罚则性的规定,这一款规定也就常常处于"应然"状态。以后,要改变博物馆运营资金一般都靠财政拨款的传统,树立投资理念,加大支持力度,全面推行博物馆绩效考核制度,拨款与绩效挂钩;建立和完善博物馆资产授权经营制度和绩效考核制度,确保博物馆资产的保值、增值和博物馆公共文化服务体系的建立。[1]

(三)逐渐实现博物馆的均衡发展

第一,以后再新建博物馆的时候,应该在全市范围内进行合理的区域布局,争取每20万常住人口拥有一座博物馆,做到人口与博物馆的比例趋于协调。另外,在新开发的居住区内,要为博物馆等文化设施留出余地。

第二,在明晰所有权的前提下,应该允许各级各类博物馆之间借用、交换藏品;在保证现有研究、展览水平的前提下,应该提倡上级国有博物馆向下级国有博物馆调拨藏品的做法,以平衡有些博物馆藏品长年收存库房而有些博物馆展厅空空如也的局面。

(四)让民办博物馆尽早与国有博物馆平起平坐

北京民办博物馆占比较小,但是,民办博物馆将来可能逐渐上升为一股重要力量,民办博物馆的增多对社会有诸多益处,能够"为社会提供人性化、多样化、高质量的文化服务"[2]。只有让民营博物馆享有同国有博物馆同等的地位,以法律形式给予民营博物馆制度和政策保障,将民营博物

---

[1] 参见丁蓉、周国栋、董琪《城市博物馆经济发展研究》,《现代经济信息》2013年第1期。
[2] 王雪娟:《民办博物馆脱困有道》,《中国文化报》2014年6月12日,第4版。

馆真正纳入我国的文化事业中来,才能使其更好地为文化建设服务。[①]

1. 民办博物馆的运营需要多渠道资金的支持和保障。首先,开办主体要有一定能力筹措或投入固定的资金,以保证博物馆的正常业务开展。其次,在经费支持方面,可以采取政府购买服务的形式,通过签订合同规定民办博物馆提供的社会服务内容,由国家支付部分资金购买博物馆的展览等文化产品。同时,政府要求民办博物馆配合开展的工作,也应给予资金支持;对公益性展览,政府应择优给予补贴。最后,引导社会基金会将资金用于民办博物馆的业务发展,使基金会成为社会捐助、资助的有效渠道。[②]

2. 引导民办博物馆通过挖掘自身藏品的内涵来吸引参观者,"把藏品背后的故事、文化、情节挖掘出来,使藏品具有核心价值"[③]。

3. 设立鼓励支持民办博物馆发展专项资金,对举办展览有特色、运行管理规范、参观人员多、社会影响较好的民办博物馆给予一定的补助和奖励,以及用于民办博物馆人员培训、国有博物馆对口支援民办博物馆等补助。

4. 设立文化发展基金,采取社会化专业运作模式,在民办博物馆举办讲座提升知名度,把民办博物馆列入当地文化旅游线路,鼓励大学生到民办博物馆开展志愿服务活动,支持民办博物馆的业务开展。

(五)创新经营管理模式,实现社会效益和经济效益双丰收

1. "守株待兔"。选择合适的经营项目,依法提高经营创收。在"收入不是主体""管理者不参加经营""严格限定经营的空间范围和业务范围""严格按调整后的收支两条线制度管理"[④]的前提下,博物馆可以根据自身的特点,开办多种形式的经营创收项目。例如,结合博物馆展品的特点制作纪念品销售;在不违背文物复制、拓印、拍摄等管理办法的前提下,有选择地扩大文物复制、拓印的品种,交由文物商店或博物馆内设的小卖部出售;拍卖馆内道路的冠名权,用所得收入填补博物馆资金;提供

---

① 参见孟庆龙《我国博物馆立法的回顾与思考》,《中国文物报》2013年11月27日,第6版。
② 参见刁道胜、范佳翎《打造先进文化之都 加快北京市民办博物馆的建设与发展》,载《北京文化论坛文集》编委会编《打造先进文化之都 培育创新文化—— 2011北京文化论坛文集》,首都师范大学出版社,2012,第123页。
③ 卞军凯:《博物馆,需要政府怎么帮?》,《福建日报》2014年1月13日,第4版。
④ 刘世锦主编:《中国文化遗产事业发展报告(2013)》,社会科学文献出版社,2013,第215页。

社会文物鉴定咨询修复服务；等等。

2. "引狼入室"。加强与旅游部门联系，积极发展文物旅游经济。所谓文物旅游，是以文物为主要吸引物并开展符合国家相关法律法规的旅游产业活动。① 许多文化遗产大国，在营利性社会力量参与文物旅游发展上，积累了丰富的经验。② 北京在这方面完全可以借鉴它们：北京各级各类博物馆拥有丰富的文物旅游资源，它们提供的旅游产品具有高度稀缺性和高度集中的特征；而且，游览博物馆已经逐渐成为一种高品位的消费时尚，也是一种高层次的文化享受。③

3. "四面出击"。各级各类博物馆之间展开各种形式的合作；博物馆积极参与社区文化建设；加强博物馆和地方企业的合作；博物馆让相关的宣传展览下基层、进社区、进村庄，增加巡览次数；等等。

（六）不断提升公共服务质量

1. 善用现代科学技术。一方面，《条例》第18条规定"博物馆应当运用现代科学技术，提高展览、陈列水平，增强宣传教育效果"，也有数据证明"文字说明材料的吸引力要远远低于图像和互动性展品的吸引力"④；另一方面，"去数字化""去科技化"的声音在未来的博物馆中或将出现，追寻实体博物馆在数字化与科技广泛应用之前的状态，没有眩目的声光电效去扰乱参观者的感官，在一个最纯净最简单的空间内让人们放慢脚步静静用心体会实物最本真的一面，聆听最真实的声音，用灵魂去触碰实物潜藏的光芒。⑤

2. 继续推动博物场馆（尤其是民办博物馆）向社会免费开放。

3. 提供更加人性化的服务，如适当的休息场所，更加方便的观看方式，温馨的纪念章、纪念戳等。

4. 调整各博物场馆的开放时间。博物馆应该实实在在地做到：开放时间与公众的工作时间、学习时间适当错开，比如由"9:00~17:00"改为

---

① 参见刘世锦主编《中国文化遗产事业发展报告（2013）》，社会科学文献出版社，2013，第79~80页。

② 参见刘世锦主编《中国文化遗产事业发展报告（2013）》，社会科学文献出版社，2013，第101页。

③ 参见丁蓉、周国栋、董琪《城市博物馆经济发展研究》，《现代经济信息》2013年第1期。

④ 张莉莉：《博物馆中多媒体交互展示设计研究——北京市博物馆游客调查问卷数据分析》，《大众文艺》2011年第18期。

⑤ 参见刘迪《关于未来中国博物馆发展的几点预测》，《博物馆研究》2013年第1期。

"10:00~18:00";国家法定节假日和学校寒暑假期间,适当延长开放时间。

(七)设立大众文化节日——北京"不眠之夜"

由于世界博物馆日(5月18日)不可能每年都对应于一个周末的日子,建议把我国的"文化遗产日"(每年6月的第二个星期六)设立为大众文化节日——北京"不眠之夜"。届时,北京市所有的博物馆、文化馆、图书馆、画廊、电影院和体育馆彻夜免费开放,各类文艺团体在室内和露天场所循环演出,市中心多数餐馆、酒吧、咖啡厅通宵营业……让所有的人在这一天彻底享受一次文化的盛宴。

作为首都,北京展示了比较完备的博物馆发展状态。相信北京地区博物馆事业的法治化水平会越来越高。

三 法律制度

劳动关系中的"集体合同"[*]

最近，集体合同这一新的在个人劳动合同基础上更高层次的劳动关系法定形式，在深圳出现了。这样签订劳动合同，不再仅是员工个人与企业的行为，而是通过员工集体就劳动工资方案、按件计酬定价、休息休假规定、保险福利、生产、生活、安全、卫生条件等共同存在的权益和义务与企业进行谈判、协商、达成一致的集体行为。集体合同重在调整整体劳资关系，重在建立一种有效的协商机制，在企业内部开辟一种劳动关系双方能够及时沟通的渠道。

所谓集体合同，是指工会和用人单位或其团体为规范劳动关系而订立的，以全体劳动者在劳动、生活方面的共同条件为中心内容的书面协议。[①]实行集体合同制度意义重大，这至少可以表现为两个方面。第一，集体合同可以弥补劳动立法的不足。通过订立集体合同，可以就一定范围内有关劳动者权益和劳动关系协调的共同性问题作出约定，从而使劳动法规具体化，并对劳动立法尚不完备之处起补充作用。第二，集体合同可以弥补劳动合同的不足。这又突出表现在以下三个方面。（1）在签订劳动合同时，单个劳动者因是相对弱者而不足以同用人单位抗衡，这样，就难免违心地

---

[*] 本文完成于 2000 年 6 月 18 日，曾经作为笔者 2000 年 8 月 16 日到新疆出席西部大开发战略与劳动和社会保障研讨会的参会提纲，后发表于《法制日报》2002 年 5 月 26 日第 3 版。
[①] 集体合同对于劳动者、资方和政府都具有重要的意义，相关的规定也越来越明确、具体。关于集体合同，1994 年 7 月 5 日通过的《劳动法》只有 3 条规定，劳动和社会保障部 2004 年 1 月 20 日颁布的《集体合同规定》有 57 条规定，2007 年 6 月 29 日通过的《劳动合同法》作出了 6 条"特别规定"。依法订立的集体合同对用人单位和劳动者具有约束力。行业性、区域性集体合同对当地本行业、本区域的用人单位和劳动者具有约束力。集体合同中劳动报酬和劳动条件等标准不得低于当地人民政府规定的最低标准；用人单位与劳动者订立的劳动合同中劳动报酬和劳动条件等标准不得低于集体合同规定的标准。

接受用人单位提出的不合理条款；由工会代表全体劳动者签订集体合同，就可以改善在劳动关系中单个劳动者的地位，便于双方平等协商，不致使劳动者被迫接受不合理条款。（2）劳动者之间各自实力不同，因而在与用人单位相对时实际地位有差别，仅以劳动合同来确定劳动者的权利义务，就难免使有的劳动者受到歧视，即不能平等地享有权利和承担义务（如同工不同酬等）；通过集体合同可以确保在一定范围内全体劳动者的权利和义务实现平等。（3）劳动关系的内容包括工时、定额、工资、保险、福利、安全卫生等多个方面，若事无巨细都由劳动合同具体规定，每份劳动合同将是一本相当篇幅的小册子，这对于劳动合同的签订和鉴证来说，都是难以承受的负担，即使能够承受，也不利于劳动关系的及时确立，并且会增加确立劳动关系的成本；集体合同对劳动关系的内容作出具体规定后，劳动合同只需就单个劳动者的特殊情况作出规定即可。这样，就可以简化劳动合同内容，减少劳动合同签订鉴证的工作量，降低确立劳动关系的成本。

早在20世纪前期，西方主要工业化国家如英美等国，就在工会法里规定了集体合同条款，赋予工会与资方集体谈判签约的权力。此举意在增强处于不利地位的劳方与资方谈判的能力，从而保证劳动合同的公平，缓和社会矛盾，缓解工人受剥削的状况。今天，在众多的企业当中，工人也同样属于弱者，只有用法律保障他们的谈判地位，才能最大限度地保护劳动者的合法权益。

保理人视角下《民法典》新确立的保理合同初探[*]

保理（Factoring），全称保付代理，又称托收保付，是一个金融术语，是国际贸易中早已存在的一种商业行为。保理业务最早起源于18世纪的英国，并在20世纪50年代的美国和西欧国家发展成型，成为新型的贸易融资方式，近20年来得到广泛应用。[①] 作为集现代金融、贸易、技术、服务于一体的新型融资方式，保理业务有别于一般贷款业务。我国的保理业务发展较晚。关于保理，以前并无国内法的相关规定，实践中的保理合同属于无名合同。《中华人民共和国民法典》第三编"合同"第16章的9条新规定，令保理合同成为19种典型合同之一。本文在简要介绍保理合同的定义、类型和内容之后，立于保理人（主要是商业银行）的角度，考量订立保理合同主要的准备工作，进而对保理人在履行合同过程中的注意事项进行一番探究。

一 保理合同的概述

（一）保理合同的定义

1. "Factoring"境外简史。原始的保理业务是一种商务代理制度，指保理商直接为供应商在异地推销、储存和运输货物，同时也提供管理、收账、坏账担保和资金融通，在美国较为盛行。现代保理业务主要源于两大分支：一是上述的原始代理商，即美国代理商的商务代理；二是欧洲大陆贴现商的贴现业务，即出口商把应收账款全部拿来贴现并通知债务人债权

---

[*] 此文发表于《国际融资》2020年第10期，合作者是农银报业有限公司报纸编辑部主任白莲。
[①] 杨立新：《中华人民共和国民法典条文要义》，中国法制出版社，2020，第543页。

已经给贴现商、将货款直接付给贴现商。这两种不同形式的保理业务就构成了现代保理的全部内容。

"Factoring"一词，曾经出现了许多不同的中文对应用语。如《朗文精选经贸辞典》这样介绍：factoring，客账代理经营，代理业务即"承购应收账款"业务。如 A 公司将产品出售给 B 公司，B 公司可在 3 个月后付款。然而 A 公司将 B 公司的债务以 3 个月的贴现出售给承购公司 C，C 公司到时向 B 公司收取债款。① 有称"托收信贷""代理融通"者，指某一企业将其应收账款交由代理融通公司负责收取并承担一切债权损失，而由后者将账款付给前者（扣除一定数额的佣金及费用）的一种迅速获得资金方式。《英汉、汉英现代金融投资词典》如此介绍：factoring，保付代理，货款保收法，又称承购应收账款。它是一种国际贸易资金融通方式，指出口商以商业信用形式出售商品，在货物装船后立即将发票、汇票、提单等有关票据，卖给承购应收账款的财务公司和专门组织，从而可以收进全部或部分货款，获得资金融通的一种业务。如果财务公司和专门组织遭到拒付，则不能向出口商行使追索权，因此保付代理组织便承担了信用风险，并且承担了资信调查、托收、催收账款甚至代办会计处理等手续。保付代理组织与出口商的关系在形式上仅是票据买卖、债权承购与转让的关系，而不是一种借贷关系。②

作为比较新的国际贸易结算手段，保理（Factoring）逐渐成熟起来，并被越来越多的出口商采用，也是 20 世纪 80 年代以来的事情。

2."Factoring"中文化。在各中文地区，由于关于保理服务内容侧重不一及运作程序存在一定差异，"保理"（Factoring）一词的中文译名因此也略有不同，给各地业务开展造成了一定程度的混乱。比如，在我国香港，"保理"被译成"销售保管服务"；在我国台湾，其被译为"应收账款管理服务""应收账款承购业务"和"账务代理"。此外，在新加坡，"保理"被译为"客账融资"或音译成"发达令"。

我国引进保理业务较晚，"保理"曾被称为"客账受让""代理融通""应收账款权益售""销售包理""包理""保付代理"等。在我国，保理属于一种金融创新业务。主要由于市场竞争日趋激烈，买方的付款条件更

---

① 参见卓克礼、卓方依滴《朗文精选经贸辞典》，中国人民大学出版社，2000，第 47 页。
② 参见刘克主编《英汉、汉英现代金融投资词典》，首都经济贸易大学出版社，2003，第 283 页。

加苛刻，比如 D/A 远期，甚至赊销等，为了适应出口商既能够保持出口又要减少出口收汇风险这样的需求，保理这种金融服务产品才应运而生。1991 年 4 月底，应国际保理商联合会（Factoring Chain International，FCI）邀请，中国对外经济贸易部计算中心（现商务部国际贸易经济合作研究院）和中国银行组织联合考察组，赴荷兰、德国和英国考察国际保理业务。考察组经集体研究决定，正式向 FCI 发函确认将"Factoring"一词的中文译名确定为"保理"。从此，中文"保理"一词被全球广泛使用。

自 1987 年 10 月中国银行率先在国内开展国际保理业务以来，我国开展保理业务已有三十多年的历史。不过，无论是国内保理还是国际保理，我国的保理业务在初期发展得都比较缓慢。2005 年，我国国际保理结算总额为 58.3 亿欧元，与世界 1017 亿欧元的总额相比仍然微乎其微。[①]

3. "保理合同"入《民法典》。近些年我国保理业务增长速度非常迅猛。中国银行业协会保理专业委员会 2019 年 7 月 2 日发布的《中国保理产业发展报告（2018）》显示，2018 年，我国保理业务量为 4116 亿欧元，同比微增 1%，占亚洲地区总量的 62%。我国已成为世界上保理业务量最大的国家。[②] 有业内人士认为，"可将 2019 年概括为保理行业发展的政策红利年"[③]。

基于实践的发展，回应现实的需要，2020 年 5 月 28 日通过的《民法典》对保理合同作出了明确的规定。根据《民法典》第 761 条的规定，"保理合同是应收账款债权人将现有的或者将有的应收账款转让给保理人，保理人提供资金融通、应收账款管理或者催收、应收账款债务人付款担保等服务的合同"。我国立法列举了保理服务的主要项目，保理合同的成立条件比较宽泛。自 2021 年 1 月 1 日起《民法典》施行后，相信我国的保理业务将会获得更大的发展。

（二）保理合同的类型

依据不同的标准，保理合同可以有融资保理和非融资保理、明保理和暗保理、国内保理和国际保理等分类。根据《民法典》第 766、767 条的规定，我国将保理分为有追索权的保理和无追索权的保理两种。合同中应

---

① 参见蔡美君《国际保理业务现状及对策》，《农村金融研究》2006 年第 7 期。
② 参见邓莎莎《稳步向前的保理业务》，《中国外汇》2020 年第 4 期。
③ 邓莎莎：《稳步向前的保理业务》，《中国外汇》2020 年第 4 期。

当写明是哪一种保理。

所谓"追索",实质是保理人未按时、足额收回保理融资款项而向保理应收账款债权人追偿。在业务实践中,开展保理合作的双方一般以在保理合同中约定回购条款或反转让应收账款等条款的形式,明确保理方追索权的行使。当事人约定有追索权保理的,保理人可以向应收账款债权人主张返还保理融资款本息或者回购应收账款债权,也可以向应收账款债务人主张应收账款债权。保理人向应收账款债务人主张应收账款债权,在扣除保理融资款本息和相关费用后有剩余的,剩余部分应当返还给应收账款债权人。如果当事人约定为无追索权的保理,保理人应当向应收账款债务人主张应收账款债权,保理人取得超过保理融资款本息和相关费用的部分,无须向应收账款债权人返还。

(三)保理合同的内容

《民法典》第762条规定:"保理合同的内容一般包括业务类型、服务范围、服务期限、基础交易合同情况、应收账款信息、保理融资款或者服务报酬及其支付方式等条款。保理合同应当采用书面形式。"

虽然保理合同的当事人只是保理人和应收账款债权人,但是,合同的履行却必然与应收账款债务人发生关系,所以,保理合同必须采用书面形式订立。保理合同是要式合同。

1. 保理的业务类型,主要包括四种。(1)贸易融资。这是典型的保理业务,即根据卖方的资金需求,保理人收到转让的应收账款后立刻对卖方提供融资,协助卖方解决流动资金短缺问题。(2)应收账款催收。这是保理最富挑战性的工作,即帮助企业追讨债务。商业银行利用政治、地域、人力等各种资源,采用行政、法律等各种手段协助企业收取应收账款。(3)销售分户账管理。销售分户账管理又称会计支持,是指商业银行对所承办应收账款的企业提供分类记账、结算、分析等项服务。商业银行利用自身专业知识和专业人才的优势帮助企业了解已收、未收款情况,分析应收账款动态,提出解决应收账款各种方案供企业参考。(4)信用风险控制。信用风险控制又称坏账担保。出口企业与商业银行签订保理协议后,商业银行为债务人核定一个信用额度(一般不超过企业提供发票金额的80%),并且在协议执行过程中根据债务人资信情况的变化对信用额度进行调整。在核准信用额度内所产生的应收账款,商业银行提供100%的坏账担保。①

2. 服务范围广泛。从进出口商品结构上来看，我国的主要进出口商品集中在日用品、纺织品、服装、皮革、电子类商品、化工医药类商品和机械运输设备等几大类，其中除了机械运输设备这类商品不适合保理结算外，其他几大类的商品都适合采用国际保理业务。

3. 作为解决企业流动资金短缺、转移风险的一种途径，应收账款融资意义重大。（1）在我国企业中，应收账款占流动资金的比重很大，企业通过转让应收账款，既融通了资金又避免了风险，且无须增加企业负债，还可以加速资金周转，降低坏账损失，减少信用调查及应收账款收款开支，从而提高企业利润，增强企业经营活力，有助于国企走出困境。（2）金融机构在为企业利用应收账款融资过程中，发挥其专业优势，在帮助企业加速应收账款变现的同时，通过收取一定手续费等既可以增加自身营业收入，又可以借此加强与老客户的联系，开发新客户，保持其在客户资源争夺战中的优势。（3）企业通过转让应收账款，由金融机构来协助收款，可加速应收账款的收回，促进商业信用的进一步发展，有利于从根本上消除"三角债"，促进市场经济规范发展。②

二　订立保理合同的准备工作

（一）认清"来龙"，看准"客脉"

保理合同的适用范围很广。目前，保理人的客户选择略有偏颇，过分依赖核心企业。我国的金融机构大多规定只对重点客户、信用级别 A 级以上的企业，或者大型核心优质企业的上游卖方客户提供保理服务，大多信用级别较低的中小企业被排除在外。其实，从理论上讲，只要存在应收账款，保理人就可以跟进提供基于受让应收账款的保理服务。

（二）对卖方、买方以及担保方进行基础审查，评估风险

保理人必须对卖方、买方、担保方进行相应审查，综合分析三方的信用程度和履行能力，评估风险，从而决定是否订立保理合同。在法律专业

---

① 参见李齐《我国保理业务的未来走向》，《现代商业银行》2005 年第 4 期。
② 参见杨波《应收账款融资的法律问题——以国际保理为视角》，《广西警官高等专科学校学报》2005 年第 3 期。

人士的配合下展开审查，审查的范围包括但不限于三方的工商信息、股东结构、关联企业、董监高、司法信息、重大不良舆情；查询企业官方网站、微信公众号、官方微博等，分析企业基本情况；通过获取的项目资料和上述查询信息，对企业基本情况及经营概况进行分析，在此基础上进行财务情况分析；通过中国人民银行征信中心的查询，了解主体是否涉及不良贷款，特别了解预受让的应收账款是否曾经进行过质押登记；对本次贸易合同对应的应收账款真实性及其是否已被登记进行查询；根据提供的发票信息，在该阶段进行发票初步验真工作。

（三）再次确认基础交易的真实性从而确认应收账款的真实性

以应收账款为核心的供应链金融服务的保理业务，应收账款的真实性是风险防范的重中之重。在充分的尽职调查后，需要特别认真对待基础交易的审查。除了审查基础交易合同原件、发票、卖方的出库单、买方的收货单及入库单、物流单据、招投标记录或者其他能证明双方实际进行基础交易的书面材料外，还应让卖方提供其与买方之前进行基础交易的相关资料，通过证伪的方式，排除疑点，以确保卖方与买方之间存在真实的基础交易，在基础交易下产生了真实的应收账款。必要时，保理商还可以进行实地调查，通过走访卖方及买方的业务、财务等相关部门，并要求买方对应收账款进行书面确认，确保基础交易的真实性。在正式签订保理合同时，可以尽可能选择到卖方的办公场所签订合同，并现场录像，确保合同签订的相关当事人身份无误、卖房公章真实，预防假冒合同签订人、伪造公章等可能产生的风险。①

（四）储备专门的保理从业人员

保理业务种类繁多，需要有专属的保理系统，但也有许多地方需要依赖人工作业，譬如流程查核、文件查核、异常状况分析、商业纠纷的判断与协调等，尤其是国际保理业务，更是需要好的外语能力与谈判处理技巧，所以银行各部门合理分工以及任用专业的保理经理人都是规划保理业务不可或缺的条件。当前，专业化保理业务从业人才匮乏，从业人员缺乏实务方面的锻炼，影响了保理业务在我国推广速度的提高和应用范围的扩

---

① 参见卞传山《新典型合同商业保理合同的法律风险防范》，《江苏经济报》2020年6月3日，第 B03 版。

展。此外，一些银行很草率地贸然开办保理业务，用传统的应收账款质押的观念设计产品，严重扭曲了保理业务的核心精神，还有一些银行把其他银行的保理办法克隆过来，只做小幅度的修改就草率上线，或是没有设置产品经理，客户经理训练不足等，都是保理业务发展中要注意的问题。①

（五）涵养国际眼光

当前国际贸易竞争日趋激烈，世界买方市场普遍形成，如何以新的贸易方式扩大产品出口，已成为各国外向型企业关注的焦点。据联合国贸发中心 1998 年的统计数据，在国际贸易结算中，L/C 信用证的使用率已经降至 16%，在发达国家甚至降至 10% 以下。② 以买方市场为主导的赊销结算方式越来越盛行，特别是我国的出口主要目的地仍是美国和欧洲等保理业务成熟市场，我国的保理业务有很大的发展空间。另外，随着"一带一路"倡议实施带来的制造业产业升级、新旧产能转换，跨境保理涉及的主要行业也将由原来的纺织品、玩具、家具等传统制造行业延伸到软件 IT、工程承包服务等服务贸易领域。对比我国巨大的国际贸易量，我国国际保理业务现在仅如九牛之一毛，这些为我国国际保理业务提供了广阔的发展空间。

三 保理人履行合同过程中的注意事项

（一）盯紧应收账款

是合同就有风险点，保理合同也不例外。由于保理的实质就是应收账款债权的转让③，保理产品是一种新型的金融服务，保理人在以债权转让为基础的综合性金融服务过程中就尤其需要关注应收账款。对于应收账款，《民法典》第 763 条特别规定："应收账款债权人与债务人虚构应收账款作为转让标的，与保理人订立保理合同的，应收账款债务人不得以应收账款不存在为由对抗保理人，但是保理人明知虚构的除外。"保理人要实时关注卖方已完全履行基础交易合同项下的约定义务，买方是否已完全具备付款条件，确保受让的应收账款债权未到期且已具备付款条件。如果基

---

① 参见张弛《我国商业保理现状及未来发展趋势》，《商业会计》2013 年第 19 期。
② 参见蔡美君《国际保理业务现状及对策》，《农村金融研究》2006 年第 7 期。
③ 参见杨立新《中华人民共和国民法典条文要义》，中国法制出版社，2020，第 548 页。

础交易合同约定买方的付款条件基于卖方应先履行合同义务，就要关注卖方是否已经完全履行先行义务，货物或服务有无瑕疵，等等。此外，应收账款的风险点主要表现为以下三个方面。（1）应收账款的权属完整性。应收账款在债权上应该是完整的，没有任何法律上的限制，比如基础交易合同约定禁止转让、资产已经抵押等都构成了法律意义上的债权不完整。（2）应收账款的可收回性。保理人给予卖方融资，一旦卖方出现财务危机甚至是破产，是否能够根据应收账款收回融资，在基础交易合同中不存在寄售、安装证明、分期付款、权利保留等条件，融资方的偿债能力以及财务指标是风险排查的重要环节。（3）买方的资信需要考量，如果买方资信较差的话，也会给保理商收款带来严重的制约。[①] 如果履约有担保，保理人还可以向担保方主张权利。

（二）严格依法行使权利、维护自身权利

第一，根据《民法典》第764条的规定，"保理人向应收账款债务人发出应收账款转让通知的，应当表明保理人身份并附有必要凭证"。保理业务项下的应收账款转让应当通知债务人，转让通知到达债务人后，该转让始对债务人发生效力，未经保理人同意，债务人不得向债权人清偿；若不通知，则转让对债务人不发生效力，债务人可以不直接向保理人清偿。在实践中，保理合同签订后的一定时期内，双方当事人都未将应收账款转让事实通知债务人，仅在约定期限届满或约定事由出现后，保理人将应收账款转让事实通知债务人，此即为暗保理。在暗保理中，即使保理人已预付融资款，正常情况下债务人仍直接向债权人付款，再由债权人将相关付款转付保理人，融资款项仅在债权人与保理人之间清算。

第二，根据《民法典》第765条的规定，"应收账款债务人接到应收账款转让通知后，应收账款债权人与债务人无正当理由协商变更或者终止基础交易合同，对保理人产生不利影响的，对保理人不发生效力"。

第三，尽早尽细办理保理合同的登记手续。"我国有关立法对债权转让及质押均应明确登记对抗主义原则，并以此作为在发生权利冲突时判断优先权利的基础"[②] 的建议，已付诸法律。根据《民法典》第768条的规

[①] 参见卞传山《新典型合同商业保理合同的法律风险防范》，《江苏经济报》2020年6月3日，第B03版。

[②] 黄斌：《国际保理业务中应收账款债权让与的法律分析》，《清华大学学报》（哲学社会科学版）2006年第2期。

定,应收账款债权人就同一应收账款订立多个保理合同,致使多个保理人主张权利的,已经登记的先于未登记的取得应收账款;均已经登记的,按照登记时间的先后顺序取得应收账款;均未登记的,由最先到达应收账款债务人的转让通知中载明的保理人取得应收账款;既未登记也未通知的,按照保理融资款或者服务报酬的比例取得应收账款。

(三)加快建立规范有效的信用风险评估系统

在保理合同履行过程中常常存在一些操作性风险,例如贷后管理不到位,包括未严密监控资金流向,导致一些企业将其作为银票保证金,或转入买方账户用于归还上期保理,或流入房地产、股市等;未能及时掌握卖方销售资金的回笼情况,导致应收账款回笼资金失控,买方提前出具银票支付了货款,未按合同约定将应收账款资金划入保理收款专户,最终只能由卖方将款项转入还款。① 为了强化保理业务的风险管理,一方面,保理人要建立和完善科学的企业信用风险评估体系,善用 KMV 等信用风险评估模型,尽快实现保理商之间的信息共享,建立适用性更强可靠性更高的企业资信状况评估和管理系统,加强对进出口企业的资信管理,另一方面,应加强与保险公司的合作,将保理业务向保险公司投保,一旦债务人破产或无力支付货款,保理人可以减少损失。②

(四)全面提高从业人员素质

边干边学,最有效率、最有效果。保理人应组织从业人员参加国际保理商联合会(FCI)组织的保理课程学习和考试,以获得 FCI 颁发的从业资格证书。另外,也可以邀请国外知名保理商专业人士为从业人员介绍国外保理业务的经验、最新发展动态以及风险防范等;同时,加强国内保理商从业人员之间的研讨,撰写相关的统计分析、研究报告等,不断提高从业人员的综合素质和业务水平。

(五)力争提供综合性的保理服务

目前银行保理更侧重于融资,银行在办理业务时仍然要严格考察卖家

---

① 参见张玉平《促进建行保理业务快速发展的对策研究——以建设银行聊城分行为例》,《金融经济》2013 年第 10 期。
② 参见陈致远《我国保理业务之发展分析》,《财经界》2012 年第 8 期。

的资信情况，并需要有足够的抵押支持，还要占用其在银行的授信额度，所以银行保理更适用于有足够抵押和风险承受能力的大型企业，中小商贸企业通常达不到银行的标准。商业保理机构则更注重提供调查、催收、管理、结算、融资、担保等一系列综合服务，更专注于某个行业或领域提供更有针对性的服务，更看重应收账款质量、买家信誉、货物质量等，而非卖家资质，真正做到无抵押和坏账风险的完全转移。[①] 这才是保理业务应取的走向。

（六）积极参与国际合作

为了不断积累开展保理业务的经验，我国保理人应积极加入国际性保理机构，特别是国际保理商联合会（FCI），熟悉和掌握《国际保理公约》和《国际保理业务惯例规则》等内容，加强与世界知名保理商的交流与合作，吸收优秀保理商的先进管理经验和操作方法。同时，保理人应抓住我国对外贸易高速发展的大好时机，建立一支强大的营销队伍，尝试着从不同的深度和广度加强对国际保理业务的宣传，让更多的企业和商家了解国际保理业务、运用国际保理业务。

在买方市场普遍形成的当代，在贸易摩擦四起的如今，保理业务的顺利稳定开展直接关系着众多企业的发展。伴随着市场的发展和经济全球化的深入，随着我国《民法典》的施行，我国的保理规则将会继续向着国际标准对接，从我国信用平台的搭建，到相关保理政策的支持，到保理团队的专业化，到保理服务的综合化，我国的保理业务将会朝着更加广阔的领域发展，从而为更多的企业解决应收账款的后顾之忧。

---

① 参见张弛《我国商业保理现状及未来发展趋势》，《商业会计》2013年第19期。

《民法典》关于融资租赁
出租人新规的初探[*]

现代融资租赁产生于"二战"之后的美国。"二战"以后，美国工业化生产出现过剩，生产厂商为了推销自己生产的设备，开始为用户提供金融服务，即以分期付款、寄售、赊销等方式销售自己的产品。由于所有权和使用权同时转移，资金回收的风险比较大，有人于是开始借用传统租赁的做法，将销售的物件所有权保留在销售方，购买人只享有使用权，直到出租人融通的资金全部以租金的方式收回后，才将所有权以象征性的价格转移给购买人。这种方式被称为"融资租赁"。1952年，美国成立了世界上第一家融资租赁公司——美国租赁公司（后更名为美国国际租赁公司），开创了现代融资租赁的先河。

融资租赁是市场经济发展到一定阶段而产生的一种适应性较强的融资方式。由于它适应了现代经济发展的要求，所以在20世纪六七十年代迅速在全世界发展起来，已成为企业更新设备的主要融资手段之一，被誉为"朝阳产业"。我国的融资租赁是改革开放政策的产物。1980年，为扩大国际经济技术合作与交流，开辟利用外资的新渠道，吸收和引进国外的先进技术和设备，中国国际信托投资公司引进租赁方式。1981年4月，第一家合资租赁公司中国东方租赁有限公司成立；同年7月，中国租赁公司成立。这些公司的成立，标志着中国融资租赁业的诞生。

近四十年来，融资租赁在我国得到迅速发展。这反映到立法上，即在1999年3月15日通过、自同年10月1日起施行的《中华人民共和国合同法》中，融资租赁合同便是15种典型合同之一。

---

[*] 此文发表于《国际融资》2020年第12期。当时写作此文主要是为了响应学校学习和宣传《中华人民共和国民法典》的号召。

此次编纂《中华人民共和国民法典》，几乎全盘照搬《合同法》第十四章"融资租赁合同"的14条规定，适当吸收了2014年2月24日公布、自同年3月1日起施行的《最高人民法院关于审理融资租赁合同纠纷案件适用法律问题的解释》的相关规定，使得融资租赁合同的法律规定趋于更加公平、合理。《民法典》第三编"合同"第十五章"融资租赁合同"有26条规定，比2020年底即将废止的《合同法》多出12条。出租人作为融资租赁交易中的核心当事人，在融资租赁交易中起关键的作用，其参与的环节众多，在融资租赁项目寻找、启动、后续管理及租赁物处置等各阶段都面临一定风险。[①] 鉴于出租人的核心地位，这12条可谓"条条关心""字字珠玑"。本文基本立于出租人的角度，考察《民法典》对出租人各种新的规定，对出租人订立融资租赁合同之前的准备工作、订立合同之时和履行合同过程中的法定事项进行一番探究，以期有助于我国融资租赁这一"朝阳产业"的健康发展。

一 订立合同之前：尽职调查，精心准备

关于融资租赁，有许多种定义。《现代金融辞典》"融资租赁（Leasing Fund）"条下解释即"金融租赁"。[②]《英汉、汉英现代金融投资词典》"financial leasing 金融租赁"条下解释：又称融资租赁或财务租赁，是指出租人融资，选定机械设备后购进或租进，然后出租给承租人使用，承租人按合同规定定期缴纳租金给出租人的一种融资与融物相结合的经济活动。租赁期满后，租赁物可以续租、退租或留购。[③]《现代金融辞典》写道：金融租赁（Financial Lease）又称"融资租赁"，指出租人（租赁公司）根据承租人的需要及所提供的规格，与供货商签订供货合同，根据此合同，出租人再按照承租人所同意的条款从供货商那里取得供租赁用的设备、厂房或其他物资，由出租人与承租人签订租赁合同，以承租人支付租金为条件租给承租人使用的一种交易行为。金融租赁是以商品资金形式表现的借贷资金运动形式，是集融资和融物于一体的信用方式，兼有商品信贷和资金信贷两重性。[④]

[①] 参见孙玉峰《浅议融资租赁中出租人的风险防控》，《新经济》2016年第36期。
[②] 参见刁仁德主编《现代金融辞典》，上海财经大学出版社，1999，第248页。
[③] 参见刘克主编《英汉、汉英现代金融投资词典》，首都经济贸易大学出版社，2003，第299页。
[④] 参见刁仁德主编《现代金融辞典》，上海财经大学出版社，1999，第247~248页。

我国《合同法》和《民法典》关于"融资租赁合同"的定义，选择上述最后一种关于"融资租赁"的含义，前后一贯、始终如一："融资租赁合同是出租人根据承租人对出卖人、租赁物的选择，向出卖人购买租赁物，提供给承租人使用，承租人支付租金的合同。"当然，在具体实践中也可能出现例外，所以《民法典》第742条中有"但书"的规定，"承租人依赖出租人的技能确定租赁物或者出租人干预选择租赁物的，承租人可以请求减免相应租金"。

如此，在合同订立之前，出租人主要要做好三件事。

（一）确定承租人

具有融资租赁意向的承租人（企业）提出融资租赁申请、填写项目申请表之后，双方签署意向书，初步约定各自的权利和义务，降低后期违约的风险。出租人根据企业提供的资料对其资信、资产及负债状况、经营状况、偿债能力、项目可行性等方面进行调查。经初步审查未通过的项目，企业应根据出租人要求及时补充相关资料。补充资料后仍不能满足出租人要求的，该项目撤销，项目资料退回企业。经调查认为具备可行性的，出具详细的尽职调查报告，其项目资料报送融资租赁业务部门审查。同时，融资租赁企业应当针对不同类型的目标企业拟定不同的合同范本作为后续合同谈判和签订的依据。

出租人要求项目提供抵押、质押或履约担保的，企业应提供抵押或质押物清单、权属证明或有处分权的同意抵押、质押的证明，并与担保方就履约保函的出具达成合作协议。相应的，办理抵押、质押登记、冻结、止付等手续。

（二）确定承租人选择的租赁设备

一般来讲，出租人并不主动选定机械设备后购进或租进，而是由企业（承租人）根据自身发展的需要，选择和确定租赁的设备，然后填写租赁委托书，载明租赁设备的品种、规格、型号、制造厂家名称等项目。

由于融资租赁合同中的标的物通常价格都比较昂贵，出租人为降低风险可以要求承租人提供保证。若出租人要求承租人提供保证金，则保证金的数额一般不能超过购买租赁物成本的20%。若出租人要求承租人提供担保人，则当承租人不能向出租人缴纳租金或履行其他义务时，由担保人代为履行。

（三）与承租人一起同厂商进行谈判

由承租人选定供货商之后，出租人和承租人一起和供货商展开商务谈判。在这个阶段，出租人要发挥其贸易渠道多、信息灵通等优势，争取优惠的设备价格和贸易条件。根据技术谈判和商务谈判的结果，经过承租人确认后，由出租人与供应设备的厂商签订购买技术设备的买卖合同。

二 合同签订和确认阶段：字斟句酌，防患于未然

（一）严密关注合同的内容

《民法典》第 736 条第 1 款规定，"融资租赁合同的内容一般包括租赁物的名称、数量、规格、技术性能、检验方法，租赁期限，租金构成及其支付期限和方式、币种，租赁期限届满租赁物的归属等条款"。

由于融资租赁合同中有两个合同关系，所以在签订融资租赁合同时必须注明合同标的的型号及质量或质量标准，以免发生错误。同时，由于融资租赁合同的标的物通常使用时间较长，所以在签订融资租赁合同时，合同当事人双方应预先考虑因正常使用等造成的磨损或消耗，并在合同中确定一个科学标准，作为区分双方当事人责任的依据。

融资租赁的好处之一就是承租人先于其他企业引进先进的技术和设备。在实际运作过程中，技术的先进与否、先进的技术是否成熟、成熟的技术是否在法律上侵犯他人权益等因素，都是是否产生技术风险的重要原因。严重时，会因技术问题使设备陷于瘫痪状态。这自然可能导致承租人支付租金的能力。为了尽量避免这种风险，在订立合同时出租人就一定把"租赁物的名称、数量、规格、技术性能、检验方法"等项目确定清楚、约定明白。

因融资租赁具有金融属性，金融方面的风险贯穿于整个业务活动之中。对于出租人来说，最大的风险是承租人的还租能力，它直接影响租赁公司的经营和生存，因此，对还租的风险从立项开始就应该刻意关注。

租金，除当事人另有约定外，应当根据购买租赁物的大部分或者全部成本以及出租人的合理利润确定。租金的货币支付也会有风险，特别是国际支付，支付方式、支付日期、时间、汇款渠道和支付手段选择不当都会加大风险。所以，需要多加考虑，尽量做到万无一失。

此外，融资租赁期间租赁物应当缴纳保险，这是融资租赁合同的特殊之处。购买保险可以有效转移损害租赁物品的风险。但承租人经常不同意承租人承担保险义务的合同条款，或者即使承租人同意购买保险但却不购买会给出租人的权益带来危害，如果货物在没有投保的情况下毁灭，出租人的权益必定受到损害。① 保险费由承租人承担的，该费用可列入租金总额，也可单独列出。有关保险事宜的具体问题可由双方当事人在合同中约定，保险赔偿金由承租人享有。

（二）合同的形式要符合法律要求

《民法典》第 736 条第 2 款规定，"融资租赁合同应当采用书面形式"。融资租赁合同之所以不能采用口头形式，必须以书面形式订立，是因为融资租赁合同一般标的额大，履行周期长，法律关系复杂，采用书面形式一方面有利于明确各方的权利义务关系，另一方面发生纠纷时可以作为证明法律事实的重要证据。

当事人未采用书面形式订立合同的，一般应当推定合同不成立。但是，形式不是主要的，重要的在于当事人之间是否真的存在一个合同。如果合同已经得到完全履行，或者一方已经履行了主要义务，对方接受的，即使没有按照规定订立书面合同，合同也是成立的。如果合同不违反法律的强制性规定，就是有效的。

（三）避免签订无效的合同

《民法典》第 737 条明确了一项新规定："当事人以虚构租赁物方式订立的融资租赁合同无效。"因为不存在真实的买卖关系，与此紧密联系的融资租赁合同自然应该无效。

《民法典》第 738 条也是簇新的规定："依照法律、行政法规的规定，对于租赁物的经营使用应当取得行政许可的，出租人未取得行政许可不影响融资租赁合同的效力。"该条主旨在于协调行政许可与民商事合同之间的矛盾。为了和谐、完善的法治环境，即使融资租赁合同的效力不受影响，出租人也应该尽量尽早取（补）得相关的行政许可。

---

① 参见梁朝辉《论融资租赁中出租人权利的保护》，《广西质量监督导报》2020 年第 5 期。

三　合同履行阶段：步步为营，稳扎稳打

（一）购买租赁物、交付承租人

出租人向供货厂商付款后，供货厂商将租赁物运交出租人或者直接交给承租人。不过，因为租赁物是承租人需要使用的，在现行立法和实践中，"出租人根据承租人对出卖人、租赁物的选择订立的买卖合同，出卖人应当按照约定向承租人交付标的物，承租人享有与受领标的物有关的买受人的权利"。不过，这并不意味着承租人有权不经出租人同意终止或撤销买卖合同。当然，"出租人根据承租人对出卖人、租赁物的选择订立的买卖合同，未经承租人同意，出租人不得变更与承租人有关的合同内容"。

《民法典》第740条规定，出卖人违反向承租人交付标的物的义务，有下列情形之一的，承租人可以拒绝受领出卖人向其交付的标的物：(1) 标的物严重不符合约定；(2) 未按照约定交付标的物，经承租人或者出租人催告后在合理期限内仍未交付。承租人拒绝受领标的物的，应当及时通知出租人。为了避免承租人"知情不报"造成的不良后果，在租赁物交付完成之前，出租人也应该主动严密跟踪出卖人的行为。

（二）（协助承租人）行使索赔权

倘若出卖人不履行买卖合同义务，出租人自然有权索赔。《民法典》第743条第2款规定，"出租人怠于行使只能由其对出卖人行使的索赔权利，造成承租人损失的，承租人有权请求出租人承担赔偿责任"。

由于实践中常常是由承租人行使索赔权，所以《合同法》第240条规定："出租人、出卖人、承租人可以约定，出卖人不履行买卖合同义务的，由承租人行使索赔的权利。承租人行使索赔权利的，出租人应当协助。"对此，《民法典》第741条完全承袭下来，而且，关于索赔阶段增加了第742条和第743条两条新的规定。据此，承租人对出卖人行使索赔权利，不影响其履行支付租金的义务。但是，承租人依赖出租人的技能确定租赁物或者出租人干预选择租赁物的，承租人可以请求减免相应租金；出租人有下列情形之一，致使承租人对出卖人行使索赔权利失败的，承租人有权请求出租人承担相应的责任：(1) 明知租赁物有质量瑕疵而不告知承租人；(2) 承租人行使索赔权利时，未及时提供必要协助。

（三）及早进行相关登记

相对于《合同法》关于融资租赁合同的规定，《民法典》第 745 条可谓是崭新的规定："出租人对租赁物享有的所有权，未经登记，不得对抗善意第三人。"虽然出租人对租赁物的所有权有担保之实，但较之有明确登记机构的不动产以及船舶、航空器、机动车等特殊动产，普通动产租赁物及出租人的权益处于无从登记的尴尬境地，因而一旦承租人违背诚信，擅自将其占有的动产租赁物出卖、出质或抵押给第三人，第三人就可依善意取得的规定而取得相应的权利且不受出租人权利的追及，出租人面临租金债权和租赁物"钱""物"两空的风险。①《民法典》通过第 745 条对租赁物所有权登记的规定，解决了长期困扰交易实践的担保性所有权的公示问题，进而将其纳入广义担保物权的范畴，以便其与典型的担保物权适用共同的顺位规则。②

当然，应当看到，《民法典》第 745 条规定的租赁物所有权登记不同于传统的所有权登记。因为这一担保性的所有权登记既不创设权利，也不是权利变动的要件，其作用在于通过权利的公示起到对第三人的警示作用。例如，融资租赁交易中的出租人按照承租人的要求购入一批机器设备，为防止承租人擅自处分租赁物，出租人为自己办理了租赁物所有权登记，但此所有权登记的主要功能并不在于昭示权利的归属，而在于提醒与承租人进行交易的相对方，该租赁物上可能存在权利负担，以阻止第三人善意取得的发生。③

（四）督促承租人合理使用租赁物、及时收取租金

租赁物的使用阶段，正是出租人按期收取租金的时间。在租赁期内，承租人应该妥善保管、使用租赁物，并履行占有租赁物期间的维修义务。承租人按租赁合同约定向出租人支付租金。

1. 承担租赁物瑕疵担保责任。一般来讲，租赁物不符合约定或者不符

---

① 参见刘保玉、张炬东《论动产融资租赁物的所有权登记及其对抗效力》，《中州学刊》2020 年第 6 期。
② 参见刘保玉、张炬东《论动产融资租赁物的所有权登记及其对抗效力》，《中州学刊》2020 年第 6 期。
③ 参见刘保玉、张炬东《论动产融资租赁物的所有权登记及其对抗效力》，《中州学刊》2020 年第 6 期。

合使用目的的，出租人不承担责任。但是，承租人依赖出租人的技能确定租赁物或者出租人干预选择租赁物的除外。

2. 保证承租人占有和使用租赁物。对此，《民法典》第748条增加一款新的规定，具体明确出租人有下列情形之一的，承租人有权请求其赔偿损失：（1）无正当理由收回租赁物；（2）无正当理由妨碍、干扰承租人对租赁物的占有和使用；（3）因出租人的原因致使第三人对租赁物主张权利；（4）不当影响承租人对租赁物占有和使用的其他情形。

3. "承租人占有租赁物期间，租赁物毁损、灭失的，出租人有权请求承租人继续支付租金，但是法律另有规定或者当事人另有约定的除外。"这是《民法典》第751条的新规定。

（五）合法行使解除权

《民法典》第752、753、754条皆涉及融资租赁合同的解除，其中后两条为新的规定。（1）承租人经催告后在合理期限内仍不支付租金的，出租人可以请求支付全部租金；也可以解除合同，收回租赁物。（2）承租人未经出租人同意，将租赁物转让、抵押、质押、投资入股或者以其他方式处分的，出租人可以解除融资租赁合同。只有在经出租人同意并不损害第三人利益的情况下，承租人方可转让其对租赁物的使用权或租赁协议规定的任何其他权利。（3）有下列情形之一的，出租人或者承租人可以解除融资租赁合同：①出租人与出卖人订立的买卖合同解除、被确认无效或者被撤销，且未能重新订立买卖合同；②租赁物因不可归责于当事人的原因毁损、灭失，且不能修复或者确定替代物；③因出卖人的原因致使融资租赁合同的目的不能实现。

（六）及时请求承租人承担赔（补）偿责任

关于承租人的赔（补）偿责任，见于《民法典》第755条、第756条、第758条第2款、第760条的规定。这些皆是新的规定。

融资租赁合同因买卖合同解除、被确认无效或者被撤销而解除，出卖人、租赁物系由承租人选择的，出租人有权请求承租人赔偿相应损失；但是，因出租人原因致使买卖合同解除、被确认无效或者被撤销的除外。当然，出租人的损失已经在买卖合同解除、被确认无效或者被撤销时获得赔偿的，承租人不再承担相应的赔偿责任。

融资租赁合同因租赁物交付承租人后意外毁损、灭失等不可归责于当事人的原因解除的，出租人可以请求承租人按照租赁物折旧情况给予补偿。

当事人约定租赁期限届满租赁物归出租人所有，因租赁物毁损、灭失或者附合、混合于他物致使承租人不能返还的，出租人有权请求承租人给予合理补偿。

融资租赁合同无效，当事人就该情形下租赁物的归属有约定的，按照其约定；没有约定或者约定不明确的，租赁物应当返还出租人。但是，因承租人原因致使合同无效，出租人不请求返还或者返还后会显著降低租赁物效用的，租赁物的所有权归承租人，由承租人给予出租人合理补偿。

（七）妥善处置租赁物

租赁期满或者解除租赁合同之后，出租人和承租人双方需要解决的就是租赁物的归属问题。

双方可以约定租赁期限届满租赁物的归属；对租赁物的归属没有约定或者约定不明确，可以协议补充，不能达成补充协议的，按照合同相关条款或者交易习惯确定；如果仍不能确定的，租赁物的所有权归出租人。承租人应适当地保管租赁物，以合理的方式使用租赁物并且使之处于其交付的状态。但是，合理的损耗及当事人所同意的对租赁物的改变除外。当租赁协议终止时，承租人应将处于前述状态的租赁物退还给出租人，除非承租人合法取得该租赁物的所有权或者因为续租而占有租赁物。

当事人约定租赁期限届满租赁物归承租人所有，承租人已经支付大部分租金，但是无力支付剩余租金，出租人因此解除合同收回租赁物，收回的租赁物的价值超过承租人欠付的租金以及其他费用，承租人请求相应返还的，出租人应该返还。

当事人约定租赁期限届满，承租人仅需向出租人支付象征性价款的，视为约定的租金义务履行完毕后租赁物的所有权归承租人。在协议约定由承租人最终取得租赁物所有权的交易模式下，如果出租人曾经就租赁物进行登记，出租人在合同履行完毕后应积极配合承租人办理租赁物所有权的注销登记，否则，承租人可以通过诉讼或仲裁的方式寻求救济。因为租赁物的所有权登记乃为担保租金的偿付而设，在承租人按约履行合同义务后，出租人的债权已经实现，附着在租赁物上的登记失去了存在的价值。此时若原所有权登记未予注销，则已经属于承租人的财产在登记系统中始终存在权利负担，将会对其今后的融资活动产生影响。[①]

总之，融资租赁不同于传统的租赁，出租人在比较长久的基本租期内只能将租赁物出租给一个特定用户，并在这一次交易中收回全部或者大部分该租赁物的投资，而该租赁物的所有权与使用权却长期分离。对于出租人来讲，租金的收取和租赁物的保养、收回等方面皆存在风险。实事求是地看，在融资租赁业务中，出租人、承租人、善意第三人都存在相应风险[②]，但是，融资租赁交易的特殊性决定了应当给予出租人特别的待遇。基于公平、合理考虑，此次《民法典》编纂作出了一些新的规定。随着《民法典》自2021年1月1日起施行，相信这些规定会促进我国融资租赁业务更好、更快地发展。

---

① 参见刘保玉、张炬东《论动产融资租赁物的所有权登记及其对抗效力》，《中州学刊》2020年第6期。
② 参见李平《试析融资租赁常见法律风险及防范》，《法制博览》2020年第21期。

可持续发展与公务员培训[*]

可持续发展通常被定义为"发展的一种新的模式,其宗旨在于追求三个目标,而实现这些目标的是使它们彼此对于当代和后世来说都相互和谐一致的这样一种方法:(1)持续的、不通货膨胀的发展;(2)通过达到全民就业和生活的高水平而实现社会的凝聚力;(3)生活所依赖的环境资本的提高和维持"。

本文就将谈谈德国公务员培训中可持续发展的一些方面,其中将特别地以德国专门的公共行政应用科学大学为参考,这些大学为德国的公务员提供有关公共服务中层管理的培训。

一 公共行政与可持续发展有关系吗?

在许多欧洲国家,可持续发展的理念在政治层面上已经获得了极大的重要性。但是,在我们行政当局的指导方针和项目中,可持续发展并不是经常被提到。总的来说,德国的绝大多数公共机关仍在忙于推行新公共管理(New Public Management,这是遍及全世界的一项运动,1985年始发于英国。它更多地从一个私人企业的观点来理解公共行政,强调公共服务的商业管理因素。在德国,这项运动开始于1991年,而且几乎所有的州政府和地方政府都卷入其中。目前,改革的过程仍在进行当中。——译者注),应对当前的财政灾难。不过,越来越多的地区机关和地方机关正致力于

---

[*] 该译文发表于《新视野》2004年第4期,后被中国人民大学书报资料中心《公共行政》2004年第12期全文转载。原文作者沃尔夫冈·皮普克(Wolfgang Pippke),男,德国北莱茵-威斯特伐伦公共行政应用科学大学明斯特分部教授。

"21世纪日程"（Agenda 21，1992年联合国在里约热内卢召开的环境和发展会议上创设了这个21世纪的总计划。其中第28章第1节强调了所有的地方政府将可持续发展的理念转化为实际行动的意义。——译者注）项目，该日程非常紧密地提到了可持续发展。而且，我们可以就涉及可持续发展的公共服务中的一些指标作点评论：

（1）可持续发展的理念更加频繁地出现于当局的可视性文件和指导方针中；

（2）可持续发展和环境保护被融入公共行政的战略目标体系，尤其是在地方政府层面上；

（3）环境数据被包含进控制系统；

（4）对生态检查的兴趣正在增长；

（5）越来越多的公民加入了解决他们城市发展未来问题的非政府组织（NGOs）和专题讨论会；

（6）地方政府正在参加诸如"可持续发展地方政府"的竞赛。

二 公共行政与可持续发展的联系有多紧密？

我们相信，公共行政对于可持续发展来说至关重要。通常来讲，当选的政治家们因为颇受时间的限制而对可持续发展问题不够关注，即使他们不是全都这样。类似的，非政府组织（NGOs）只是着眼于取得"21世纪日程"项目的短期成功。与此相对，公共行政则能够为可持续发展的全程推行必要的长期战略。它们拥有持续而稳固的基础设施，公务员拥有很多的背景知识，他们（部分地）为了处理项目而职业化了，他们在政治的、社会的网络中运作。

现在，公共服务中的职业化实践已经在许多领域中提到了可持续发展。主观上看来，这些提法极少是以可持续发展的术语来定义的，但是，外部的分析可以显示出与可持续发展的不同方面的紧密联系。

行政行为不仅仅是应对当前的困难，执行短期的任务，现场生产公共产品；在许多方面——如果从输入到输出这条路径进行分析——行政行为对社会、经济和自然环境都有着中长期的影响。

越来越多的行政组织将来将要或者不得不那样行动，以便后代不会受到伤害，而且能够保证他们的生活质量。这种意识应该成为关于行政决定和行政行为的核心的评估标准。

三 如何将可持续发展的理念融入公共行政？

公共服务行为的效果特别是由公务员的行为来定义的。他们有关可持续发展的行为应该受到以下因素的影响：

（1）关于涉及社会、文化、经济和生态诸方面的未来发展的威胁和机会的**知识**；

（2）在可能实际执行的情境中理解和交流这种知识的**技能**，以及在统一的联系中思考和行动的技能；

（3）有关对后世社会、组织和个人责任的**态度和价值观**。

本人的项目研究工作、对文献的分析、参加的讨论会和自身的经历都表明，可持续发展这一方面与（未来）公共服务的关系如此重要，以致在总体上它可以被看作公务员培训中**一项关键的资格**——而且，应该教授适当的知识、能力和态度。我们的公民越来越多地参与到减少环境污染、制止浪费我们的自然资源、鼓励低污染的经济结构、策划他们城市的未来、面对不同文化之间的接触和整合问题等活动中来，这就要求公务员拥有新的资格，而到目前为止，对这些资格的培训还不够充分，或者根本还没有培训。

四 如何推导出有关的公务员培训的内容？

我们的方法假定，行政机关是否或早或晚地将其自身投入可持续发展的各个方面，这不是一个问题，这是一个不言自明的前提：它们不得不这样做，因为，为了人类后代颇有尊严地生存，别无其他选择。有了这个假设，那么，我们的方法就将集中于这个问题，即怎样构建这样一个行政机关，可以推导出有关工作图景的哪些资格，假设这些图景为公务员培训提供了方向。一种方法是，我们可以拿先进的城市，像美国的西雅图或者德国的伍佩尔塔尔来看，它们的地方政府正在可持续发展的哪些领域中运作。另外一种方法是，考察处理公共行政未来的概念，或者我们可以考察那些有关城市未来的发展和当地生活质量的指标。

在任何情形下，有关可持续发展的行政培训的目标都应该是：

（1）理解公共行政对可持续发展的作用，尤其是涉及将公民们激发起来和强调他们行动的潜力；

（2）使学员们对涉及以下各方面的问题产生敏感：增长的世界人口、

世界范围内的贫穷和饥饿、肆无忌惮的经济增长、对我们自然环境不断增加的破坏和其他未来的危险，使他们负起责任来，使他们理解他们的职业行为与所有这些之间的联系；

（3）举办关于当地和全球生活质量、他们自己生活的前景和他们对未来的机遇的讨论；

（4）掌握公共行政在全球化管理环境下的作用，也可以通过师生们的国际交流实现这一点。

五　如何将可持续发展的理念融入公务员的培训？

（一）知识内容的推理

由于可持续发展的各个方面呈现于非常广泛的领域这个事实，那么，将培训中的可持续发展只是集中于某一门课程之中就当然是错误的了。这种多样性应该反映到讲授的所有课程的多样性中。

表1中的一些例子可以被看作可持续发展的各个方面分配到了不同的课程当中，这是以我们应用行政科学大学的传统课程为基础的。这些只是在公务员的培训课程中落实可持续发展的一些例子。寻找与可持续发展更多的连接点，将是教授、讲师和教师们的任务。

表1　可持续发展在不同领域的内容举例

领域	内容举例
政治经济学	外部的效果，对环境的管理影响，对可持续发展行为的财政刺激，分配的困难，欠发达国家的问题
规划、城市发展	城市规划中的可持续发展方面，支持生态建设，减少个人交通，废物处理
公共管理	物资采办、生产、废物处理和公共交通对生态的影响，在可持续发展方面应用管理方法，环境的治理，生态检查的方法
组织	战略目标中的可持续发展，组织在对可持续发展负责的社区中的变迁
营销	公共管理对于可持续的商业风格的角色样式
预算法、会计	将外部成本包含到行政预算之中，生态平衡表，社会平衡表
控制	对报告体系之中显示可持续发展的效果的指标进行检查
环境法	保护自然资源的法制事实：背景、行政行为、结果的评估、节约能源措施的推进、以温和的程序提取能源方法的推进

续表

领域	内容举例
社会学	可持续发展的实现问题，例如，城市社会学、社会的稳定、社会的关爱、与贫穷作斗争（也包括在欠发达国家）、青年项目的效果
心理学	文化之间竞争的培训，节制公民们的聚会
伦理学	为可持续发展而讲授伦理规则
统计学	生活质量指标，统计调查，推断可持续发展的趋势，调查生活质量的方法

（二）技能

上面提及的例子意味着，假定中的课程变化并不仅仅是针对知识的传授而已。持续性问题的复杂性以及有关决定和行为的复杂性都需要一种适当的思维方法。但是，已经有足够的实践证据证明，在诸如涉及可持续发展的困难情形下，人们倾向于减少复杂性，并且将简单地尝试着使用直线思维的方式来解决问题。所以，除了讲授知识之外，培训还应该训练复杂的思维。达到这个目的的途径可能是：定位于实践的案例分析，情景模拟，跨越多个领域的课程，以及可能合适的、战略性的计算机游戏。

（三）态度

这是培训中最难讲授的部分。虽然需要考虑到我们当前还不能保证对将来怀有负责的态度，但是，一种对可持续发展的积极态度也可能已经生发于相关知识的讲授之中。这些态度由家庭塑造，成型于个人的关联组织、大众媒体、个人的经历以及其他许多影响。在这里，对可持续发展的教学只能起一种支持性的作用。

六　需要完成哪些必不可少的事项？

为了树立公务员培训中的可持续发展理念，以下几点是必要的：

（1）让教授、讲师和教师们相信，这个主题是一件重要的事情，它不能被公共机关及其职员们所忽视或者否认，因而在他们的培训中也不能忽视或者否认；

（2）尽可能多地在已有的讲授课程中推行可持续发展；

（3）新的，即过程式的、激励人的，同时也与实践相关的培训方法；

（4）"培训者的培训"，这是为了让尽可能多的讲师能够成功地适应这些新的要求；

（5）结果的评估。

讲师这一群人是能够在培训中执行可持续发展的各方各面的最重要的人群。难以激发这群人做这种调整，部分是由于缺少对于可持续发展理念的兴趣。它被看作暂时的流行，或者，它的内容甚至还没有被注意到。在社会上，在政治、经济和私人生活中，你可以发现人们对未来迫在眉睫的问题普遍持一种内在的冷淡态度。其原因在于俗世对这些问题的冷淡、实现它们的不确定性、可能放弃今天的繁荣，以及寄希望于在以后通过技术手段解决问题。根据这种估计，为什么公务员的培训人员就得与其他人有所不同呢？因此，课程的变化需要付出巨大的努力。

七　培训组织如何支持可持续发展的落实？

公务员培训中可持续发展的落实应该由培训组织自身对可持续发展理念的强调来予以支持：

（1）为可持续发展建立一个工作小组，提名一位可持续发展代理人；

（2）接受欧洲大学协会所谓的"哥白尼宪章"，它为可持续发展建立了 10 项指南，同时被包括 40 所德国大学在内的 300 所欧洲大学所签署；

（3）根据国际标准 14001（ISO 14001，它为那些为更好地保护自然环境而愿意付出努力或者加大努力的私人企业、公共机关或者组织提供了环境管理方面的指南——译者注）或者生态管理和检查方案进行生态检查或者授予生态执照；

（4）建立一个内部的、有关可持续发展的控制体系，该体系带有由各项指标所保证的能源耗费、废物处理、水资源耗费等的报告；

（5）将国际合作延伸到负责公务员培训的外国组织；

（6）公务员和学员们在国外，包括在欠发达国家进行实践培训。

依法反腐是以法治权的重要措施*

——北京迎接第七届国际反贪污大会

第七届国际反贪污大会将于 1995 年 10 月 6 日至 10 日在北京召开。

国际反贪污大会是国际性的专业研讨会，其目的是交流各国、各地区反贪污的经验，探讨在反贪污领域国际合作的途径与方法。参加者主要是政府官员、法官、检察官、警官、律师、学者等。从 1983 年创始至今，国际反贪污大会已举办过六届，先后在华盛顿、纽约、香港、悉尼、阿姆斯特丹、坎昆举行。其中，我国在阿姆斯特丹会议上提出了申办的要求，并在墨西哥坎昆会议上获得通过，即第七届国际反贪污大会将于 1995 年 10 月在中国首都北京召开，届时将有 100 多个国家和地区的代表出席会议。

反贪污反腐败是历代各国监察制度的重要内容。中国古代的监察制度萌芽于战国时期，那时，君主的身边出现了兼司监察的官员——御史，各国国君还派监察官常驻地方，对郡县及其官吏进行经常性的监察。秦朝统一中国后，在中央设立御史大夫，下设御史中丞、侍御史、监御史等官，向各郡派驻"监御史"，创立了我国封建社会的监察制度。西汉末年，御史大夫寺扩大为"御史台"，专司监察，御史台作为中央专门的监察机构，自汉至元皆设立。明清两朝改称"都察院"，如海瑞曾为都察院的正四品官员——左佥都御史。湖北军政府的总监察处、广州国民政府的监察院、北洋政府时期的平政院和肃政厅、南京国民政府的监察院，是中国近现代的中央监察机构。

在古希腊的雅典，城邦的监察职能隐含于公民大会及陪审法庭中；斯巴达则由公民大会用抽签的方式选举五名专职的监察官。古罗马在大约公

---

* 此文以《北京迎接第七届国际反贪污大会》为题发表于中共北京市纪律检查委员会主办的《是与非》1995 年第 1 期"东西南北"栏目。标题《依法反腐是以法治权的重要措施》是笔者此次编辑文集时所加。

157

元前 443 年设立了监察官。近现代西方监察制度则主要包括监察专员制度、行政系统内部的监察体制、行政法院、准司法裁判机构、公务员财产申报制度及兼职、离职后的活动限制等内容。

中国政府一向重视反贪污反腐败工作。著名的刘青山、张子善案就是我国反贪污反腐败斗争的实例。1952 年 4 月 21 日，当时的中央人民政府颁布了《中华人民共和国惩治贪污条例》，其中第 2 条规定："一切国家机关、企业、学校及其附属机构的工作人员，凡侵吞、盗窃、骗取、套取国家财物，强索他人财物，收受贿赂以及其他假公济私违法取利之行为，均为贪污罪。"1979 年我国《刑法》把国家工作人员索取、收受贿赂的行为规定为渎职罪（第 185 条），将其从贪污罪中分离出来；该法第 155 条专门规定贪污罪。1982 年全国人大常委会颁布的《关于严惩严重破坏经济的罪犯的决定》又对《刑法》相关条款修改规定为"国家工作人员索取、收受贿赂的，比照刑法第一百五十五条贪污罪论处"，并加重了对受贿罪的处罚。"挪用公款数额较大不退还的，以贪污论处。"针对新情况、适应新形势，1988 年全国人大常委会公布的《关于惩治贪污罪贿赂罪的补充规定》中对贪污罪重新作了界定："国家工作人员、集体经济组织工作人员或者其他经手、管理公共财物的人员，利用职务上的便利，侵吞、盗窃、骗取或者以其他手段非法占有公共财物的，是贪污罪。"这扩大了贪污犯罪主体的范围。以上是我国反贪污的主要法制基础。

中国政府十分重视这次大会，大会组委会于 5 月 11 日成立，由最高人民检察院检察长张思卿任主席、监察部部长曹庆泽任第一副主席。大会组委会召开第二次会议后，确定此次大会的主题是：反贪污与社会的稳定和发展。此次大会将继承历届大会的基本精神，就以下 12 个专题进行讨论：贪污对社会政治稳定与经济发展的危害、政府官员的贪污与控制、金融与证券市场的贪污、有组织犯罪与贪污、贪污发案的特点与规律、贪污的秘密调查与侦破、建立完善的反贪污机制、财产申报与贪污的发现和预防、反贪污的公民参与、反贪污的立法完善、贪污产生的根源与预防策略、反贪污的国际合作。

北京，作为中国的首都和这次大会的主办城市，十分珍惜这一历史机遇。中共北京市委、北京市政府和北京社会科学界正在积极准备。北京大会必将为国际反贪污斗争作出应有的贡献。

试析有关民事诉讼证据的新规则[*]

从某种意义上说,整个诉讼过程实际上就是证据的发现、收集、审查、判断和运用的过程,因此,证据在诉讼过程中的重要性是显而易见的。但是,我国《民事诉讼法》对证据的规定只有 12 个条文,不足全部条文的二十分之一,而且,这些条文基本上都是原则性的规定,无法真正解决实践中的问题。一方面,当事人对举证责任的内容不明确,缺乏举证的积极性和诉讼的风险意识,败诉后又往往将责任推给法院,造成法院的公信度下降;更有一些当事人利用证据搞突然袭击、拖延诉讼,严重干扰诉讼活动正常进行,损害对方当事人的合法权益。另一方面,由于没有可供遵循的具体的证据规则,审判人员往往依靠经验和直觉分配举证责任、判断证据,影响了司法的稳定性和严肃性;同时,对证据的裁量权过大,也容易滋生腐败。证据问题已经成为制约民事审判公正与效率的重要因素。

2001 年 12 月 21 日,最高人民法院公布了《关于民事诉讼证据的若干规定》(以下简称《规定》),这是自我国《民事诉讼法》颁布以来最高司法机关第一次制定专门的、系统的关于民事诉讼证据的规定。《规定》共有 83 条,自 2002 年 4 月 1 日开始施行。

一 《规定》完善了举证责任的含义

举证责任,亦称证明责任,是指当事人就诉讼上的特定待证事实,根据证明责任分配规则,为了满足法官形成某种确信心证的需要所应负担的

---

[*] 此文发表于《新视野》2004 年第 3 期。

相应责任。民事诉讼系解决有关当事人私权利益纠纷的程序，因此，自古罗马法以来就一直沿循"谁主张、谁举证"的证明责任原则，当事人对自己的诉讼请求所依据的事实主张负有证明责任，而从法官职能上看并不承担任何意义上的证明责任，仅以裁判者的角色居中享有"心证"的职权。

举证责任分为行为责任与结果责任。所谓举证责任中的行为责任，又称主观的举证责任，或称形式上的举证责任。它是指当事人为避免不利裁判的风险，负有向法院提供证据证明其主张的事实存在的责任。

行为责任应包括主张责任与证据提供责任两个方面的内容，其中，主张责任是当事人为赢得胜诉，而向法院提出的有利于自己的事实和利益的一种根据。从时间的逻辑顺序而言，主张责任一般先于证据提供责任而产生。在提出诉讼请求后，当事人自应主张事实根据，在主张事实根据之后，必然涉及证明责任的问题，这是一种法律逻辑上的内在联系与因果关系。我们通常所称的行为责任的转移，是指行为责任中的证据提供责任的转移，而主张责任则作为一种权属能力，构成未然的结果责任产生的成因，不发生转移问题。这是因为，民事诉讼以辩论主义为原则、直接干预为例外。在辩论主义情势下，未经当事人主张的事实和利益，法院原则上视其为不存在，不得作为裁判的事项或根据。因此，当事人一方提出请求，必须主张其请求原因的存在，否则其请求即失去依据，而有遭受不利裁判的风险。当事人在诉讼上既已享有主张之权利，亦必为享有此种权利承担提供证据以支持其主张的责任，这便是"主观上的举证责任"的实质内涵。

《规定》第1条规定："原告向人民法院起诉或者被告提出反诉，应当附有符合起诉条件的相应的证据材料。"根据该条规定，行为意义上的举证责任通常属于原告一方，即本诉的原告与反诉的原告。行为责任从主观上、程序上和动态上反映了举证责任的内容。随着诉讼活动的开展，行为意义上的举证责任会发生转移。因此，行为责任此时在程序上呈现为动态的，它随着庭审过程的不断深入而转换于当事人之间。在诉讼上，这种举证责任是否由一方转移给相对一方当事人，主要取决于在对某一当事人提供的证据进行质证时，是否能够促使法官满足确信其心证的要求。对此，《规定》第2条第2款规定："没有证据或者证据不足以证明当事人的事实主张的，由负有举证责任的当事人承担不利后果。"它体现的是举证责任上的一种结果责任。

所谓结果责任，亦称客观的举证责任，或称实质上的举证责任，它是指当诉讼进行到终结而案件事实仍处于真伪不明状态时，主张该事实的人则要为此承担不利的诉讼后果。对行为责任的履行，其目的是防止结果责任出现。承担结果意义上举证责任的可能性的存在，是促成当事人必须履行行为意义上的举证责任的原因。该种原因可以从两个方面加以分析，承担行为责任的外在原因是法律规定当事人对自己所主张的事实应当提供证据证明，内在原因是为了避免当出现事实真伪不明状态时对其可能造成的不利诉讼后果。在诉讼过程中，即使案件审理的最终结果为事实仍处于不明状态，但各国为了解决纷争，稳定社会秩序，对此几乎毫无例外地规定法官不得拒绝裁判。行为责任的履行正是适应了这一裁判机制。因此，当事人在提供证据证明他所主张的事实，并为法院所接受之后，即履行了行为责任，其法律效果是避免承担不利的诉讼后果。

由上可知，举证责任在本质上具有双重属性，即行为意义上的举证责任和结果意义上的举证责任，前者指当事人对所主张的事实负有提供证据的责任，后者指当事实处于真伪不明状态时，主张该事实的当事人所承担的不利诉讼结果。因此，举证责任的法律性质为败诉风险负担。

我国《民事诉讼法》第64条只规定"当事人对自己提出的主张，有责任提供证据"，对当事人未提供证据或者待证事实真伪不明的情形没有涉及。因此，审判实践中出现这种情形时，法官往往不敢作出判决，甚至回避裁判或者拒绝裁判，违背法官不得拒绝裁判的司法原则。《规定》在《民事诉讼法》第64条的基础上，借鉴理论界的研究成果，在第2条对举证责任的含义作出了明确规定："当事人对自己提出的诉讼请求所依据的事实或者反驳对方诉讼请求所依据的事实有责任提供证据加以证明。没有证据或者证据不足以证明当事人的事实主张的，由负有举证责任的当事人承担不利后果。"这样，当待证事实处于真伪不明的状态时，实体法规范无从适用，人民法院就能根据举证责任规则进行裁判，由承担举证责任的当事人承担不利后果。

二 《规定》加强了民事诉讼的当事人主义色彩

由于在诉讼上实行证据裁判主义，凡当事人提出诉讼请求，必须就这种诉讼请求所依据的事实主张提出证据加以证明，凡未能提供证据或者提供的证据不足以证明其事实主张的，该诉讼请求就不能得到裁判上支持。

证明责任无论从本意上抑或本质上而言，都指的是举证责任，只不过是两个词语的互为换用,证明责任的主体与举证责任的主体是一致的。从前,在理论上曾将人民法院视为证明主体,试图将证明责任与举证责任相区别,这主要是考虑立法上的有关规定,以及在特定国情下,由人民法院调查收集证据作为举证人因客观障碍无法收集到有关证据的必要补充。近年来,由于推行依法治国,实行审判方式的改革,将法官的中立性作为司法公正的重要标志来看待,必须从理论上加以调整,使之及时促进和引导审判实践走上健康的轨道。证明主体之所以只能是当事人,一方面,是因为这种责任的存在前提是,证明责任的对象是案件的待证事实,如当事人不能提供证据或者虽提供证据仍然证明不了有关待证事实,将会对其产生不利的诉讼后果;另一方面,能否证明一定的待证事实,在审判上主要还应取决于法官的心证,法官是心证主体,而非证明主体,否则,将会丧失其中立地位。至于在一些特殊类型的案件中,如婚姻、家庭案件,追索劳动报酬案件等,法院依职权主动调查收集相关的证据,是基于国家对于人身权利的特殊保护以及对于双方当事人中处于明显弱者地位一方的一种公力救济的必然要求。这是在诉讼证明上由当事人承担举证责任的一种例外,与诉讼上的举证责任无关。

(一) 明确了举证责任的分配规则

《民事诉讼法》规定了"谁主张,谁举证"的原则,即当事人对自己提出的主张,有责任提供证据;但是,仅此一项原则性规定又显得过于笼统,可操作性不强。为此,1998年6月19日最高人民法院《关于民事经济审判方式改革问题的若干规定》(简称《若干规定》)指出:"案件的同一事实,除举证责任倒置外,由提出主张的一方当事人首先举证,然后由另一方当事人举证。另一方当事人不能提出足以推翻前一事实的证据的,对这一事实可以认定;提出足以推翻前一事实的证据的,再转由提出主张的当事人继续举证。"然而,这一司法解释中有关举证责任分配的设置旨在处理当事人在证明时的主张责任与行为责任之间的关系,以及产生的相应的后果,仍然不能圆满地解决各种纷繁复杂的举证责任分配问题,如在实践中当待证事实处于积极和消极状态时,仍按举证责任的一般规则就当事人的主张责任来分配举证责任或负担,在许多情形下是显失情理或者有失公允的。我国《民事诉讼法》和上述《若干规定》对于当事人在诉讼中应当就哪些具体的事实负担举证责任规定得不明确,对特殊事项的举证责任分配没有涉及。为此,《规定》在第2、4、5、6、7条细化了举证责任的分配规则。

首先，关于举证责任分配的一般规则，我国理论界深受大陆法系国家的影响，以主张法律要件分类说为通行的说法。其基本观点是，主张权利存在的当事人对权利发生的法律事实负举证责任，主张权利不存在的当事人对权利消灭或者妨碍或限制权利的法律事实负举证责任。《规定》在第5、6条中对合同案件和劳动争议案件中特殊事项的举证责任分配问题还分别予以明确，完善了举证责任分配的一般规则。

其次，关于举证责任分配的倒置规则，《规定》第4条确立了我国比较完备的举证责任倒置制度：①因新产品制造方法发明专利引起的专利侵权诉讼，由制造同样产品的单位或者个人对其产品制造方法不同于专利方法承担举证责任；②高度危险作业致人损害的侵权诉讼，由加害人就受害人故意造成损害的事实承担举证责任；③因环境污染引起的损害赔偿诉讼，由加害人就法律规定的免责事由及其行为与损害结果之间不存在因果关系承担举证责任；④建筑物或者其他设施以及建筑物上的搁置物、悬挂物发生倒塌、脱落、坠落致人损害的侵权诉讼，由所有人或者管理人对其无过错承担举证责任；⑤饲养动物致人损害的侵权诉讼，由动物饲养人或者管理人就受害人有过错或者第三人有过错承担举证责任；⑥因缺陷产品致人损害的侵权诉讼，由产品的生产者就法律规定的免责事由承担举证责任；⑦因共同危险行为致人损害的侵权诉讼，由实施危险行为的人就其行为与损害结果之间不存在因果关系承担举证责任；⑧因医疗行为引起的侵权诉讼，由医疗机构就医疗行为与损害结果之间不存在因果关系及不存在医疗过错承担举证责任。所谓举证责任倒置，是指将属于原告的举证责任部分地转换给被告承担的制度。这一制度源于民法对某些民事责任的特殊规定，其立法的客观基础是原告就其所主张的某一部分难以举证或者举证能力弱于被告。

最后，关于特殊情况下举证责任分配的情形，《规定》第7条规定："在法律没有具体规定，依本规定及其他司法解释无法确定举证责任承担时，人民法院可以根据公平原则和诚实信用原则，综合当事人举证能力等因素确定举证责任的承担。"所谓举证能力，是指基于各种因素从而使当事人之间在履行举证责任的行为能力上所产生的差别状态。有的因素属于主观上的，例如有的当事人聘请有律师，与未聘请律师的另一方当事人相比较，在同等客观条件下，前者的证明能力应当比后者更具优势；有的因素属于客观上的，例如，距离证据的远近以及取得有关证据本身的难易程度决定了当事人之间在举证能力上出现这种差异。当涉及一个相同的待证事实（如对合同的内容发生争议）时，一方当事人主张合同内容系采用书面形式载明，而另一方当事人主张合同内容系采用口头方式订立，相比较而言，后者所遇到的举证难度应当大于前者。再如，就证据的远近距离而言，当患者主张医疗机构并未对症下药造成巨额医疗费用而构成侵权时，就这一待证事实而言，医疗机构较患者更接近于有关的证据。

（二）明确了人民法院调查收集证据的范围

人民法院调查收集证据，主要是对当事人存在客观原因不能自行收集的救济手段。强化当事人的举证责任，常常就意味着弱化法院调查收集证据的职权。但是，为维护国家、社会公共利益，在涉及可能有损上述利益的情况下，可由法院依职权调查收集证据，这是成文法国家的通行做法。我国《民事诉讼法》第64条也规定，"当事人及其诉讼代理人因客观原因不能自行收集的证据，或者人民法院认为审理案件需要的证据，人民法院应当调查收集"。但是，这里没有明确"人民法院认为审理案件需要的证据"的范围，在操作上不易把握。"人民法院认为审理案件需要的证据"，即人民法院可依职权调查收集的证据。《规定》在我国《民事诉讼法》的基础上，结合审判实践经验和我国国情，将诉讼外第三人的合法权益纳入人民法院依职权调查收集证据的范围；其中第15条将"人民法院认为审理案件需要的证据"具体解释为两种，即可能有损国家利益、社会公共利益或者他人合法权益的情形，与诉讼实体内容无关的程序事项。

我国《民事诉讼法》第64条并没有明确"当事人及其诉讼代理人因客观原因不能自行收集的证据"的范围，实际操作上难以把握。上述《若干规定》对人民法院调查收集此类证据的条件只作了原则性的规定，即当事人应当提出调取证据的申请和证据线索。这一次，《规定》第17条对此类证据予以明确，只有在确有客观原因的情况下，当事人方可申请人民法院调查收集：①申请调查收集的证据属于国家有关部门保存并须人民法院依职权调取的档案材料；②涉及国家秘密、商业秘密、个人隐私的材料；③当事人及其诉讼代理人确因客观原因不能自行收集的其他材料。

（三）明确了免除当事人举证责任的情形

强化当事人的举证责任，绝不意味着无度地加强当事人的证明责任；相反的，如果遇到特定的情形，可以免除当事人的举证责任。这通常包括司法认知和自认两种途径。

　　司法认知,又称审判上的知悉,是指在案件审理过程中,审判机关对某些特定的事项直接确认其真实性而无需证据证明的一种诉讼证明方式。司法认知的主体仅限于审判机关,法院依职权对特定事项进行司法认知,当事人也可以提出申请。司法认知的对象是特定事项,不仅包括案件事实,而且应包括与案件相关的法律。过去,我国的诉讼法对司法认知问题均没有规定。而在该《规定》第9条中,明确了无需当事人举证证明的六种事实,即众所周知的事实;自然规律及定理;根据法律规定或者已知事实和日常生活经验法则,能推定出的另一事实;已为人民法院发生法律效力的裁判所确认的事实;已为仲裁机构的生效裁决所确认的事实;已为有效公证文书所证明的事实。当然,当事人有相反证据足以推翻的除外。

　　自认,是当事人对于己不利的事实的承认。诉讼中的自认一经作出,不仅对当事人产生拘束力,对法院的裁判行为也产生拘束力。我国《民事诉讼法》对自认没有明确的规定。最高人民法院《关于适用〈中华人民共和国民事诉讼法〉若干问题的意见》第75条关于当事人无需举证的情形中,规定了当事人对事实的承认可免除对方当事人的举证责任。这是我国民事诉讼对自认的原则规定。这一次,《规定》第8条对自认作了具体的解释。

　　首先,在诉讼过程中,一方当事人对另一方当事人陈述的案件事实明确表示承认的,另一方当事人无需举证。但涉及身份关系的案件除外。人民法院只有在存在否定事由的情况下,才能排除自认的适用。

　　作出自认的当事人非有充分证据不得撤回自认。当事人在法庭辩论终结前撤回承认并经对方当事人同意,或者有充分证据证明其承认行为是在受胁迫或者重大误解情况下作出且与事实不符的,不能免除对方当事人的举证责任。

　　其次,对一方当事人陈述的事实,另一方当事人既未表示承认也未否认,经审判人员充分说明并询问后,其仍不明确表示肯定或者否定的,视为对该项事实的承认。这就是拟制自认。

　　最后,当事人委托代理人参加诉讼的,代理人的承认视为当事人的承认。但未经特别授权的代理人对事实的承认直接导致承认对方诉讼请求的除外。当事人在场但对其代理人的承认不作否认表示的,视为当事人的承认。

三 《规定》体现了民事诉讼中的直接言词原则

直接言词原则是西方资产阶级革命的一种历史产物。在西方君主专制时期，盛行的是一种纠问式诉讼，在这种审判模式下，法院在审理案件时，无须传唤证人，有时甚至不给予被告人传唤到庭加以辩解的机会，便直接进行判决。这种纠问式审理模式以间接审理主义和书面审理主义为主要特征。在西方资产阶级革命后，通过引入正当程序理念和司法公正原则，进而发展演化出了直接审理原则和言词审理原则。直接言词原则是直接原则和言词原则的合并称谓。由于这两项原则均以要求诉讼主体同时在场为前提，并且对诉讼进行的方式有相同的要求和实质性内涵，况且二者相互结合，互为补充，因此常被人们综合为一项共同的原则。直接言词原则在涉及证据裁判主义层面上主要包括两种含义：其一，法官必须在法庭上亲自听取当事人、证人和其他诉讼参与人的陈述，亲自听取双方的辩论以及检验物证、审查书证、鉴定结论，由此产生感知，从而形成对案件事实真实性的内心确信；其二，审判程序原则上应以言词陈述方式进行，包括当事人之间在诉讼中就事实主张和证据的可信性进行的攻击与防御，必须以言词辩论方式进行。该原则引申含义包括：其一，法官必须亲自进行法庭调查，直接接触、审查和评判证据，对证据的调查和认定不得委托他人进行；其二，作为认定案件事实根据的证据必须是经过法官直接听证、审查和认证取得的，其中不得有任何中间环节或者间接因素存在。

坚持证据裁判主义是当今诉讼活动的正当程序价值取向之使然。在证据法意义上，坚持证据裁判主义必须与证据辩论主义相结合，这样既有利于法官保持中立地位，有利于法官兼听则明，同时又为当事人用尽其诉讼上的正当权利提供最大的可能。在诉讼中，只有贯彻直接言词原则，才能为庭审证据辩论主义提供必要的前提条件，并使证据辩论主义具有实质内涵。

《规定》第四部分所规定的证据辩论主义的内容集中体现了直接言词原则。据此，在诉讼过程中，当事人应当按照举证责任分配规则的要求，就其向法庭提供的证据向有关当事人进行出示，以便这些证据能够在当事人之间进行质证。

质证，是在法庭审理过程中由当事人对各种证据材料进行出示、辨认、质疑、说明、辩驳的诉讼活动，它应是法庭审理的一项法定步骤。

《规定》明确，质证要围绕证据的真实性、关联性、合法性这"三性"，并针对证据证明力的有无以及证明力的大小来进行。

首先，合法性是判断证据证明力有无的重要尺度，非法证据不具有证明力，不能作为认定案件事实的依据。关于非法证据的排除问题，最高人民法院 1995 年作出《关于未经对方当事人同意私自录制其谈话取得的资料不能作为证据使用的批复》，将录音取得的证据资料的合法性标准限定在经对方同意。《规定》第 68 条重新设置了非法证据的判断标准，即以侵害他人合法权益或者违反法律禁止性规定的方法取得的证据，不能作为认定案件事实的依据。

其次，证据要进行当庭质证。"未经质证的证据，不能作为认定案件事实的依据。"（《规定》第 47 条）

再次，特别的，因为证人证言是法定的七种证据形式之一，在我国的民事证据体系中具有十分重要的地位，质询证人也常常应该是法庭审理中极其重要且具体体现诉讼的直接言词特性的一个环节。为此，《规定》对证人作证问题主要作出了如下规定。

对《民事诉讼法》第 70 条"不能正确表达意志的人，不能作证"的规定，《规定》第 53 条第 2 款作了补充："待证事实与其年龄、智力状况或者精神健康状况相适应的无民事行为能力人和限制民事行为能力人，可以作为证人。"

《规定》第 54 条明确，当事人认为需要证人出庭作证的，应当在举证期限届满十日前向人民法院申请，人民法院准许的，于开庭前通知证人出庭作证。有关证人出庭作证的费用，由申请证人出庭作证的一方当事人先行支付，最终由败诉的当事人承担。

证人应当出庭作证，接受质询。除《规定》第 56 条解释的"证人确有困难不能出庭"的情形（证人年迈体弱或者行动不便，或者岗位特殊确实无法离开，或者路途特别遥远且交通不便，或者因自然灾害等不可抗力的原因无法出庭，以及其他确实无法出庭的特殊情况）外，证人均应出庭作证。在确实无法出庭的情形下，证人应当提交书面证言或者视听资料或通过双向视听传输的技术手段作证。

根据《规定》第 57 条，出庭作证的证人应当客观陈述其亲身感知的事实。证人为聋哑人的，可以其他表达方式作证。证人作证时，不得使用猜测、推断或者评论性的语言。不能宣读事先准备的书面证词，也不得对事实发表意见。

《规定》第 58 条明确,证人不得旁听法庭的审理,不得旁听人民法院和当事人对其他证人的询问,人民法院和当事人对证人的询问,也应当排除其他证人在场,隔离进行。在数个证人证言相互矛盾的情况下,人民法院为查明事实的需要,可要求证人当庭对质。

最后,"人民法院依照职权调查收集的证据应当在庭审时出示,听取当事人意见,并可就调查收集该证据的情况予以说明"(《规定》第 51 条);"鉴定人应当出庭接受当事人质询"(《规定》第 59 条);"经法庭许可,当事人可以向证人、鉴定人、勘验人发问"(《规定》第 60 条);"审判人员和当事人可以对出庭的具有专门知识的人员进行询问","经人民法院准许,可以由当事人各自申请的具有专门知识的人员就案件中的问题进行对质","具有专门知识的人员可以对鉴定人进行询问"(《规定》第 61 条);等等。这些规定无疑都从程序上阐释着诉讼中的直接言词原则。

综上,此司法解释《规定》的制定,形成了与我国市场经济相符合的证据制度新体系,是对我国证据制度的一个集大成式解释。《规定》的实施标志着我国的证据制度达到了一个新的发展阶段,对于进一步促进民事审判的公正与效率,正发挥着十分积极的作用。

我国人民调解协议司法确认制度的考察[*]

自人类社会产生以来,纠纷就与之相伴而生。在解决纠纷的各种机制中,人民调解制度由于具有扎根基层、分布广泛、方便快捷、不伤感情等特点,具有其他纠纷解决方式不可替代的作用,被称为化解矛盾纠纷的"第一道防线",被国际社会誉为"东方经验""东方之花"。所谓人民调解,是指在人民调解委员会主持下,通过说服教育,规劝引导纠纷当事人互谅互让,平等协商,依照法律法规和社会公德自愿达成协议,从而消除争执的一种群众性自治的纠纷解决方式。2010年8月28日,第十一届全国人大常委会审议通过了《中华人民共和国人民调解法》(简称《人民调解法》)。该法的突出特点是在国家立法层面首次确立了人民调解协议的司法确认制度。本文的主旨就在于梳理我国人民调解协议司法确认制度建设的历史脉络,解读现有规定的利弊得失和适用情况,进而针对完善我国的人民调解协议司法确认制度提出几点建议。

一 我国人民调解协议司法确认制度的逐步确立

随着社会主义市场经济体制的建立和发展以及各种利益关系的调整,人民调解工作越来越重要,渐渐发展成为化解矛盾纠纷的最佳途径。[①]《人民调解法》的颁布实施更是人民调解工作发展史上的一件大事,是人民调解制度发展的一座里程碑,顺应了时代的要求,回应了广大人民群众的呼

---

[*] 此文发表于《北京行政学院学报》2012年第5期。
[①] 参见翟小芳、张倩晗《构建符合国情的人民调解协议司法确认制度——兼评〈最高人民法院关于人民调解协议司法确认程序的若干规定〉》,《法学杂志》2011年第S1期。

声，引起了社会各界的广泛关注。这里，笔者就从人民调解协议的效力方面来探究我国人民调解协议司法确认制度的源流。

（一）主要依靠当事人自觉履行的人民调解协议

1982年《中华人民共和国宪法》第111条第2款规定："居民委员会、村民委员会设人民调解、治安保卫、公共卫生等委员会，办理本居住地区的公共事务和公益事业，调解民间纠纷，协助维护社会治安，并且向人民政府反映群众的意见、要求和提出建议。"这为我国人民调解工作奠定了宪法基础。1982年《中华人民共和国民事诉讼法（试行）》规定："人民调解委员会是在基层人民政府和基层人民法院指导下，调解民间纠纷的群众性组织。人民调解委员会依照法律规定，根据自愿原则，用说服教育的方法进行调解工作。当事人对达成的协议应当履行；不愿履行或调解不成的，可以向人民法院起诉。人民调解委员会调解案件，如有违背政府法律的，人民法院应当予以纠正。"从此，人民调解制度与民事诉讼产生了紧密的联系。1991年4月颁行的《中华人民共和国民事诉讼法》（简称《民事诉讼法》）第16条对此作了类似的规定。

1989年6月17日，国务院颁行了专门的《人民调解委员会组织条例》。该条例对人民调解委员会的组织作了更为完整的规定，同时，在第9条中规定："人民调解委员会主持下达成的调解协议，当事人应当履行。经过调解，当事人未达成协议或者达成协议后又反悔的，任何一方可以请求基层人民政府处理，也可以向人民法院起诉。"

所谓人民调解协议，是指发生民事纠纷的当事人双方在第三方人民调解委员会的主持下，本着平等、自愿的原则，为解决民事纠纷而达成的具有民事权利义务内容、并由当事人双方签字或盖章的书面协议。从上面的规定来看，人民调解协议的效力没有得到法律的明确，缺乏法律强制力的保障；从实践来看，人民调解协议的实现，几乎完全取决于当事人的自觉。

（二）具有"民事合同"性质的人民调解协议

仅仅依靠当事人自觉履行很难保证人民调解协议的实现。面对这一问题，一些地方法院首先承认人民调解协议的法律效力性质。例如，北京市丰台区人民法院规定，人民调解组织的合法调解协议将被法院作为证据采纳。2002年7月，上海市高级人民法院明确规定，人民调解协议是平等主体之间权利义务的约定,具有合同效力。

在各地各级法院不断创新的基础上,为了公正审理涉及人民调解协议的民事案件,最高人民法院于 2002 年 9 月 16 日出台了《关于审理涉及人民调解协议的民事案件的若干规定》。该司法解释首次明确:"经人民调解委员会调解达成的、有民事权利义务内容,并由双方当事人签字或者盖章的调解协议,具有民事合同性质。当事人应当按照约定履行自己的义务,不得擅自变更或者解除调解协议。"

(三)部分人民调解协议具有"法律约束力"的探索

这首先表现为将人民调解协议与我国《民事诉讼法》中规定的"督促程序"进行嫁接使用。在各地法院和司法行政部门巧妙试验的基础上,2004 年 2 月 12 日,最高人民法院、司法部联合发布了《关于进一步加强人民调解工作 切实维护社会稳定的意见》,要求"依法适用督促程序","当事人持已经生效的人民调解协议向人民法院申请支付令的,只要符合民事诉讼法第十七章规定的条件,人民法院应当支持"。

2007 年 8 月 23 日,最高人民法院、司法部联合发布《关于进一步加强新形势下人民调解工作的意见》。该意见要求"进一步加强人民调解与诉讼程序的衔接配合","当事人持已经生效的人民调解协议向人民法院申请支付令的,人民法院应当及时审查,符合法定条件的,应当及时发出支付令"。

这样,一步一步地,人民调解协议便捷执行的途径开始比较明朗起来。

(四)人民调解协议诉前司法确认的"定西创新"

提到人民调解司法确认程序,就不能不提到这一制度的探索者——甘肃省定西市中级人民法院。

2007 年 1 月,甘肃省定西中级人民法院创立人民调解协议诉前司法确认机制,制定了《关于人民调解协议诉前司法确认机制的实施意见(试行)》。该意见规定:"人民调解协议诉前司法确认机制,是指人民调解委员会、行政机关等非诉调解组织对当事人之间的矛盾纠纷调解达成协议后,经当事人申请,人民法院审查认为协议合法有效,出具法律文书确认该调解协议,赋予该调解协议以强制执行效力的制度。确认书送达后即发生法律效力,当事人必须履行,不能反悔,不能另行起诉;如果一方拒绝履行，另一方可依据确认书依法申请人民法院强制执行。"简单来说，"诉前司法确认机制"就是将原来没有法律约束力的一纸调解"协议"，经过人民法院审查"确认"后，便等同于人民法院的直接判决，有了强制执行的法律效力。

毋庸置疑，人民调解协议诉前司法确认机制激活了"东方经验"。甘肃省高级人民法院院长梁明远说，改革实践证明，诉前司法确认机制的实施，强化了人民调解的确定性，矫正了人民调解的随意性，纠正了违法调解协议，实现了司法与非诉调解之间的有效衔接，激活了人民调解的生机和活力，促进了多元纠纷解决机制的不断完善，体现了司法工作服务大局的司法理念，实现了司法工作的政治效果、社会效果和法律效果的有机统一。①

同时，在其他地区和法院，也出现了类似的探索。比如，在浙江的一些法院，采用的也是大致相同的做法，不过出具的法律文书为决定书。②

2009年7月24日，最高人民法院出台了《关于建立健全诉讼与非诉讼相衔接的矛盾纠纷解决机制的若干意见》（简称2009年《若干意见》）。其完全吸纳了"定西创新"，确定了"人民调解协议的司法确认"名称并面向全国实施这项制度，使得人民调解协议的司法确认有了明确的政策参考，其对促进人民调解制度在新时期的发展以及建立健全多元化的矛盾纠纷解决机制具有突破性和开创性的指导意义。至此，人民调解协议司法确认制度基本成型了。

（五）人民调解协议司法确认制度的立法确立

人民调解事业的发展，亟须从国家立法层面予以调整。2011年1月1日起实施的《中华人民共和国人民调解法》正是人民调解工作发展史上的一件大事，它的主要价值就是明确了人民调解协议的效力和司法确认制度。

《人民调解法》第31条规定："经人民调解委员会调解达成的调解协议，具有法律约束力，当事人应当按照约定履行。人民调解委员会应当对调解协议的履行情况进行监督，督促当事人履行约定的义务。"该法第33条中规定："经人民调解委员会调解达成调解协议后，双方当事人认为有必要的，可以自协议生效之日起30日内共同向人民法院申请司法确认，人

---

① 参见周文馨、赵志锋《定西诉前司法确认机制写入人民调解法》，《法制日报》2010年9月9日，第4版。
② 参见浙江省高级人民法院联合课题组《关于人民调解协议司法确认的调研》，《人民司法》2010年第23期。

民法院应当及时对调解协议进行审查,依法确认调解协议的效力。人民法院依法确认调解协议有效,一方当事人拒绝履行或者未全部履行的,对方当事人可以向人民法院申请强制执行。"从这条规定,我们可以概括出"司法确认"的概念,它是指纠纷当事人在人民调解组织主持下达成调解协议后,向法院提出确认请求,由法院启动司法审查快速确认程序,对协议内容进行合法性审查,符合确认条件的,则以人民法院有关法律文书的形式固定调解成果,赋予其法律强制力。这是近年来人民调解工作的一项重要制度创新,是运用司法机制对人民调解给予支持的重要保障性措施。

二 我国人民调解协议司法确认制度的现行规定及其适用

为了规范经人民调解委员会调解达成的民事调解协议的司法确认程序、进一步建立健全诉讼与非诉讼相衔接的矛盾纠纷解决机制,2011年3月21日,最高人民法院审判委员会第1515次会议通过了《最高人民法院关于人民调解协议司法确认程序的若干规定》(简称《若干规定》),自2011年3月30日施行。

(一)可申请进行人民调解协议司法确认的主体

《若干规定》第1条规定:"当事人根据《中华人民共和国人民调解法》第三十三条的规定共同向人民法院申请确认调解协议的,人民法院应当依法受理。"当事人双方共同申请的前置要求,的确提升了当事人申请司法确认的门槛,比较严重地限制了当事人提请法院确认的积极性,增加了一方当事人的反悔概率,削弱了人民调解协议司法确认的威慑力。然而从《若干规定》第4条"双方当事人同时到法院申请司法确认的,人民法院可以当即受理并作出是否确认的决定"来看,只有一方当事人到场申请确认调解协议的效力也是可以的。但是,这似乎又与《人民调解法》的规定产生了矛盾。

(二)人民调解协议司法确认的管辖法院

《若干规定》第2条规定:"当事人申请确认调解协议的,由主持调解的人民调解委员会所在地基层人民法院或者它派出的法庭管辖。人民法院在立案前委派人民调解委员会调解并达成调解协议,当事人申请司法确认的，由委派的人民法院管辖。"司法确认程序的目的在于给当事人提供一种简便、灵活、便捷的司法服务，因此，确认管辖时应以尊重当事人意愿、注重效率、方便审查为原则。从调解完成后就近进行司法确认和调解委员会受所在地法院指导的角度来看，本条的规定并无不当，不过也有规定过窄的嫌疑。

（三）申请人民调解协议司法确认时提交的材料

《若干规定》第3条规定："当事人申请确认调解协议，应当向人民法院提交司法确认申请书、调解协议和身份证明、资格证明，以及与调解协议相关的财产权利证明等证明材料，并提供双方当事人的送达地址、电话号码等联系方式。委托他人代为申请的，必须向人民法院提交由委托人签名或者盖章的授权委托书。"在调查中，笔者发现，现在有些法官还要求当事人提交"承诺书"。这其实是2009年《若干意见》中曾经提倡的做法，现在是否仍然需要如此，也有待于更加具体地予以规范。

（四）法院受理人民调解协议司法确认案件的范围

关于法院受理人民调解协议司法确认案件的范围，《若干规定》第4条第2款是从消极意义上进行规定的："有下列情形之一的，人民法院不予受理：（一）不属于人民法院受理民事案件的范围或者不属于接受申请的人民法院管辖的；（二）确认身份关系的；（三）确认收养关系的；（四）确认婚姻关系的。"可惜的是，此条文没有明确法院受理的应为具有民事给付内容的人民调解协议，与以前的司法实践和司法文件没有能够保持一致。另外，此条的表述本身也存在问题："婚姻关系"和"亲子关系"已经包含在"身份关系"的范畴中，该条款在第（二）项列举出"确认身份关系的"后又在第（三）、第（四）项中列举出"确认收养关系的""确认婚姻关系的"，有重复表述之嫌。这有待以后予以修正。

（五）人民调解协议的司法审查范围与审理方式

《若干规定》并未明确人民调解协议的司法审查范围，只是在第6条中说明了审查的过程，第7条中列举了六种不予确认调解协议效力的情形。具体的，《若干规定》第6条规定，"人民法院受理司法确认申请后，应当指定一名审判人员对调解协议进行审查。人民法院在必要时可以通知双方当事人同时到场，当面询问当事人。当事人应当向人民法院如实陈述申请确认的调解协议的有关情况，保证提交的证明材料真实、合法。人民法院在审查中，认为当事人的陈述或者提供的证明材料不充分、不完备或者有疑义的，可以要求当事人补充陈述或者补充证明材料。当事人无正当理由未按时补充或者拒不接受询问的，可以按撤回司法确认申请处理"；第 7 条规定，"具有下列情形之一的，人民法院不予确认调解协议效力：（一）违反法律、行政法规强制性规定的；（二）侵害国家利益、社会公共利益的；（三）侵害案外人合法权益的；（四）损害社会公序良俗的；（五）内容不明确，无法确认的；（六）其他不能进行司法确认的情形"。如若与 2009 年《若干意见》第 24 条的相应规定比较，这第 7 条的规定甚至还有倒退的嫌疑。

另《若干规定》也没有明确司法确认案件的具体审理方式。

（六）人民调解协议司法确认后所采用的法律文书形式

《若干规定》第 8 条规定："人民法院经审查认为调解协议符合确认条件的，应当作出确认决定书；决定不予确认调解协议效力的，应当作出不予确认决定书。"审查人民调解协议是否有效后作出"确认决定书"或者"不予确认决定书"，是人民法院对人民调解工作成果的具体指导和监督，这沿袭了 2009 年《若干意见》中"决定"的倡议。

实践中，人民调解协议申请司法确认之后，如果法院不确认其效力，一般并不作出"不予确认决定书"；获得司法确认后有的作出"决定书"，有的作出"确认决定书"，有的作出"调解书"。如此看来，关于人民调解协议申请司法确认之后所采用文书形式的规定既不符合法理，适用也不统一。

（七）人民调解协议司法确认后的法律后果

1. 关于强制执行力。司法确认后的人民调解协议具有强制执行力，这一点在《人民调解法》第 33 条第二款和《若干规定》第 9 条中均有反映。后者规定："人民法院依法作出确认决定后，一方当事人拒绝履行或者未全部履行的，对方当事人可以向作出确认决定的人民法院申请强制执行。"

2. 人民调解协议司法确认错误时的救济途径。《若干规定》仅仅在第 10 条规定了案外人权利的救济方式："案外人认为经人民法院确认的调解协议侵害其合法权益的，可以自知道或者应当知道权益被侵害之日起一年内，向作出确认决定的人民法院申请撤销确认决定。"对于双方当事人发现确认结果存在错误时的救济方式，《若干规定》并未作出任何规定，这不可不谓为一大缺憾。

三 关于完善我国人民调解协议司法确认制度的思考

（一）增加申请人民调解协议司法确认的主体

允许一方或者双方当事人都可以申请司法确认程序。此外，除双方当事人外，笔者认为还应当赋予人民调解组织申请确认人民调解协议效力的资格，但需要附加一定的条件，如人民调解协议的履行是否会直接涉及当事人的基本生存权利、会直接影响社会稳定或涉及社会公众利益等。

（二）理顺关于人民调解协议司法确认管辖法院的规定

借鉴2009年《若干意见》第21条的规定，对《若干规定》第2条进行修改："当事人可以在书面调解协议中选择当事人住所地、调解协议履行地、调解协议签订地、标的物所在地基层人民法院管辖，但不得违反法律对专属管辖的规定。当事人没有约定的，除《中华人民共和国民事诉讼法》第三十四条规定的情形外，由当事人住所地或者调解协议履行地的基层人民法院管辖。经人民法院委派或委托有关机关或者组织调解达成的调解协议的申请确认案件，由委派或委托人民法院管辖。"

（三）明确法院受理人民调解协议司法确认案件的范围

司法确认案件的受理范围应为具有民事给付内容的人民调解协议。没有给付内容的调解协议，无执行的需要亦没有进行司法确认的必要。

（四）确定人民调解协议的司法审查方式

建议沿用2009年《若干意见》第24条的规定，将《若干规定》第7条修改如下。"有下列情形之一的，人民法院不予确认调解协议效力：（一）违反法律、行政法规强制性规定的；（二）侵害国家利益、社会公共利益的；（三）侵害案外人合法权益的；（四）涉及是否追究当事人刑事责任的；（五）内容不明确，无法确认和执行的；（六）调解组织、调解员强迫调解或者有其他严重违反职业道德准则的行为的；（七）其他情形不应当确认的。当事人在违背真实意思的情况下签订调解协议，或者调解组织、调解员与案件有利害关系、调解显失公正的,人民法院对调解协议效力不予确认,但当事人明知存在上述情形,仍坚持申请确认的除外。"

(五) 修正人民调解协议司法确认后所采用的法律文书形式

建议将《若干规定》第 8 条修改为:"人民法院经审查认为调解协议符合确认条件的,应当作出确认裁定书;决定不予确认调解协议效力的,应当作出不予确认裁定书。"

(六) 明确人民调解协议司法确认后的法律后果

1. 使执行根据"名正言顺"。应当将人民调解协议和法院作出的"决定书"两者合并作为当事人申请执行的依据,法院据以执行的依据则为我国《民事诉讼法》第 201 条第 2 款规定中的"其他法律文书",即"法律规定由人民法院执行的其他法律文书,由被执行人住所地或者被执行的财产所在地人民法院执行"。

2. 理顺司法确认后的人民调解协议的执行管辖法院。根据上面的分析,经人民法院司法确认的人民调解协议其执行的依据是确认文书及调解协议,其执行内容为调解协议,故该执行应属于人民法院对"其他法律文书"的执行,应由被执行人住所地或者被执行的财产所在地人民法院执行。

3. 明确人民调解协议司法确认错误时当事人的救济途径。人民调解协议中的双方当事人,在法院确认决定作出之后发现存在可能导致人民调解协议不应确认的情形,应该可以提出撤销原确认决定的申请。其审理程序、可申请时间、审理过程等应与《若干规定》中关于案外人提出的此类诉讼完全相同。

(七) 将我国的巡回审判制度和人民调解协议司法确认制度结合起来施行

巡回审判总的原则是人随案走,法官携带卷宗材料等,到乡镇偏远地区或行动不便、身体状况不好的当事人家中现场办案,或调解、审判,还有现场立案等,最终目的是方便当事人进行诉讼。而且人民调解协议的司法确认,也存在方便当事人的极大需要。如果巡回法官在主动下基层的过程中能够完成人民调解协议的司法确认程序,这样就可以方便群众,也能给当事人及群众现场上法制教育课,起到审理一案、教育一片的效果。

北京市实施《人民调解法》的亮点及展望[*]

人民调解，是指人民调解委员会通过说服、疏导等方法，促使当事人在平等协商基础上自愿达成调解协议，解决民间纠纷的活动。这是一项具有中国特色的化解矛盾、消除纠纷的非诉讼纠纷解决方式，被国际社会誉为"东方经验"。2010年8月28日，第十一届全国人民代表大会常务委员会第十六次会议通过了《中华人民共和国人民调解法》。这一法律制度既继承了中华民族"和为贵"等优秀文化传统，又与社会主义法律制度相协调，符合多渠道解决矛盾纠纷的世界潮流，具有强大的生命力。

自《人民调解法》于2011年1月1日起施行以来，北京市通过有效的人民调解工作，努力做到小事不出村、大事不出镇、矛盾不上交，切实发挥了人民调解在化解社会矛盾纠纷中"第一道防线"的作用。综观今年北京市的人民调解工作，主要有以下几项骄人的成绩。

第一，独立第三方的医疗纠纷人民调解工作已经步入健康发展的轨道。众所周知，"医疗纠纷"已经成为政府关注、群众关心、社会关切的常见词语。2011年5月30日，为了妥善应对"医疗纠纷"，独立第三方的社会组织——北京市医疗纠纷人民调解委员会（简称"医调委"）应运而生。目前，医调委的人民调解员，有退休医学专家、各大法院退休的高级法官，也有大学毕业生。医调委本着以人为本的工作理念，根据案件难易程度和当事人的具体情况，因地制宜开展调解工作，依法妥善调解医疗纠纷，表现出了医疗纠纷调解高技术、高难度和高复杂性的特点。

第二，顺义区成立全市首家律协重大民间纠纷人民调解委员会。5月

---

[*] 此文发表于《北京干部教育》2014年3月30日第3版。

11日，顺义区律协重大民间纠纷人民调解委员会正式揭牌，让专业律师走进社区、贴近百姓，站到了化解民间矛盾纠纷，为老百姓提供面对面专业法律服务的最前沿。

第三，东城区劳动争议调解联动机制建设成效显著。东城区以凡是百人以上的建会企业建立调解组织、百人以下的建会企业设立协调员为原则，着力推动建会企业建立劳动争议调解组织。目前已经建立调解组织3300多个，拥有调解员5200多人，覆盖企业1万多家。围绕"不出系统，化解在萌芽"的工作理念，东城区劳动争议联动调解工作充分发挥基层调解组织的作用，丰富律师的法律服务活动，深入推进劳动争议调处"预警、预报、宣传"一体化建设，积极融入社会矛盾多元调解格局，打造具有东城特色的劳动争议调处模式。

第四，北京市司法局利用电视媒体优势，创新人民调解新形式，打造"第三调解室"法律服务品牌。为进一步发挥电视媒体调解对于推进社会矛盾化解工作的优势和作用，持续加强人民调解的规范化建设力度，提升社会认知度和社会公信力，北京市司法局依托北京市电视台第三调解室建立的全国首个以电视栏目命名、接受司法行政机关指导、公开调解过程的人民调解委员会，积极致力于引导广大群众通过人民调解的方式化解矛盾，广泛树立"不争讼、和为贵、让为贤"的社会理念，维护社会和谐安定。设立北京电视台第三调解室人民调解委员会，是创新人民调解工作形式，加强人民调解工作宣传，引导更多的群众选择人民调解的方式化解矛盾纷争的有效方式。

第五，西城区司法局积极推进与区法院工作衔接。为进一步推进人民调解工作规范化建设，加强与人民法院工作衔接，西城区司法局与西城区法院深入交流，就2013年工作达成了三项意见。一是深化法院对人民调解的工作指导。统筹规范"法官进社区"工作，加强人民法院对调解组织的工作指导，法官进社区作为指导员，指导调解组织开展调解工作，参与重大疑难矛盾纠纷的调处；二是加强人民调解进立案庭工作。在原有工作的基础上，进一步加强司法调解和人民调解工作的衔接，进行诉前案件化解工作，完善工作制度，规范工作流程，务求人民调解进立案庭工作不断推进；三是落实调解协议司法确认程序。按照《人民调解法》的规定，就调解协议的司法确认实际运作程序问题进行协商，加强对人民调解委员会制作调解协议书的培训，畅通司法确认渠道。

第六，密云县司法局以"五个结合"来加强矛盾纠纷调解工作。为充分发挥人民调解在社会矛盾纠纷调解工作体系中的基础作用，密云县司法局紧密结合实际从"五个结合"入手，做好矛盾纠纷调解工作：一是实现人民调解网格化管理与行政管理相结合；二是实现社会管理创新与多元调解工作相结合；三是实现人民调解组织体系与规范化建设相结合；四是实现人民调解与常态化便民服务相结合；五是实现司法所建设与提升人民调解公信力相结合。按照密云县积极构建起的网格化管理工作模式，全县人民调解组织与广大人民调解员彻底整合"条块"公共服务资源，实行"纵向到底、横向到边"的管理和服务，切实做到每一寸土地都有人管理、每一呼声都有人听、每一项任务都有人落实的社会管理新目标。

第七，顺义区人民调解进立案庭。顺义区在推进人民调解进立案庭工作中，坚持发展"枫桥经验"，回应人民群众对化解矛盾的新需求，为夯实社会和谐稳定的根基作出了新贡献。

今后，在继续深入学习贯彻党的十八大和习近平总书记一系列重要讲话精神，认真贯彻落实中共中央、国务院关于做好人民调解工作的一系列重要指示，认真贯彻党的群众路线，深入贯彻实施《人民调解法》的过程之中，北京市的人民调解工作至少还需要在以下四个方面做出努力。第一，进一步加强人民调解组织建设，完善人民调解组织网络；第二，加强人民调解员队伍建设，注重把公道正派、热心人民调解工作并具有一定政策水平、法律知识的人员选任到人民调解员队伍中来，特别要注重从离退休法官、检察官、公安民警、司法行政工作人员以及不同行业、部门离退休基层干部中发展人民调解员，注重邀请律师、公证员、基层法律服务工作者以及具有相关专业知识的专家、学者参与人民调解工作，发挥好他们懂法律、懂政策、懂业务、会做群众工作的优势；第三，建立健全与《人民调解法》相配套的制度体系，加快完善人民调解委员会设立、人民调解员选任和培训、人民调解工作统计等配套制度，确保人民调解工作依法开展；第四，以加强人民调解与行政调解、司法调解的衔接配合为重点，形成分工合理、权责明确、优势互补、协调联动的社会矛盾纠纷解决体系，推动建立多元纠纷解决机制，努力使绝大多数案件都能得到及时公正处理，绝大多数矛盾纠纷都能得到有效化解。

论"调解优先"司法工作原则[*]

调解作为传统的纠纷解决方式，在我国有着悠久的历史，在纠纷解决机制中占据了重要地位，发挥着重要作用。所谓调解，是指双方当事人以外的第三者，以国家法律、法规和政策以及社会公德为依据，对纠纷双方进行疏导、劝说，促使当事方相互谅解，进行协商，自愿达成协议，解决纠纷的活动。在我国，调解主要分为四种不同性质的类型：法院调解、人民调解、仲裁调解和行政调解。法院调解首先是就民事诉讼领域内的调解而言的。所谓民事诉讼调解，是指在民事诉讼中，由法院主持，在当事人及相关人员的参与下，本着当事人自愿的精神，通过法的彰显、理的疏导、情的劝说，促进当事人双方平等协商、妥协让步，并达成协议而终结诉讼程序的活动。本文即立足于民事诉讼，梳理"调解优先"司法工作原则确立的过程，描述"调解优先"的适用范围，例解"调解优先"的适用方式，勾勒"调解优先"的适用原则。

一 "调解优先"司法工作原则的确立

新中国成立以来，可以毫不夸张地说，我国的民事诉讼制度史就是一部注重用调解方式解决纠纷的历史。我们指导民事审判的方针先是"依靠群众、调查研究、调解为主"，其后发展为"依靠群众，调查研究，调解为主，就地解决"。1982年，第一部《中华人民共和国民事诉讼法（试行）》第6条规定，"人民法院审理民事案件，应当着重进行调解；调解无效的，应当及时判决"（该规定被称为"着重调解原则"）。1991年修

---

[*] 此文发表于《北京农业职业学院学报》2014年第6期。

订《民事诉讼法》时,这个原则被修正为"自愿、合法调解原则"。

尽管不同时期我国民事诉讼法律中都有关于民事诉讼调解的规定,实践中的情形却并非一以贯之:新中国成立以后的相当长一段时间内,人民法院的民事审判基本上是以调解为主;"文化大革命"结束后的20年内,人民法院的调解率依然较高;20世纪90年代以后,人民法院的调解开始走向低谷;自从2002年以来,人民法院的调解又逐步步入高峰。

自2002年以来,调解受到高度的重视和推崇,最高人民法院也不断强调应当注重用调解方式处理民事纠纷,颁布了一系列有关调解的司法解释和司法文件,不断提升民事诉讼调解的地位。其中,主要包括2004年9月颁发的《关于人民法院民事调解工作若干问题的规定》、2007年3月颁发的《关于进一步发挥诉讼调解在构建社会主义和谐社会中积极作用的若干意见》、2009年7月颁发的《关于建立健全诉讼与非诉讼相衔接的矛盾纠纷解决机制的若干意见》等。

就民事诉讼中的调判关系而言,最高人民法院的方针原先是"能调则调、当判则判、调判结合、案结事了"。2008年,这一方针转变为"调解优先,调判结合,案结事了"。由于新的民事司法方针更加突出和强调"调解",把"调解"置于优先选择的位置,所以被简称为"调解优先"。2010年6月7日,最高人民法院颁发《关于进一步贯彻"调解优先、调判结合"工作原则的若干意见》(以下简称《若干意见》),将"调解优先"原则进一步明确化、具体化、规范化。2012年修正的《民事诉讼法》第122条规定:"当事人起诉到人民法院的民事纠纷,适宜调解的,先行调解,但当事人拒绝调解的除外。"于此,"先行调解"的立法规定进一步确定了"调解优先"的政策精神。

二 "调解优先"的适用范围

《若干意见》要求各级人民法院特别是基层人民法院要把调解作为处理民事案件的首选结案方式和基本工作方法,对婚姻家庭纠纷、继承纠纷、劳务合同纠纷、交通事故和工伤事故引起的权利义务关系较为明确的损害赔偿纠纷、宅基地和相邻关系纠纷、合伙协议纠纷、诉讼标的额较小的民事纠纷,在开庭审理时先行调解,要求各级法院下大力气做好以下民事案件的调解工作:事关民生和群体利益、需要政府和相关部门配合的案件;可能影响社会和谐稳定的群体性案件、集团诉讼案件、破产案件;民间债务、婚姻家庭继承等民事纠纷案件；案情复杂、难以形成证据优势的案件；当事人之间情绪严重对立的案件；相关法律法规没有规定或者规定不明确、适用法律有一定困难的案件；判决后难以执行的案件；社会普遍关注的敏感性案件；当事人情绪激烈、矛盾激化的再审案件、信访案件。

当然，适用特别程序、督促程序、公示催告程序、破产还债程序的案件，婚姻关系、身份关系确认案件以及其他依案件性质不能进行调解的民事案件，人民法院不予调解。

对有些案情复杂、当事人争议比较大、社会关注度比较高的案件，需要人民法院以判决的形式回应社会关切，对某些突出的社会问题表明司法态度，以树立司法权威，正确引导社会舆论，而不适宜调解结案。

三 "调解优先"的适用形式

（一）诉前调解

诉前调解，是指在当事人自愿的前提下，在收到当事人起诉状或者口头起诉之后、正式立案之前，对于未经人民调解、行政调解、行业调解等非诉讼纠纷解决方式调处的案件，人民法院积极引导当事人先行就近、就地选择非诉讼调解组织解决纠纷，力争将矛盾纠纷化解在诉前。当事人选择非诉讼调解的，应当暂缓立案；当事人不同意选择非诉讼调解的，或者经非诉讼调解未达成协议，坚持起诉的，经审查符合相关诉讼法规定的受理条件的，应当及时立案。例如，自2012年2月试运行至2012年8月下旬，吉林省辽源市东丰县人民法院诉前调解指挥中心共受理诉前调解案件805件，其中调解成功258件，调解成功率达到32%。这些诉前调解成功的案件基本上都能做到"案结事了"，当事人极少会再向人民法院提起诉讼。[①]

（二）立案调解

在案件立案之后、移送审判业务庭之前，要充分利用立案窗口"第一时间接触当事人、第一时间了解案情"的优势，积极引导当事人选择调解方式解决纠纷。对事实清楚、权利义务关系明确、争议不大的简单民事案件，在立案后应当及时调解；对可能影响社会和谐稳定的群体性案件、集

---

① 参见吕文彪、由世阳、宋义泽《调解优先的新模式》，《辽源日报》2012年8月22日，第2版。

团诉讼案件，敏感性强、社会广泛关注的案件，在立案后也要尽可能调解。例如，2014年10月，诉讼标的总额为42万余元的46件劳动争议系列纠纷案件，在内蒙古自治区满洲里人民法院几个部门、多名干警的共同努力下，快速调解成功。案件中作为原告的46名农民工均系外来务工人员，通过被告向俄罗斯输出劳务。立案庭在立案后第一时间对被告采取诉前保全措施，电话通知被告，督促被告提前到庭调解。在连续数小时的依法、耐心调解下，仅一个下午，46起案件就全部调解完毕，双方当事人最终达成和解。①

（三）庭前调解

在案件移送审判业务庭、开庭审理之前，当事人同意调解的，要及时进行调解。例如，广西壮族自治区灵山县人民法院民二庭着力推进"调解优先"，将调解作为审判的重点狠抓落实。2014年正月十四日这一天，该庭成功调解了原告黄某骐等人诉被告广西壮族自治区灵山县某置业有限公司商品房预售合同纠纷案33件。灵山人民法院民二庭法官积极发挥主观能动性，以最大限度地保障当事人的合法权益，最终实现了"案结事了"，达到了法律效果与社会效果的统一。

（四）委托调解

在案件受理后、裁判作出前，经当事人同意，可以委托有利于案件调解解决的人民调解、行政调解、行业调解等有关组织或者人大代表、政协委员等主持调解，或者邀请有关单位或者技术专家、律师等协助人民法院进行调解。例如，2014年9月17日，广东省高级人民法院与中国互联网协会正式签订委托调解涉及互联网纠纷案件协议。根据这个协议，今后，广东全省三级人民法院受理的一审涉互联网知识产权民事案件，在当事人自愿的情况下，均可委托中国互联网协会调解中心进行调解。②

（五）协助调解

协助调解是指法院邀请有关案外人参与诉讼调解，请调解人帮助法官做当事人的思想工作，以促进纠纷的调解解决。例如，2014年有这样一个

---

① 参见梁建学、满洲里《涉民生案上下功夫》，《人民法院报》2014年10月18日，第6版。
② 参见何娟、徐忠婵《广东高院与中国互联网协会签订协议 委托协会调解一审涉网知产纠纷》，《人民法院报》2014年9月21日，第1版。

案子。7月28日,福建省厦门市的林女士因个人事务往自己的另一张银行卡转账4.5万元,输入银行卡号时多按了一个"0",错将4.5万元汇入了江西省泰和县的钟女士的个人账户。无奈之下,林女士向泰和县人民法院提起诉讼,要求钟女士返还不当得利。受理此案后,承办法官一方面反复与远在广西打工的钟女士联系,向其释明相关法律关系;另一方面联合村干部多次深入其家中,做通钟女士父亲的思想工作,督促其归还相关款项。最终,钟女士将钱款汇到法院账户。①

事实上,在司法实践中,"调解优先"受到了各级人民法院的高度关注,"调解优先"理念极度盛行起来。例如,2013年至2014年上半年,山东省日照市各级人民法院共审结各类民事案件21214件,其中调解6960件、撤诉结案4573件,共计11533件,调解撤诉率为54.37%,人民法庭平均调解撤诉率达到60.47%。②再如,截至2014年10月中旬,新疆维吾尔自治区温宿县人民法院民商事案件调撤率达80.62%,诉前调解、立案调解与庭前、庭中调解以及执行和解相互对接,浑然一体;精心调解将不和谐因素消灭在萌芽状态,法律效果与社会效果有机统一,真正实现案结、事了、人和。③

四 "调解优先"的适用原则

在我国的司法实践中,"调解"始终是"优先"被选用的,但是,所有的案件都予以调解,并不是我们的目标,调解一定要遵守自愿原则,要严格依法进行,要考虑社会效果。

(一) 正确处理判决和调解的关系

调解与判决同为人民法院行使审判权的方式,二者之间不存在优劣高下之分。法院的优势不在于它具有更强的调解能力,相反,法院是纠纷的最后裁断者,判决才是法院应该做的也必须做的工作。法官在审理案件时,究竟选择调解还是判决,其判断标准必须立足于有效化解矛盾纠纷促进社会和谐,定分止争,实现法律效果与社会效果的有机统一。

---

① 参见李展辉、钟敏《将钱误汇他人账户 法官调解失而复得》,《人民法院报》2014年10月16日,第3版。
② 参见《做好民事调解 助推司法为民——山东省日照中院关于民事诉讼调解结案情况的调研报告》,《人民法院报》2014年10月16日,第8版。
③ 参见王书林《新疆温宿:扎根基层解民忧》,《人民法院报》2014年10月14日,第8版。

（二）遵守自愿原则

人民法院在进行各项调解工作时，一定要尊重当事人对自己权益的处分权利。当前，一方面，部分义务人把调解作为拖延给付、减轻履行义务的手段，而无履行义务的诚意，损害了权利人的利益；另一方面，在调解工作不断强化的现实背景下，调解结案成了一种民事司法目的，而不单纯是解决纠纷的手段，导致在实际操作中"以劝压调""以拖压调""以判压调"等情况的发生。应当坚决摒弃这些错误的做法，并对相关法官作出相应的处理。

（三）严格依法进行

我国《民事诉讼法》第93条将"事实清楚"确定为人民法院进行调解的基础，将"分清是非"作为调解的必要前提。但实践中，有些法官没有很好地遵循这一原则，对一些案情复杂、争议较大的案件进行调解，事实不清、是非不分地"和稀泥"，导致案件当事人对司法失去信任。为了追求调解结案和调解率的提升，有的法官对一些明显不符合法律规定的调解协议进行确认，导致处理结果在其后的执行工作中产生问题，甚至引发更为激化的矛盾。

（四）注重社会效果

近年来，各种不同类型的恶意诉讼越来越多，已经危害到正常的社会秩序，而恶意诉讼往往以一方当事人起诉到人民法院、双方当事人很快达成一致意见，进而要求人民法院制作调解书的形式出现。因此，人民法院的法官应当严格依法审查当事人的调解是否损害了国家利益或者社会公共利益等，不能为了追求调解结案而忽视了当事人背后的目的。调解工作应当注重社会效果，不能损害国家利益、社会公共利益、案外人的合法权益等。

总之，我国的民事诉讼调解经历了一个否定之否定的过程。"调解优先"工作原则是认真总结人民司法实践经验，深刻分析现阶段形势任务得出的科学结论。在当今中国，"调解优先"已经成为各级人民法院解决民事纠纷的基本原则。只有正确解读最高人民法院的《若干意见》，正确适用"调解优先"的各项规定，避免对该原则的不当理解和适用，才能确保"案结事了"，充分发挥民事诉讼调解工作在化解社会矛盾、维护社会稳定、促进社会和谐中的积极作用。

四　法律实施

扎实推进依法行政 全面建设法治政府[*]

党的二十大报告中强调,"全面依法治国是国家治理的一场深刻革命,关系党执政兴国,关系人民幸福安康,关系党和国家长治久安"[①],"法治政府建设是全面依法治国的重点任务和主体工程"[②]。建设法治政府的核心是依法行政,所以党的二十大报告不吝笔墨强调"扎实推进依法行政"。

依法行政,就是行政机关依据法律法规的规定取得行政权力、行使行政权力,并对行政行为的后果承担相应责任的一系列活动。国务院 2004 年发布的《全面推进依法行政实施纲要》是指导各级政府的纲领性文件,是我国法治政府全面建设开始的标志,对依法行政提出了六项基本要求:合法行政,合理行政,程序正当,高效便民,诚实守信,权责统一。依法行政是现代法治的重要概念,是行政法的核心和灵魂。党的十八大以来,我国法治政府建设步入了全面"规划"和系统推进时代,各方面取得了重大进展。关于"扎实推进依法行政",党的二十大报告高屋建瓴地提出了一系列要求。结合中共中央、国务院 2021 年 8 月 2 日印发的《法治政府建设实施纲要(2021—2025 年)》,"十四五"期间全面建设法治政府的路线图和施工图赫然在目,这体现了法治政府建设接续与创新的内在逻辑和时代特征。

第一,推进政府机构职能优化协同高效。坚持优化政府职责体系、组织结构与促进政府职能转变、理顺部门职责关系统筹结合,推进机构、职

---

[*] 此文署名"86 级校友 李秀梅"发表于《中国政法大学校报》2023 年 6 月 13 日第 3 版。
[①] 习近平:《高举中国特色社会主义伟大旗帜 为全面建设社会主义现代化国家而团结奋斗——在中国共产党第二十次全国代表大会上的报告》,人民出版社,2022,第 40 页。
[②] 习近平:《高举中国特色社会主义伟大旗帜 为全面建设社会主义现代化国家而团结奋斗——在中国共产党第二十次全国代表大会上的报告》,人民出版社,2022,第 41 页。

能、权限、程序、责任法定化，使机构设置更加科学、职能更加优化、权责更加协同。完善经济调节、市场监管、社会管理、公共服务、生态环境保护等职能，厘清政府和市场、政府和社会关系，推动有效市场和有为政府更好结合。推进编制资源向基层倾斜，构建简约高效的基层管理体制，实行扁平化和网格化管理。

第二，提高行政效率和公信力。着力提升政务服务效能，优化整合提升各级政务大厅"一站式"服务，完善首问负责、一次告知、一窗受理、自助办理等制度。加快推进高频政务服务"跨省通办"，着力解决异地就医等痛点难点问题。大力推进政务公开，做好政府信息主动公开和依申请公开，依法满足人民群众合理信息需求。

第三，深化行政执法体制改革。主要包括：完善权责清晰、运转顺畅、保障有力、廉洁高效的行政执法体制机制；继续深化综合行政执法体制改革；加强综合执法、联合执法、协作执法的组织指挥和统筹协调；健全审批、监管、处罚衔接机制，防止相互脱节；稳步将基层管理迫切需要且能有效承接的行政执法事项下放给基层；建立健全乡镇（街道）与上一级相关部门行政执法案件移送及协调协作机制；完善行政执法与刑事司法衔接机制。

第四，全面推进严格规范公正文明执法。首先，加大食品药品、公共卫生、自然资源、生态环境、安全生产、劳动保障、城市管理、交通运输、金融服务、教育培训等关系群众切身利益的重点领域执法力度；分领域梳理群众反映强烈的突出问题，开展集中专项整治；加强日常监管和执法巡查，从源头上预防和化解违法风险；建立完善严重违法惩罚性赔偿和巨额罚款制度、终身禁入机制。其次，完善行政执法程序，健全行政裁量基准。主要做到：全面严格落实行政执法公示、执法全过程记录、重大执法决定法制审核制度；统一行政执法人员资格管理，完善相关规范标准；统一行政执法案卷、文书基本标准，提高执法案卷、文书规范化水平；完善行政执法文书送达制度；全面落实行政裁量权基准制度；全面梳理、规范和精减执法事项；规范涉企行政检查。最后，创新行政执法方式。推行行政执法 App 掌上执法，广泛运用说服教育、劝导示范、警示告诫、指导约谈等方式，努力做到宽严相济、法理相融，让执法既有力度又有温度。

虽然法治政府建设有了明确的行动路线和施工图，但是，相对着眼提高人民群众满意度，着力实现依法行政水平普遍提升，努力让人民群众在每一个执法行为中都能看到风清气正、从每一项执法决定中都能感受到公平正义，仍可谓任重道远。今后，扎实推进依法行政，特别需要做好三方面的工作。第一，重视以宪法宣誓为代表的文化形式的作用。通过宪法宣誓等教育形式提高国家机关工作人员特别是国家机关领导干部尊重、遵守宪法和法律的依法行事意识。第二，增强政府工作人员，特别是领导干部"关键少数"的法治意识，提高依法行政能力。要把法治教育纳入各级政府工作人员初任培训、任职培训的必训内容，通过开展法律知识讲座、法学专家报告会等活动普及法律知识，提高广大公务人员的法治意识和依法行政能力。特别的，要将领导干部社会管理的法治化作为政绩考核的重要指标，建立健全领导干部个人法治考核的档案，并作为其选拔、奖惩、晋升、晋级的重要依据。第三，强化行政执法监督机制和能力建设，严格落实行政执法责任制和责任追究制度。在法治政府的建设过程中，对权力运行的制约和监督必须常抓不懈：加强对行政执法制约和监督；2024年底前基本建成省市县乡全覆盖的比较完善的行政执法协调监督工作体系；严格按照权责事项清单分解执法职权、确定执法责任；加强和完善行政执法案卷管理和评查、行政执法考核评议等制度建设；大力整治重点领域行政执法不作为乱作为、执法不严格不规范不文明不透明等突出问题；建立并实施行政执法监督员制度。

我国法治政府建设已经迈出了坚实的步伐。随着依法行政的扎实推进，一个职能科学、权责法定、执法严明、公开公正、智能高效、廉洁诚信、人民满意的法治政府，正大踏步向我们走来，成为我国社会主义法治国家建成的主要标志。

如何提高公务员依法行政的
意识和能力[*]

公务员作为国家行政机关的工作人员,是一切行政活动的直接实施者,是依法行政最基本的主体。提高公务员依法行政意识和能力对推进依法行政、建设法治政府,进而实现"依法治国"基本方略具有重要意义。2004年3月,国务院颁布《全面推进依法行政实施纲要》,明确把"不断提高行政机关工作人员依法行政的观念和能力"列为基本工作目标。那么,公务员依法行政的意识和能力到底包括哪些内容,我国目前在这方面主要存在哪些问题,如何才能提高公务员依法行政的意识和能力?本文将对此作一些探讨和思考。

一 公务员依法行政意识和能力的内涵

根据相关研究,公务员依法行政的意识主要包括自身定位意识[①]、法律意识和责任意识等三个方面。自身定位意识是指公务员要明确自己的公民和公职人员身份,不同的场合要区分不同的身份角色,扮演公职人员身份时要谨记自己的"公仆"角色。而法律意识是公务员依法行政的前提和

---

[*] 本文收录于姜异康、袁曙宏主编《行政管理体制改革与提高政府效能——第四届中欧政府管理高层论坛论文集》(国家行政学院出版社2008年版)。合作者包琪,读本科时学习法律专业,在中共北京市委党校就读社会学专业硕士研究生期间曾经和另外两位本专业的同学听笔者讲授跨学科课程"城市管理相关法律研究"。成功提交此文后,与笔者一起参加了国家行政学院2007年夏天举办的第四届中欧政府管理高层论坛,并在小组发言。此乃包琪首次参加国际学术会议。跨部门的师生俩此番一起出席学术会议,当属中共北京市委党校硕士研究生教学、培养过程中的一次创举。

[①] 参见吴澄清、戴芳《提升公务员依法行政能力研究——以南京市为例》,《中共南京市委党校南京市行政学院学报》2006年第5期。

基础,公务员具有法律意识关键要明确"职权法定"和"法律至上"的理念,运用法律的思维思考解决问题。"有权必有责",公务员代表政府行使公权力,同时,必须承担相应的责任,这就是"权责一致"原则。

关于依法行政的能力,一直是公务员队伍建设的重要课题。2003年12月,人事部颁布了《国家公务员通用能力标准框架(试行)》,对公务员依法行政能力的内容作了明确规定:(1)有较强的法律意识、规则意识、法治意识、法治观念;(2)忠实遵守宪法、法律和法规,按照法定的职责权限和程序履行职责、执行公务;(3)准确运用与工作相关的法律、法规和有关政策;(4)依法办事,准确执法,公正执法,文明执法,不以权代法;(5)敢于同违法行为作斗争,维护宪法、法律尊严。

由以上可见,公务员依法行政的意识和能力并不是互相独立的,而是相辅相成、相互促进的。其中,意识是基础,是依法行政的主观条件。只有具有了强烈的意识,能力才能提高;同时,能力提高也有助于意识的加强。

二 提高公务员依法行政意识和能力的必要性

随着"依法治国"观念的深入人心,我国公务员依法行政的意识和能力虽然有了很大提高,但与依法行政本身的要求还有一段距离,主要表现在三个方面,这也是广大公务员普遍需要提高依法行政意识和能力的必要性的表现。

(一)公务员个人素质有待提高

公务员自身的素质状况,对依法行政意识和能力的提高有决定性的作用。古话说"徒法不足以自行",说明只有好的法律和制度是不行的,执行这些法律制度的人更重要。然而,我国现有的行政执法队伍的素质状况还有待提高。据国务院法制办公室统计调查,大城市的行政执法人员中具有大专以上文化水平的大约占20%,县级不到10%。[1] 而且,即使一些公务员受过高等教育,也多是单一的专业教育,他们对行政管理及行政法律方面知识的掌握很难达到专业水平。如此的学历层次和知识结构,必然影

---

[1] 参见金国坤《依法行政的现实基础——影响和制约政府依法行政的因素分析》,中国政法大学出版社,2001,第200页。

响依法行政的进程，影响公务员自身依法行政意识和能力的提高。这不符合依法行政的需要，是影响依法行政进程的内部原因。

（二）公务员执法依据不足

这主要是因为当前行政立法主体划分不明确，行政立法比较混乱。基本表现为三种形式。（1）各部门对同一领域分别制定法律规范，可能形成法律冲突，造成"政出多门，不知该守哪家"的情形。（2）有一些领域无立法部门问津，使早期制定的法律得不到及时的修订完善。（3）存在一些立法空白，形成某些领域无法可依的局面。比如，关于非物质文化遗产的保护，由于我国多年来不是十分重视，相关立法欠缺；于是，有关人员在执行职务时可能找不到相应的法律法规。

（三）公务员法治意识不强

公务员作为依法行政的主体，他们的法治意识水平直接决定了依法行政的实现程度。目前，一些公务员仍然抱着传统的"人治"观念，依传统方式行政，"以权压法""以权代法"的现象仍然存在。即使知道依法行政的提法，他们通常也不理解其真正的内涵，不理解法治的实质和精义就在于控权，即对权力在形式和实质上予以合法性限制，而片面地将依法行政理解为依法管理人民。这种观念极大地阻碍了依法行政的实现。

三 提高公务员依法行政的意识和能力的措施

意识和能力密不可分，所以，提高公务员依法行政的意识和能力是一体化的工作，不能割裂开来进行。那么，到底应该如何提高公务员依法行政的意识和能力？笔者拟从四个方面进行分析。

（一）提高公务员自身素质

一支高素质的公务员队伍是依法行政得以实现的前提条件。鉴于上述状况，我们至少应该从以下三个方面着手提高公务员的个人素质。

第一，行政部门要严格执行公务员考录机制，明确规定报考公务员的条件和要求。如必须具备相当的专业学历、相应的工作经验。

第二，对于已经在职的素质有待提高的公务员，通过培训、再学习等途径，使其达到岗位要求，为进一步提高依法行政的意识和能力奠定基础。

第三，树立依法行政的理念，转变"人治"思想。受封建传统观念的影响，一些公务员习惯于对首长负责，认为权力来源于领导，凡事唯领导意志是从，对人民的权益不闻不问。这种观念和做法是完全与依法行政、法治相背离的，要从思想上彻底根除。公务员要明白，他们的权力来自人民的授予，来自法律的规定；行使权力要对人民负责，要承担相应的法律责任。

（二）完善行政立法

谈"依法行政"，健全的法律规范不可或缺。要推进依法行政，提高公务员依法行政的意识和能力，完善立法是基础。

第一，当务之急是解决立法的民主化、公开化问题，保证人民的参与，保证立法的中立态度。① 布坎南的公共选择理论认为："政府政策的制定者都是理性的经济人，都在追求自己的最大化利益。"② 尽管该观点有绝对化倾向，但表明利益对于政策制定者的重要影响。法律的制定同样如此，涉及部门行业利益的法律制定难免有失公正，难免会维护本部门利益。因此，该类法律的制定应该交给与本部门无关的主体起草，以保证立法者的中立，进而维护法律的公正。

第二，从体制上、程序上完善立法。一方面，要清除不规范的法律法规，其中包括旧的、不合时宜的以及相互之间有冲突的法律法规；另一方面，尽快填补立法空白，杜绝无法可依情况的出现。尤其是要通过制定法律规范政府职能，使具体的行政程序法定化。

（三）强化公务员的法治意识

在公务员素质提高、行政立法完善的前提下，提高公务员依法行政的意识和能力的关键就在于强化其法治意识。这里的法治意识不仅是几个简单的法律观点的叠加，而是在打破原有的行政理念的基础上，树立起一整套的依法行政的法律观念。

第一，在树立正确的意识之前，先要实现两个观念上的扬弃。（1）抛弃"公民义务本位、政府权力本位"的观念，发扬"公民权利本位、政府

---

① 参见马怀德《依法执政和依法行政》，《人民论坛》2005 年第 7 期。
② 参见竺乾威主编《西方行政学说史》，高等教育出版社，2001，第 331 页。

责任本位"的观念。(2)抛弃"依法治民、依法治事"的观念,发扬"依法治官、依法治权"的观念。

第二,通过加强宣传、狠抓培训、树立典型等途径,在公务员队伍中逐渐形成以下法律理念。(1)职权法定。公务员要依法行政,必须首先明确职权法定,与"法无明文规定即为公民自由"相反,对行政机关而言,"法无明文规定即为禁止"。[①] 公务员行使职权必须在法律规定的范围之内,不能超越法律的授权,否则便是违法行政,要受到法律的制裁。正所谓"有权必有责、侵权要赔偿、违法受追究"。(2)依程序行政。程序公正是实体公正的前提,也只有依程序行政才能保证实体公正,从而确立依法行政的权威。反之,不依程序办事,即使行政的结果符合法律规定,也很难得到行政相对人的认可。因此,在一定意义上,程序公正才是真正的公正。所以,要依法行政必须做到依程序行政。

第三,随着政府职能的转变,从根本上促进公务员行政模式的改变。公务员在政府工作,政府通过公务员实现管理职能,两者关系密不可分。应该抛弃"管制政府""全能政府"的理念,实现"服务型政府""有限政府"和"法治政府"的理念。"管制行政在社会秩序的要求中总是把行政管理体系及其运行体系作为基本的关注点,行政权和行政行为被置于整个社会的中心位置。"[②] 政府的行政权力渗透到社会生活的方方面面,形成了"行政权独大"的现象,而忽略了行政权力是有限的、要受约束的。这种"管制政府"模式与依法行政的本质相背离。今后,政府职能的改变,将从根本上转变公务员的行政意识,进而促进其依法行政的意识和能力的提高。

(四)完善公务员管理机制

要提高公务员依法行政的意识和能力,除了公务员自身的不懈努力之外,还需要有相关的外部措施发挥作用。因此,完善公务员管理机制是提高公务员依法行政的意识和能力的重要内容。这一内容主要包括以下几个方面。

第一,完善培训制度。关于培训,本文前面已有所提及。在此,主要

[①] 参见申来津、刘思思《法律意识与行政选择——公务员依法行政观念分析》,《社会科学家》2006年第2期。

[②] 张康之:《论"新公共管理"》,《新华文摘》2000年第10期。

探讨培训作为一种制度应该完善的地方。(1) 发展灵活培训方式, 拓宽多样培训途径。不仅通过定期的课堂学习培训, 还可以通过现场观摩、案例讨论等方式达到培训的目的。这样不仅可以使尽可能多的公务员得到培训的机会, 还可以达到更好的培训效果。(2) 提高培训保障能力。[①] 开展培训, 并要保证质量, 必要的经费支出必不可少。对此, 政府可以通过财政划拨、社会筹集等多种形式、多种渠道筹措, 并力争形成制度性的保障。

第二, 落实考评和奖惩制度。《全面推进依法行政实施纲要》第37条规定: "要把依法行政情况作为考核行政机关工作人员的重要内容, 完善考核制度, 制定具体的措施和办法。" 因此, 公务员的考核应以《公务员法》的精神为指导, 以依法行政情况为依据, 并区分不同层级制定具体考核标准。这些标准的测量操作要直观、简练, 尽量少使用模糊性评价。同时, 测量标准还要全面, "德、能、勤、绩、廉" 五个方面一个也不能少。

除此之外, 笔者建议, 建立公务员个人工作得失档案。每个公务员在工作过程中有过什么成绩, 有过什么过错, 都要明确记录在案。个人档案可以改变某些公务员 "不求有功, 但求无过" 的错误观念, 激励其积极工作, 努力提高业务水平。个人档案应该成为公务员职务升降及工作能力鉴定的基本依据。

既然有考评, 就应该有相应的奖惩。根据考核结果, 依照《公务员法》《国家公务员职务升降暂行规定》《国家赔偿法》《行政机关公务员处分条例》等法律的明确规定, 对公务员进行公开、透明的奖惩、升降, 做到奖惩有理、升降有据。这样才能从外部促使公务员提高自己依法行政的意识和能力。

第三, 建立健全监督机制。人的本性是自私的, 当公权力与自私本性结合在一起时, 就容易形成贪污腐败。要防治腐败, 仅仅寄希望于公务员自身素质的提高是远远不够的。现行监督机制的不完善导致公务员拒腐防变的能力极弱, 这严重影响了依法行政的实现。

孟德斯鸠早已指出: "一切有权力的人都容易滥用权力, 这是万古不易的一条经验, 有权力的人们使用权力一直到遇有界限的地方才休止。"[②] 有权的地方必须有监督。依法行政就是依法治权; 为了防止权力的滥用,

---

[①] 参见赵晓华《提高公务员依法行政能力刍议》,《行政与法》(吉林省行政学院学报) 2005年第9期。

[②] 〔法〕孟德斯鸠:《论法的精神》, 张雁深译, 商务印书馆, 1961, 第154页。

必须完善对公务员的监督机制。因此，我们建议，第一，设立广泛的监督主体。既要有权力机关、司法机关监督，又要有行政机关内部和社会舆论的监督。同时，要完善行政诉讼、信访等制度，实现人民群众的直接监督。第二，进行全程监督。改变以往只在事后救济的情形，加强事前和事中监督。这就要求增强行政执法的公开性和透明度，以便于进行监督。

　　总之，提高公务员依法行政的意识和能力不仅是当前的需要，更是长远的任务；不仅是推进依法行政、建设法治政府的需要，更是建设社会主义法治国家、实现依法治国基本方略的要求。因此，我们要从思想宣传到制度建设，从内部促进到外部监督等各个方面采取措施，实现公务员依法行政意识和能力的提高。

如何维护职工的就业权[*]

在调整产业结构、转换企业机制的过程中，由于市场因素的影响，职工下岗或企业不续签劳动合同本无可非议。但相当一部分企业的做法很不规范。

目前，部分职工尤其是国有企业或集体企业的职工，对不规范下岗、不续签劳动合同意见很大，但苦于无法通过法律程序解决，个别的还有消极或过激的行为，这给职工本人、企业及社会均带来了负面影响。

实行集体合同制度，已成为维护职工就业权的曙光。在《劳动法》实施后，实行集体合同制度的企业逐步增加。虽然多数企业签订的集体合同质量还有待于提高，但有些企业在实行集体合同制度、维护职工就业权方面进行了有益的探索。

某食品公司有职工 900 多人，1996 年实行集体合同制度。这家公司的集体合同中规定：职工在本公司连续工作满 10 年以上，距法定退休年龄 10 年以内的，能够遵守公司规章制度，完成本职工作，劳动合同期满的，如本人提出签订长期的劳动合同，公司应当与其续订。自公司签订集体合同后，职工劳动合同期满，要求续订的共有 300 余名。由于这些人员认真履行劳动合同，企业也严格按照集体合同办事，均同这些职工续签了劳动合同。食品公司的集体合同虽不是尽善尽美，但确实发挥了维护职工就业权的作用，同时也有利于职工劳动积极性的发挥。

---

[*] 本文主要由笔者与中共北京市委党校 1996 级法律专业大专班学员孙双星共同完成。在笔者所承担的中国劳动法课程讲授期间，师生课前课后曾经多次展开交流。孙双星当时就职于北京市劳动和社会保障局，师生便商议围绕"集体合同"拟写此文，后发表于《是与非》1999 年第 10 期。该文被中国人民大学书报资料中心《青少年研究》2000 年第 1 期全文转载。这也可谓师生成功合作的一例。

《劳动法》第35条中规定:"依法签订的集体合同对企业和企业全体职工具有约束力。"① 由此可见:集体合同具有约束企业(包括法定代表人)和全体职工的效力;另外,集体合同的约束力大于劳动合同。当前,必须强调的是,集体合同中应有关于职工下岗、续订劳动合同与不续订劳动合同方面的内容。

集体合同的条款应当明确、具体、便于操作。例如,在集体合同中规定:当职工符合下列条件之一者,即认真履行劳动合同达一定年限的、为企业创造经济效益和社会效益达一定程度的、职业技能达一定水平的及其他条件等,劳动合同期满,他们又提出续签劳动合同的,企业应续签。企业违约,职工可以申请劳动争议仲裁机构的仲裁及人民法院的裁决,保护自己的合法权益。

集体合同应兼顾职工和企业双方的利益,不可过多强调任何一方的利益。无论是劳动合同的续签条件与不续签条件,还是职工的上岗与下岗条件,均需要考虑职工和企业双方的具体情况。制定的条件既要能对职工劳动权起到维护作用,又能有利于企业生产要素的合理配置。在维护职工就业权的同时,要充分考虑企业的经济效益,因为只有企业的经济效益不断提高,才能为增强企业的竞争能力创造条件,从而又为职工就业权的实现提供更有力的长期保障。

集体合同确定的职工下岗与上岗、续签和不续签合同的条件,应当体现公正、公开、公平竞争的原则。一是对管理人员和工人一视同仁,不能下岗的只是工人。二是企业中岗位的数量、岗位职责、对岗位上人员的要求、现岗上人员的情况、要求上岗人员的条件均要公开、透明。三是制定出的职工下岗与上岗及续签和不续签劳动合同的条件的内容要有广泛的群众基础,经过广大职工的认真讨论,才能作为集体合同的内容。签订集体合同应通过产生法律约束力的必经程序。

---

① 《中华人民共和国劳动法》是1994年7月5日第八届全国人民代表大会常务委员会第八次会议通过的,自1995年1月1日起施行。虽然经历了2009年8月27日和2018年12月29日两次修正,《劳动法》第35条的内容没有任何变化:"依法签订的集体合同对企业和企业全体职工具有约束力。职工个人与企业订立的劳动合同中劳动条件和劳动报酬等标准不得低于集体合同的规定。"

经济全球化与"体面劳动"[*]

经济全球化,是指商品、服务、生产要素与信息的跨国界流动的规模与形式的不断增加,通过国际分工,在世界市场范围内提高资源配置的效率,从而使各国间经济相互依赖程度日益加深的趋势。以世界贸易组织(WTO)的成立和运作为主要标志的经济全球化对世界各国的经济、社会和法律等领域都具有不可忽视的影响,而劳工标准和劳动者权益保障则是其引发的一个突出而普遍的课题。

一 经济全球化与劳资关系态势重构

经济全球化的突出表现是跨国公司在全球经济中扮演着越来越重要的角色。跨国公司是经济全球化的微观主体。2002年世界跨国公司总数为6.38万家,其子公司数为86.6万家。跨国公司海外子公司的销售额早已超过了世界出口额,1990年分别为54670亿美元和43810亿美元,到2000年分别增加到15.7万亿美元和7.04万亿美元;仅世界最大500家跨国公司的销售额就占世界GDP的近1/2。大跨国公司编织的巨大的经营网络,把世界各国、各地区紧紧地连接在一起。[②] 经济全球化的另一主要特征是全球金融市场的膨胀。信息技术的长足发展和对跨国境的金融交易管制的放松创造了由国际性投资、债券、股票交易所组成的虚拟金融经济的繁荣。于是,在资本全球化的同时,劳动市场也面临全球化的压力。

---

[*] 此文完成于2005年5月14日,发表于《北京行政学院学报》2005年第4期,乃笔者2004年9月29日评为副教授之后撰写的第一篇论文。题目来自当时的授课科目。
[②] 参见李琮《经济全球化的波动和前景》,《世界经济与政治论坛》2004年第5期。

全球化发展到目前的阶段，当然可以看成经济自由主义的胜利，而WTO的出现，对于推动全球范围内"市场经济、自由贸易"的实现更是具有无可否认的积极意义。然而，这种推动是以资本的扩张为目的和手段的。然而资本扩张的直接要求是对于劳动的压制和剥夺。事实上，自20世纪90年代以来，在经济全球化的背景下，世界劳资关系和工人运动的形势及力量对比已经发生了重大的变化。在国家的协助和支持下，劳资关系意义上的"全世界资产者联合起来"已经成为一个不争的事实，而"全世界无产者联合起来"目前还仅仅是句口号。工会在与资本的对抗中的弱势地位加剧，除个别国家外，各国的工会运动几乎都处于相当的困境之中。[①]

综上，世界经济一体化促进了经济的发展和财富的增长，但是，它也加剧了世界范围内的劳动问题。在劳动力供过于求、资本处于绝对支配地位的情况下，劳动者的权益更加难以保障，广大的劳动者将会处于更加不利的窘困地位。

二 "社会条款"与"体面劳动"

"二战"以前，国际层面并未建立起贸易与劳动基准之间的制度性联系。"二战"以后，以美国为主导的国际经济新秩序建立起来。在关贸总协定谈判以及其他场合，美国多次提出"社会条款"的建议，但遭到很多国家的强烈反对。"社会条款"即有关社会权利的条款，其内容主要包括劳动者权利、环境保护以及其他的有关人权。其中，劳动者权利是其基本的和核心的内容，或者说，"社会条款"问题主要是劳工标准问题。

WTO于1995年成立后，"社会条款"问题又被提上日程。1996年12月9日至13日，在新加坡举行的WTO首届部长级会议上，经过激烈争论后，"核心劳工标准"以显要的位置作为新议题被列入《新加坡部长宣言》之中。该宣言宣称："我们再次承诺遵守国际承认的核心劳工标准。国际劳工组织是建立和处理这些标准的职能机构，我们确认我们支持其促进这些标准的工作。我们相信通过增长的贸易和进一步贸易自由化而促进的经济增长和发展有助于这些标准的改善。我们拒绝把劳工标准作为保护主义目的使用，并同意有比较优势的国家，尤其是低工资的发展中国家，绝不

---

① 参见常凯《WTO、劳工标准与劳工权益保障》，《中国社会科学》2002年第1期。

会成为这方面的问题。在这方面我们指明世贸组织与国际劳工组织秘书处将继续他们现有的合作。"① 将劳工标准与国际贸易挂钩或联系,是一个必然的要求和趋势;该宣言实际上表明大多数与会国,包括发展中国家对于这种趋向的默认,表明发展中国家承认了劳工标准是一个"问题",并承诺应予解决。然而,围绕"社会条款"与国际贸易挂钩的争论,仍可谓沸沸扬扬。

随着经济全球化和贸易自由化的迅猛发展,劳资冲突日益加剧,劳工地位日益下降,这使得劳工组织也成为"社会条款"与国际贸易挂钩的积极鼓吹者。国际劳工组织(ILO)也是"社会条款"的积极提倡者。1994年,国际劳工局局长在劳工大会报告中提出"社会条款"的建议,主张将基本劳工标准与国际贸易规则联系起来,对违反者或达不到者给予贸易制裁。所谓国际劳工标准,又称国际劳动标准,一般是指国际劳工大会通过的公约和建议书,以及其他达成国际协议的具有完备系统的关于处理劳动关系和与之相关的一些关系的原则、规则。国际劳工公约的核心和宗旨是确立和保障世界范围内的劳工权利。

"社会条款"中所涉及的劳工标准,是指所谓"核心劳工标准"或称"工人的基本权利",这一概念是1995年召开的社会发展问题世界首脑会议首先提出的。1998年第86届国际劳工大会通过的《关于工作中的基本原则和权利宣言及其后续措施》将其明确规定为四个方面的权利:结社自由并有效承认集体谈判权利;消除一切形式的强迫劳动;有效废除童工;消除就业歧视。为应对全球化条件下劳动和社会领域各方面的问题,国际劳工局新任局长胡安·索马维亚进而提出了"体面劳动"(Decent Work)这一战略目标。这个具有全球意义的国际性口号,旨在促进广大劳动者在"自由、公正、安全和具有人格尊严的条件下,获得体面的、生产性的工作机会"。②

"体面劳动"作为一项战略措施,其核心包含四个方面的内容。

1. 促进工作中的基本原则和权利。工作中的基本原则和权利,即上述四项基本劳工权利。

2. 促进就业。就业权利是劳工权利中最基本、前提的权利。保障劳工的就业权利,包括自愿选择就业方式、培训就业的机会、公平就业和平

---

① 参见杨青《论世贸组织中的社会条款问题》,《国际贸易问题》1997年第10期。
② 参见朱廷珺《体面劳动、道德贸易与劳工标准》,《广东社会科学》2004年第4期。

等待遇，以及获得生产性工作机会和体面的报酬等内容。

3. 促进社会保护。主要是指要为处于弱势地位的劳工群体提供避免遭遇风险和伤害的社会性的保护措施，包括社会保障和职业安全两个方面的内容。

4. 促进社会对话。这在企业和产业的层面上主要是指实施集体谈判和职工的民主参与，在地方和国家的层面上，则主要是指实施劳方、资方和政府就劳工问题和劳工政策所实行的"三方"协商。

三 中国与"体面劳动"

（一）中国加入相关公约进程

中国争取加入 WTO 的过程，正是中国介入经济全球化的过程。中国已于 2001 年 12 月 11 日加入 WTO，同样面临一个无法回避的法律问题，这就是"社会条款"或劳工标准问题。

自 20 世纪 80 年代以来，中国在劳工标准的制定和执行方面取得了巨大的成就。但是，毋庸置疑，中国的劳工标准尚需进一步完善，特别是在以下几个方面。

1. 关于自由结社。《自由结社公约》自 1948 年通过以来，已获得 130 多个国家的批准。该公约的核心是第 2 条，即工人和雇主无须批准而有权组建和参加其自行选择的组织。中国目前尚未批准该公约。

2. 关于集体谈判。1949 年《集体谈判公约》有两个重要条款：保护自由结社；鼓励使用集体协商方式。虽然中国于 2004 年 5 月 1 日开始实施新的《集体合同规定》，但是，就目前的总体情况来看，集体谈判在中国的适用范围还很有限，集体谈判的良好氛围尚未形成。

3. 关于就业平等。国际劳工组织 1951 年通过了《同等报酬公约》，1958 年通过了《消除就业和职业歧视公约》。中国已经批准了《同等报酬公约》，但是没有批准《消除就业和职业歧视公约》。①

4. 关于强迫劳动。国际劳工组织通过了《强迫劳动公约》和《废除强迫劳动公约》。所谓"强迫或强制劳动"是指"以任何惩罚相威胁，强

---

① 1990 年，中国批准了《同等报酬公约》。2005 年 8 月 28 日，即本文发表之后不久，第十届全国人民代表大会常务委员会第十七次会议决定：批准于 1958 年 6 月 25 日经第 42 届国际劳工大会通过的《1958 消除就业和职业歧视公约》。——笔者 2024 年 7 月 26 日补注

迫任何人从事的非本人自愿的一切劳动或服务"。强迫劳动实际上是对于劳动者的人身自由的限制和侵害，这一行为关涉劳动者的基本人权，所以这一内容被作为基本劳动标准予以强调。这两个公约，中国都还没有加入。①

（二）中国的应对之策

中国应该以国际劳工标准和"体面劳动"的内容要求为参照，完善国内的劳动法律体系，而首要的是建立一套保障劳动者权益的法律机制。

1. 政府的职责——保障劳动者权益的普遍实现。经济全球化对各国政府来说提出了国家的角色问题，特别是国家该提供什么样的公共产品问题。具体到劳动保障领域，中国政府提供以下公共产品的责任十分重大而且急迫。

（1）主持制定劳工标准并监督其实施，以做到"有劳动者有保障"。作为社会法，劳动法的一个重要特征即在主体关系中，政府所代表的国家是不可缺少的一方主体。没有政府以社会和国家利益代表的身份介入，并以国家强力来贯彻公权的原则，传统私法的原则就无法得以修正，社会公正也就难以实现。② 政府必须切实加强劳动执法的力度，并纠正重视资本和管理而忽视劳动的错误观念。

（2）抓紧制定就业促进法与反歧视就业法。就业促进法的重点在于强调政府如何进行宏观调控、发展经济、创造和扩大就业岗位；如何控制和降低失业率；如何采取各种有效措施，帮助求职者尤其是特困（弱势）群体尽快实现就业或再就业，以减轻失业对个人、社会和国家经济发展带来的冲击。③ 在短时间内无法实现就业促进与反歧视就业立法的情况下，中国也可以考虑修改《劳动法》。

（3）制定职业伤害赔偿法。国家应当从速制定雇主赔偿法，使雇主明了自己对雇员的赔偿责任，使劳动者明了自己在工作中的生命权与健康

---

① 2022年4月20日，第十三届全国人民代表大会常务委员会第三十四次会议决定：批准1930年6月28日在日内瓦举行的第14届国际劳工大会上通过的《1930年强迫劳动公约》。同日，第十三届全国人民代表大会常务委员会第三十四次会议决定：批准1957年6月25日在日内瓦举行的第40届国际劳工大会上通过的《1957年废除强迫劳动公约》。——笔者2024年7月27日补注

② 参见常凯《论政府在劳动法律关系中的主体地位和作用》，《中国劳动》2004年第12期。

③ 参见马永堂《国外促进就业法研究及对我国的启示与思考》，《中国劳动》2005年第3期。

权，使政府职能部门和司法部门在处理各种工伤事故索赔时有法可依。①

（4）根据不同的经济、社会问题，政府要采取不同的方针、政策和行动，促进社会对话。政府要为管理方和工会之间开展集体谈判创造宏观环境，积极促进双方自行谈判与对话，促使其在遵循劳动法基本规则和基本劳动标准基础上发展适合其特点的劳动条件。② 至于地方和国家层面上的劳动问题，应该借鉴国际劳工组织和大多数市场经济国家所坚持的一项卓有成效的重要制度和原则——"三方"机制，实现劳方、资方和政府之间良好的协商秩序，努力营造和谐、以人为本的劳动环境。

2. 企业（雇主）基本的法律义务——保障劳动者权益的具体实现。从法理上讲，雇主是劳权关系中直接的义务主体。对此，中国《劳动法》第4条明确规定："用人单位应当依法建立和完善规章制度，保障劳动者享有劳动权利和履行劳动义务。"

从现代经营学的观点来看，企业不仅担负着创造利润的经济责任，而且还担负着保障劳动者权益的社会责任。所谓"企业的社会责任"，是指在市场经济体制下，企业的责任除了为股东追求利润外，也应该考虑相关利益人，即影响和受影响于企业行为的各方的利益。其中，雇员利益是企业社会责任中的最直接和最主要的内容。③ 目前，实现企业的社会责任，已经成为一个全球性的社会运动。实施劳工标准，加强对劳动者的社会保护，对劳动环境与劳动保护承担责任，保障劳动者权益，也是中国企业在入世之后应对发达国家的劳工贸易壁垒、增强国际竞争力的重要措施。

3. 工会的基本职责——维护劳动者的合法权益。中国《工会法》第1章第6条规定："维护职工合法权益是工会的基本职责。"在市场经济条件下，工会是劳动者自愿组成的群众团体，劳动者与工会共同构成了与资方相对应的劳方。中国的工会应该努力实现市场化的转变，真正成为劳动者权益的代表者和维护者。

当前，面对经济全球化，面对劳动群众总体利益的一致和不同劳动者群体的利益差异及不同诉求对工会工作提出的严峻挑战，各级、各地工会急需提高自身的维权能力和维权水平。

4. 劳动者的权利——努力追求自身合法权益的直接实现。中国政府

---

① 参见夏波光《郑功成的立法"情结"》，《中国社会保障》2004年第4期。
② 参见程延园《政府在劳动关系中的角色思考》，《中国劳动保障报》2002年12月10日，第3版。
③ 参见常凯《经济全球化与企业社会责任》，《工会理论与实践》2003年第4期。

需要加强对广大劳动者尤其是弱势群体的教育投资。从另一个角度来看，面对经济全球化和国内劳动（就业）环境面临挑战的现状，中国每个劳动者也都必须转变观念，自强不息，主动地投入提高自身素质的行动之中去，争取个人实现"体面劳动"。

总之，劳工标准和劳动者权益保障问题是经济全球化带来的一个非常突出的社会问题和法律问题。为应对加入 WTO 之后的新形势，中国需要参照国际劳工标准，完善劳动立法，加强劳动执法，建立劳权保障的法律机制，更为有效地保障中国劳动者的合法权益，以期早日实现"体面劳动"。

北京四区县农民部分法律权益实现情况调研报告[*]

财产权、人身权和村民自治权是我国农村居民的主要法律权利。为了了解北京市农民法律权益的实现情况,我们今年(2007年)以填答问卷、个别访谈、召开小型座谈会、查阅相关资料等形式进行了一次调研活动。本课题组[①]8月向密云县、通州区、怀柔区、平谷区部分农民发出问卷800份(涉及将近800户家庭),收回答卷792份;本调研报告中的统计数据则全部源自这次问卷调查。

一 农民部分法律权益实现的基本情况

(一)关于家庭内部私有财产权的处理

第一,兄弟之间因分家析产发生纠纷时,80%的被访者首先选择自行商量,听人劝说来解决;第一处理措施就选择打官司的仅占6.3%。这也体现了我国民间的"厌讼"传统。在第一措施不能解决问题的情况之下,第二措施中采取打官司这一途径的比例明显上升,可达32.1%,远高于第一措施中的6.3%。这样考虑解决问题的方式与性别的关系不大,但与年龄的关系比较明显:从统计结果可以看出,低年龄人群第一措施就选择打官司的占比相对于高年龄组人群较高。这在一定程度上说明年轻人运用诉

---

[*] 该调研报告发表于《北京行政学院学报》2007年第5期。原稿中附有表格,刊载时全部略去了。今将其中13幅表格补放于文中。

[①] 该课题组为笔者领衔的校级调研课题组,由笔者和另外两位女性组成。成员包琪,时为中共北京市委党校研究生部社会学专业硕士研究生,后为中国人民大学博士研究生、清华大学博士后,现为首都师范大学政法学院社会学与社会工作副教授。成员赵秦岭,时为北京市密云县妇联主席,现为北京市密云区人大常委会副主任。

讼形式维护自身法律权益的意识相对较强。

通过交互分析可以看到,认为法律"有用"的被访者选择诉讼方式解决问题的比例反而没有认为法律作用"一般"的高,而认为法律"没用"的被访者在选择第一位的解决问题方式时更是不选打官司。同样,曾经学过法律的被访者中第一措施就选打官司的比例也低于没学过法律者。可以说,这里出现了一种尴尬:那些认为法律"有用"的农民并没有首先选择国家专门的司法机关——法院——来解决纠纷。这值得思考。

第二,当家庭分割财产时,会去办理公证的家庭占绝大多数,达七成以上(见表1)。女性比男性更倾向于办理公证;学习过法律的被访者比没学过的更倾向于办理公证;认为法律"有用"的比认为"没用"的更倾向于办理公证。而且,令人欣喜的是,认为法律"没用"的被访者中也有半数会去办理公证。农村公民分割家庭财产后办理公证,这就使得公证本身成为固定权利、预防纠纷的一种方式。

表1 如果分割家庭财产,您家会去办理公证吗?

	人数(人)	百分比(%)	有效百分比(%)
会	553	69.8	70.4
不会	218	27.5	27.7
其他	15	1.9	1.9
合计	786	99.2	100.0

第三,关于"您怎样看待用遗嘱对自己过世后的财产进行处理"这个问题,大部分人(65.3%)都认为遗嘱"有意义";近三分之一的被访者持"无所谓"的态度;4.3%的人认为其"没有意义"。对遗嘱的这种态度与性别、年龄的关系都不大,但是,从统计结果可以明显看出,认为法律有用、需要法律解决问题及学习过法律的被访者都更倾向于认为遗嘱有意义。

对于"如果您立遗嘱,您会去申办公证吗"这个问题,与前面的财产公证相似,被访者中也会有七成以上的人选择办理遗嘱公证,而且其比例要稍高于财产公证。这可能再次证明了这样一则共识:人们对自己私有财产的处置更加看重、更有兴趣。

(二)关于与外人发生财产权纠纷的处理

通过试调查得知,农村是熟人社会,大家对彼此的信用都比较清楚,所以，坑蒙拐骗、欠债不还等情形少见，家庭之外的财产纠纷主要是围绕着宅基地和田间地界问题而产生的。

第一，如果因为宅基地与邻居发生了纠纷，有将近半数（48.0%）的被访者第一选择就是找对方商量，其次是接受调解和依照乡规民约办理，其比例分别达到34.2%和11.9%（见表2）。然而在第二位要采取的措施中，被访者更多地选择调解和打官司，比例分别为43.7%和30.5%，之后才是依照乡规民约办理，比例为25.1%（见表3）。

由这样的一个统计结果可以看出，绝大部分的被访者在遇到宅基地纠纷时，首要的解决途径是商量、调解，而打官司只是第二位选择中的下策。通过交互分析也可以看出，选择打官司这一解决方式的人基本上都认为法律"有用"，这说明他们的回答彼此之间能够互相印证。

表2　如果因为宅基地与邻居发生纠纷，您第一位选择是什么？

	人数（人）	百分比（%）	有效百分比（%）	累计百分比（%）
找对方商量	376	47.5	48.0	48.0
接受人民调解委员会的调解	268	33.8	34.2	82.1
依照乡规民约办理	93	11.7	11.9	94.0
打官司	42	5.3	5.4	99.4
其他	5	0.6	0.6	100.0
合计	784	98.9	100.1	

表3　如果因为宅基地与邻居发生了纠纷，您第二位选择是什么？

	人数（人）	百分比（%）	有效百分比（%）	累计百分比（%）
找对方商量	2	0.3	0.5	0.5
接受人民调解委员会的调解	186	23.5	43.7	44.1
依照乡规民约办理	107	13.5	25.1	69.2
打官司	130	16.4	30.5	99.8
其他	1	0.1	0.2	100.0
合计	426	53.8	100.0	

第二，因为田间地界与乡亲发生纠纷时，被访人的解决途径与上述宅基地纠纷类似，只是首选商量和调解的比例更高，分别为49.4%和35.5%（见表4）；而其第二位选项中选择调解、依照乡规民约办理和打官司的比

例则依次下降，分别为 46.4%、27.7% 和 25.6%（见表 5）。

表 4 因为田间地界与乡亲发生纠纷时，您第一位选择是什么？

	人数（人）	百分比（%）	有效百分比（%）
找对方商量	389	49.1	49.4
接受人民调解委员会的调解	279	35.2	35.5
依照乡规民约办理	78	9.8	9.9
打官司	39	4.9	5.0
其他	2	0.3	0.3
合计	787	99.4	100.0

表 5 因为田间地界与乡亲发生纠纷时，您第二位选择是什么？

	人数（人）	百分比（%）	有效百分比（%）
找对方商量	1	0.1	0.2
接受人民调解委员会的调解	199	25.1	46.4
依照乡规民约办理	119	15.0	27.7
打官司	110	13.9	25.6
合计	429	54.1	99.9

（三）关于妇女法律权益的保障

第一，对于"您如何看待男女平等的基本国策"这个问题，绝大部分被访者认为有意义，比例可达 88.1%（包括"很有意义"和"有意义"这两个选项，其中选择前者的比例高达 57.4%）；而觉得"无所谓"和"不必要"的人数之和也才仅占 2.1%（见表 6）。可见，被访者群体对于"男女平等"的基本国策的认同度还是相当高的。而且，通过交互分析可以发现，对这一国策的认可没有因为被访者的性别或年龄的不同而发生较大变化，即不论男性女性或什么年龄段的被访问者，对这一国策的认可普遍都很高。

表 6 您如何看待男女平等的基本国策？

	人数（人）	百分比（%）	有效百分比（%）
很有意义	443	55.9	57.4
有意义	237	29.9	30.7

续表

	人数（人）	百分比（%）	有效百分比（%）
一般	76	9.6	9.8
无所谓	14	1.8	1.8
不必要	2	0.3	0.3
合计	772	97.5	100.0

第二，从总体上来看，被访的家庭成员之间及夫妻之间的关系都比较和谐，各种不睦情形的比例都比较低，只是家庭成员之间吵架或乱骂的比例较高，达19.4%，即将近五分之一的家庭都存在这种现象。另外，家庭成员之间互相不理睬的比例有12.5%，其余各种现象都比较少，比例很低，如丈夫打妻子的比例为4.9%，妻子打丈夫1.3%，夫妻婚内强奸0.4%，夫妻之间彼此猜疑不忠3.5%。

（四）关于老年人的权益保障

家中老人遇到的家庭暴力形式主要是"遭白眼"，这一比例占到13.3%，在老人遇到的所有家庭暴力中出现频次最高；其他情形比例都很低，在1%上下浮动。其中被骂的比例为1.6%，被打的比例为0.5%，不让睡觉和被迫劳动的比例分别为0.1%和1.1%（见表7）。

表7　您家老人在家里碰到过如下情形吗？

	遭白眼	不给饭吃	被骂	被打	不让睡觉	被迫劳动
人数（人）	105	3	13	4	1	9
占比（%）	13.3		1.6	0.5	0.1	1.1

注：本表的占比为回答人数占本次收回答卷792份的比例。

表7的数字表明，虽然填答此题的人非常少，但是，老人们在家里"遭白眼"的比例相对非常高。与其他形式的家庭暴力相比，尽管"遭白眼"可算是"情节显著轻微"，但是，在目前我国老年人养老主要依靠家庭的现实背景下，对老人不理不睬、不让老人吃饱、打骂老人、强迫老人劳动等不孝的情形，都不应该出现在我们的家庭中。与社会保障制度已经相对完善的西方国家相比，我们的家庭承载着更多的社会功能，传统的孝道思想必须借着家庭行为呈现出来、传承下去。

比较来看，虽然老年人和未成年人都属于弱势群体，但是，因为孩子是"早晨的太阳",而老人是"夕阳",两者的待遇却很悬殊。面对"您家打骂孩子吗"这个问题,回答"经常"的比例只有1.5%,"时不常"和"不经常"的比例之和为42.5%,而回答"不"的比例为55.2%。由这些数据可以看出,家庭中几乎普遍不存在着针对孩子的暴力。这也基本是事实。

其实,年老和年少分别处于人生的两极,同样需要特别的呵护。我们的家庭、我们的社会应该像对待孩子那样对待老年人。

(五)关于村民自治权的运用

被访者的村子每年召开6次(含6次)以下村民代表会的占到98.3%。其中,召开4次和2次的最多,比例分别为47.5%和24.4%;召开5次的也比较多,比例为11.0%;从没召开过村民代表会的也占到2.0%(见表8)。课题组在进行问卷调查之前所做的研究表明,农村普遍运用召开村民代表会的民主决策形式;以上数据也说明调查所涉及地方民主决策的情形总体不错。

表8 您所在的村一年一般召开几次村民代表会?

次数(次)	人数(人)	百分比(%)	有效白分比(%)	累计百分比(%)
0	14	1.8	2.0	2.0
1	11	1.4	1.6	3.6
2	169	21.3	24.4	28.0
3	29	3.7	4.2	32.2
4	329	41.5	47.5	79.7
5	76	9.6	11.0	90.6
6	53	6.7	7.6	98.3
7	3	0.4	0.4	98.7
8	2	0.3	0.3	99.0
9	1	0.1	0.1	99.1
10	2	0.3	0.3	99.4
12	4	0.5	0.6	100.0
合计	693	87.6	100.0	

村民代表会讨论决定村民会议授权的事项。对于村民代表会的作用,

53.8%的人认为"很有意义";31.2%的人认为"有一点儿意义";14.9%的人认为"好像没有什么意义"(见表9)。由此看来,村民委员会的工作完成得比较令人满意。

表9 您如何评价村民代表会的作用?

	人数	百分比	有效百分比	累计百分比
好像没有什么意义	114	14.4	14.9	14.9
有一点儿意义	239	30.2	31.2	46.1
很有意义	412	52.0	53.8	99.9
其他	1	0.1	0.1	100.0
合计	766	96.7	100.0	

被访者对所在村村民委员会的工作总体上表示满意,其中"满意"的比例可达88.5%("满意"占43.0%,"基本满意"占45.4%),"不满意"的比例只有11.5%(见表10)。

表10 您对您所在村村民委员会的工作满意吗?

	人数	百分比	有效百分比	累计百分比
满意	325	41.0	43.0	43.0
基本满意	343	43.3	45.4	88.5
不满意	87	11.0	11.5	100.0
合计	755	95.3	99.9	

二 关于进一步实现和维护农民法律权益的建议

(一)搞好普法工作,真正让法律进乡(村)

对于如何看待当前法律进乡(村)的提法,93.8%的被访者认为有必要(其中41.8%的人认为"非常及时而且必要",52.0%的人认为"有必要"),而仅有1.1%的人认为这种提法"不会有多大效果"(见表11)。由此可见,法律进乡村的提法得到了普遍的认可。

表 11　您如何看待当前法律进乡（村）的提法？

	人数（人）	百分比（%）	有效百分比（%）	累计百分比（%）
非常及时而且必要	330	41.7	41.8	41.8
有必要	411	51.9	52.0	93.8
无所谓	25	3.2	3.2	97.0
一般	14	1.8	1.8	98.7
不会有多大效果	9	1.1	1.1	99.9
其他	1	0.1	0.1	100.0
合计	790	99.8	100.0	

对于"您认为您和您身边的人需要了解如何用法律手段来解决纠纷吗"这个问题，84.1%的被访者认为"需要"。他们希望获得有关解决纠纷的法律知识的最好途径依次是"法制宣传""集中培训"和"现场教育"（见表12）。那么，我们应该顺应这种需求，大力开展以法制宣传、集中培训、现场教育等为主要形式的普法工作。在具体内容上，应该选择农民最需要、与农民生产生活联系最密切的法律，例如《农业法》《婚姻法》《公证法》《继承法》《妇女权益保障法》《村民委员会组织法》《农民专业合作社法》等法律法规，知识和观念作为宣传重点帮助农民分清合法与非法，学会运用法律手段争取和维护自己的权益，通过合法程序解决各种矛盾和纠纷。

表 12　您最喜欢通过哪种形式获得有关解决纠纷的法律意识？

	人数	百分比	有效百分比	累计百分比
集中培训	227	28.7	28.9	28.9
法制宣传	321	40.5	40.9	69.8
现场教育	192	24.2	24.5	94.3
知识竞赛	43	5.4	5.5	99.7
其他	2	0.3	0.3	100.0
合计	785	99.1	100.1	

（二）依法进行调解，充分发挥调解在我国新农村建设中的积极作用

第一，高度重视人民调解在解决基层纠纷中的关键性作用。

对于"您喜欢什么样的解决纠纷的方式"这个问题，62.8%的被访者选择了"调解"；27.9%的被访者选择了"商量着办"；7.8%的被访者选择了"打官司"；1.2%的被访者选择了"仲裁"。从这个统计结果可以看出，大多数被访者都对"调解"情有独钟。

从答卷卷面来看，说起"调解"，大家心目中首先想到的是村委会或者其下属的人民调解委员会所进行的人民调解。统计结果与我们直接访谈部分农民所得的结论完全一致：广大农民对人民调解具有高度一致的认同感。

被访者对本村人民调解委员会的作用大多作了比较肯定的评价：认为其作用"巨大"的就占到32.9%；认为作用"一般"的比例可达55.5%；而认为作用"很小"和"没有作用"的比例只有11.5%（见表13）。

表13　您如何看待本村人民调解委员会的作用？

	人数	百分比	有效百分比	累计百分比
巨大	258	32.6	32.9	32.9
一般	436	55.1	55.5	88.4
很小	64	8.1	8.2	96.6
没有作用	26	3.3	3.3	99.9
其他	1	0.1	0.1	100.0
合计	785	99.2	100.0	

人民调解委员会调解民间纠纷，应该结合具体事实，尽量将法律的有关规定融入讲理和说法之中，把调解的过程演练为一个法律实施的过程。凡是经人民调解达成的有民事性质的协议，人民法院应当予以确认。应该充分尊重人民调解的效力；充分发挥人民调解在社会主义新农村建设中的宣传队员和"消防队员"的作用。

第二，以司法调解为重要手段，有力促进社会主义新农村的建设。

从本次调查所得的统计数据可以看出，无论针对什么类型的案件，诉讼都可谓是农民最后才会选择的解决途径。既然"商量着办"一直受到农民们的欢迎，那么，即使他们的纠纷进入了诉讼程序，我们也应该继续尊重双方当事人的意志，确认双方当事人协商对话的根本性地位，大力发挥司法调解的作用，将调解的原则、将这"东方经验"发扬光大。

在运用司法调解这种解决矛盾纠纷的方式时，建议注意以下几点。

(1) 在立案机构成立调解委员会,由一名法官与两名至五名人民陪审员共同组成。立案法官将材料移转给调解委员会的工作人员,由工作人员根据案件情况,除必须调解的及不适用调解原则者外,在向双方当事人送达各种法律文书的同时,向当事人发送是否同意调解意见书。也就是说,在充分尊重调解自愿的前提下,法院主动对所有案件启用调解(当然不排除当事人申请调解)。同时要限制庭前调解期限及次数,调解不成应即转入审判庭;审判阶段如有当事人再申请调解的,由审判法官仅主持一次调解。

(2) 建立一种激励机制,对那些在庭前程序中达成协议的案件减收部分诉讼费用。

(3) 将调解程序置于立案阶段,设立调解机构,扩大调解范围。法官充分履行释明义务,引进判例调解机制。将相同法律性质的判例展示给双方当事人,让其明了案件结果和胜败原因,从而促成调解。

(4) 把庭内调解与庭外调解、庭外和解有机结合起来。经当事人各方同意,人民法院可以委托具有相关法律知识和工作经验的组织或者个人,协助做司法调解工作。

(5) 处理好司法调解与人民调解的关系。充分发挥人民调解的作用,支持人民调解的工作,是人民法院化解矛盾的一项重要基础工作。司法调解和人民调解在调处社会矛盾中各自发挥着独特的重要作用,二者紧密相连,不可相互替代。

(三) 切实推行《婚姻法》《妇女权益保障法》,真正实现男女平等

如果仅从问卷上看,"男女平等"的精神似乎已经深入人心;而且,"男女平等"在生活中已经成为事实。但是,从单独访谈中得知,男女不平等的事例可谓俯拾即是;我们必须谨慎地对待这方面的调查材料;否则,我们就会陷入本本主义的泥沼之中。男女平等的真正实现还需假以时日。

第一,维护和保障妇女合法的财产权益。在宣传法律和解决纠纷的时候,必须考虑到以下各种情况。(1) 妇女对依照法律规定的夫妻共同财产享有与其配偶平等的占有、使用、收益和处分的权利,不受双方收入状况的影响。(2) 妇女在农村土地承包经营、集体经济组织收益分配、土地征收或者征用补偿费使用以及宅基地使用等方面,享有与男子平等的权利。(3) 任何

组织和个人不得以妇女未婚、结婚、离婚、丧偶等为由，侵害妇女在农村集体经济组织中的各项权益。因结婚男方到女方住所落户的，男方和子女享有与所在地农村集体经济组织成员平等的权益。(4) 妇女享有的与男子平等的财产继承权受法律保护。在同一顺序法定继承人中，不得歧视妇女。丧偶妇女有权处分继承的财产，任何人不得干涉。丧偶妇女有权处分继承的财产，任何人不得干涉。丧偶妇女对公、婆尽了主要赡养义务的，作为公、婆的第一顺序法定继承人，其继承权不受子女代位继承的影响。(5) 夫妻有互相扶养的义务。一方不履行扶养义务时，需要扶养的一方，有要求对方付给扶养费的权利。夫妻有相互继承遗产的权利。

第二，维护和保障妇女合法的人身权益。在宣传法律和解决纠纷的时候，尤其要考虑以下两点。(1) 夫妻在家庭中地位平等。夫妻双方都有参加生产、工作、学习和社会活动的自由，一方不得对他方加以限制或干涉。(2) 禁止对妇女实施家庭暴力。公安、民政、司法行政等部门以及城乡基层群众性自治组织、社会团体，应当在各自的职责范围内预防和制止家庭暴力，依法为受害妇女提供救助。

第三，保证妇女在村民委员会中拥有适当的名额。

（四）推行《老年人权益保障法》和《农村五保供养工作条例》，保证老有所养

即使时下的人们并非都将"孝"作为行事原则和评价标准，但是，如果自己真有这方面的劣迹时，大多数人也都还会遮遮掩掩。上面的统计数据可能有"缩水"的嫌疑，因为填写问卷者绝大多数是家中的顶梁柱，他们只是站在自己的立场上来评价家中老人的境况。再者，本人为60岁（含60岁）以上的答卷者只占总人数的5.2%。鉴于此，我们认为，不能够仅仅满足于上述比较喜人的统计结果，而是应该继续着力于我国传统的孝道社会建设工程。

第一，家庭成员应当关心和照料老年人。赡养人应当履行对老年人经济上供养、生活上照料和精神上慰藉的义务，照顾老年人的特殊需要。赡养人是指老年人的子女以及其他依法负有赡养义务的人；赡养人的配偶应当协助赡养人履行赡养义务。

第二，赡养人对患病的老年人应当提供医疗费用和护理；妥善安排老年人的住房，不得强迫老年人迁居条件低劣的房屋；不得要求老年人承担

力不能及的劳动。农村老年人不承担义务工和劳动积累工。

第三，老年人的婚姻自由受法律保护；子女或者其他亲属不得干涉老年人离婚、再婚及婚后的生活。赡养人的赡养义务不因老年人的婚姻关系变化而消除。

第四，老年人有权依法处分个人的财产，子女或者其他亲属不得干涉，不得强行索取老年人的财物。家庭成员有盗窃、诈骗、抢夺、勒索、故意毁坏老年人财物，情节较轻的，依照《治安管理处罚法》的有关规定处罚；构成犯罪的，依法追究刑事责任。

第五，以暴力或者其他方法公然侮辱老年人、捏造事实诽谤老年人或者虐待老年人，情节较轻的，依照《治安管理处罚法》的有关规定处罚；构成犯罪的，依法追究刑事责任。

暴力干涉老年人婚姻自由或者对老年人负有赡养义务、扶养义务而拒绝赡养、扶养，情节严重构成犯罪的，依法追究刑事责任。

乡村干部违反孝道的，尤其要严惩不贷，依法追究他们的刑事责任或者民事责任。

第六，无劳动能力、无生活来源又无法定赡养、抚养、扶养义务人，或者其法定赡养、抚养、扶养义务人无赡养、抚养、扶养能力的老年村民，应该享受农村五保供养待遇。

（五）进一步健全村民自治组织，确立和保障农民的自治权利

从实际操作上看，维护农民的自治权利主要是通过完善民主选举、民主决策、民主管理、民主监督这四个环节来实现，而2007年7月1日开始实施的《农民专业合作社法》则是一个提高农民自治能力的良好的练兵场。

第一，完善村级民主选举制度，建立农民自治的司法救济途径。根据课题组的个别访谈推知，14.9%的人之所以没有肯定村民代表会的作用，部分的原因在于他们认为村民代表会中真正的代表只有30%，家族和派系的话语权依然很大。这种情况也应该逐渐消除。为了让更多的农民都满意村民委员会的工作，必须完善村级民主选举制度。在村民委员会换届选举工作中，坚持按期直接选举，实行村委会主任直选，真正把那些能够依法办事、公道正派、勤劳实干、热心为村民服务的人选进村

委会班子。

对于以威胁、贿赂、伪造选票等不正当手段,妨害村民行使选举权、被选举权,破坏村民委员会选举的,《村民委员会组织法》第15条中规定,"村民有权向乡、民族乡、镇的人民代表大会和人民政府或者县级人民代表大会常务委员会和人民政府及其有关主管部门举报,有关机关应当负责调查并依法处理"。但是,这条规定既不全面也不易实施。本课题组建议,设立农民自治的司法救济途径,让人民法院对在选举中产生的各种问题进行裁断。

第二,依法进行民主决策,保证农民直抒胸臆。凡涉及农村经济、政治、文化发展的重要事项,尤其是与村民切身利益相关的事情,都要依法召开村民会议或村民代表会议讨论决定。涉及村民利益的下列事项,村民委员会必须提请村民会议讨论决定,方可办理:(1)宅基地的使用方案;(2)村民的承包经营方案;(3)从村集体经济所得收益的使用;(4)村办学校、村建道路等村公益事业的经费筹集方案;(5)村集体经济项目的立项、承包方案及村公益事业的建设承包方案;等等。

在农民外出务工经商者较多、难以召开村民会议的地方,对一些特别重大的村务,尤其是需要农民出钱、出物的事项,发放民意卡,由每户村民通过填写民意卡直接表达自己的意见,从而进行民主公决。

第三,真正实现民主管理,杜绝形式主义。要逐步规范农村村级重大事务民主议事、决策的范围、程序和方法,保障村民依法直接行使自己的民主权利。要逐步建立起符合新农村要求的集体财务民主管理机制。

第四,发挥"民主理财日"、"民主议政日"、民主恳谈会、村务监督委员会等行之有效的民主监督形式的作用,积极探索完善村民自治的有效途径。

第五,积极准备实施《中华人民共和国农民专业合作社法》。经济生活在每一个普通公民的生活中都占据着非常重要的地位,农民也不例外。通过在经济领域里的合作、共同致富、自治和民主实践来树立和提高农民的法律意识和权益意识,比任何好听的口号和高谈阔论都有实效,而这正是广大农民的渴望和期待。2006年10月31日,第十届全国人民代表大会常务委员会第二十四次会议表决通过的《农民专业合作社法》可谓是农民心声的一种反映。这是新中国成立以来第一部专门规范和发展农民专业合作经济组织的法律,也是1978年推行家庭承包经营后推进农民的经济互助与合作的第一次立法方面的表现。

广大农村地区应该早做宣传和准备工作,一俟该法开始实施,只要符合合作社的相关要件,现存的诸多农民专业协会等组织就可以依法进行登记,注册为农民专业合作社。这些农民专业合作社完全是市场经济和改革开放的产物,它们对推进我国农民之间的经济互助与合作、增加农民收入、提高我国农民的组织化程度和民主自治水平都会发挥重大的作用。

《北京市居家养老服务条例》的实施初探[*]

2015年1月29日,北京市第十四届人民代表大会第三次会议通过了《北京市居家养老服务条例》(简称《条例》)。这是全国首部针对居家养老服务的地方性法规。所谓居家养老服务,是指以家庭为基础,在政府主导下,以城乡社区为依托,以社会保障制度为支撑,以满足居住在家老年人社会化服务需求为主要内容的服务,包括政府提供的基本公共服务,企业、社会组织提供的专业化服务,基层群众性组织和志愿者提供的公益互助服务。《条例》的通过,标志着居家养老服务模式将在法治的引领、推动和保障下,在北京市加速发展。

一 《北京市居家养老服务条例》的立法背景、立法过程及主要内容

(一)立法背景

第一,由于人口不断趋向老龄化,广大中老年市民越来越迫切地需要完善的居家养老服务体系。目前国际社会广泛通用的判别某个地区进入老龄化社会的确切指标为:60岁以上的老年人占据人口总数的10%,又或是65岁以上的老年人占据7%。依此指标,北京在1990年就进入了老龄化社会,至今已经有二十多年的时间。这些年来,北京市人口老龄化的发展越来越迅猛。截至2015年底,北京市60岁及以上常住老年人口340.5万人,

---

[*] 此文发表于《北京农业职业学院学报》2017年第3期。合作者李赛,女,北京人,北京农学院社会工作专业2014级本科生。问卷及其分析在发刊时全部被略去,此番补回20幅分析数据图。

占常住人口总数的15.7%。户籍老年人口约315万人，占户籍总人口的23.4%，北京市户籍人口老龄比例位居全国第二，其中，80岁以上的高龄老人占老年人口的20.68%，不能自理老年人比例为4.78%。目前，北京市每日增长的年龄大于60岁老年人的人数约为500人，在这500人中年龄高于80岁的高龄老年人多达120人左右，与此同时，他们人数的不断增加使当前老龄化问题一再升温。根据预测，重度的老龄化将在2030年于北京爆发，拥有户籍的中老年人将达到北京市总人口的30%，为随之而来的超老龄化社会作序；另据研究表明，这种现状有可能会保持50年以上。所以说，北京市人口老龄化的压力非常大，而相应的养老服务需求也不断凸显出来。

第二，以家庭为单位的养老功能进一步减弱，而居家养老服务迫切需要得到法律的认可和保障。我国历史悠久的家庭养老受到不断发展的经济变化以及进程不断加快的工业化、城市化影响，人们的居住方式和生活方式由于求学、婚姻等各种缘由发生了巨大改变，两代甚至多代人分开生活已经十分常见，年轻人对上一代的赡养难度不断增大，以家庭为单位的养老已经逐渐弱化。在这种情况下，构建一个与现状相适应的社会养老服务系统势在必行，而其中的居家养老服务则方兴未艾。但是，目前，北京的居家养老服务还存在很多问题，比如缺乏社区服务设施，缺乏服务，缺乏合格的养老服务人员，老年人在养老方面多元化、多层次的需求很难满足。因此，在全面推进法治国家建设的当下，北京市迫切需要制定一项特别的地方性法规来规范和发展居家养老服务。

（二）立法过程

面对当时的形势，根据立法规划，北京市人民代表大会常务委员会于2014年初启动了《北京市居家养老服务条例（草案）》的立法程序。市人大内务司法委员会组织起草之后，经过市人大代表和社会各界广泛参与，市人大法制委员会反复修改，常委会会议三次审议，逐步形成了提请北京市十四届人大三次会议审议的法规草案。

2015年1月25日，在北京市十四届人大三次会议第二次全体会议上，常委会副主任柳纪纲作了《关于〈北京市居家养老服务条例（草案）〉的说明》。之后，各代表团召开全体会议或者小组会议，对草案进行审议，法制委员会则根据代表审议意见对法规草案进行修改，形成对法规草案审议结果的报告和草案修改稿。1月28日晚，大会主席团听取法制委员会

《关于〈北京市居家养老服务条例（表决稿）〉的说明》，并对表决稿进行审议，决定将表决稿提请大会全体会议表决。1月29日上午，北京市第十四届人民代表大会第三次会议进行表决。会议实到代表682人，投赞成票者656人。《北京市居家养老服务条例》以96%的高票获得通过。

（三）主要内容

《北京市居家养老服务条例》共22条，不分章节，由五部分构成：第一部分（第2条）确立了北京市居家养老服务的基本模式；第二部分（第3条）规范了居家养老服务的要求（居家养老服务应当以居住在家老年人的服务需求为导向，坚持自愿选择、就近便利、安全优质、价格合理的原则）和内容（包括用餐服务、医疗卫生服务、家庭护理服务、紧急救援服务、日间照料服务、家政服务、精神慰藉服务、文化娱乐和体育活动八项）；第三部分（第4条至第12条）明确了居家养老服务中相关主体的责任；第四部分（第13条至第18条）确立了居家养老服务的系列保障制度；第五部分（第19条至第21条）明确了各级人民政府及其相关部门工作人员、社区养老设施的管理者、使用者等主体的法律责任。

二 关于《北京市居家养老服务条例》实施情况的调查

《北京市居家养老服务条例》自2015年5月1日起施行。半年之后，2016年1月24日，北京市第十四届人民代表大会第四次会议上，北京市人民政府作了《关于〈北京市居家养老服务条例〉实施情况的报告》（以下简称《报告》）。这份报告，洋洋洒洒过万言，从八个方面描述了实施《条例》的基本情况，非常恢宏，我们则围绕着《条例》的实施情况进行了一次比较小众的调查。

（一）制作调查问卷

最初的调查问卷制作出来之后，我们约请不同年龄段的几位热心人士通读，并恳请他们提出宝贵意见。经过修改，我们拟定了调查问卷内容，并通过"问卷网"予以发布。

（二）调查结果和初步分析

从 6 月 9 日 13:30 到 6 月 18 日 20:30，我们一共收到 184 份填写完毕的调查问卷。整理这些数据，我们大致可以得出以下调查结论。

第一，居家养老的形式的确广受欢迎。在我国，老年人养老以居家为基础。北京选择"居家养老"的人数占总人口的 72.28%，这不但是传统孝道与养老方式的优良传承，而且是在北京市这种情况下的最佳选择。其次，将近 16% 的人选择"社区养老"。再次，接近 10% 的人选择"机构养老"。至于第四个选项"其他"，有人明确表示愿意"结伴养老"（见图 1）。

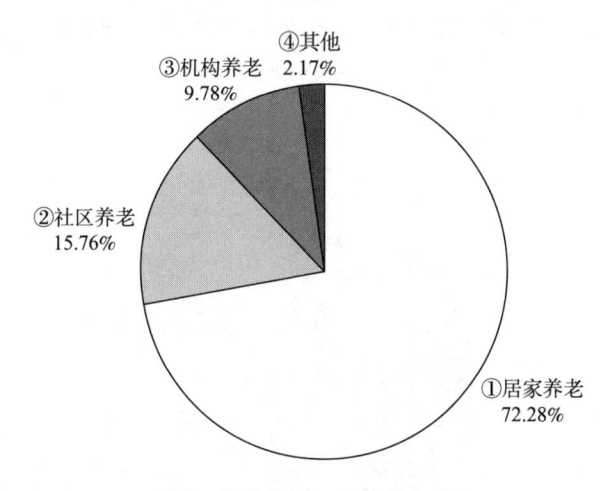

图 1　您首选哪一种养老方式？

（答题人数 184 人）

第二，《条例》的"知名度"不高。《报告》中有这样一段话：《条例》颁布后，本市各级政府及其有关部门及时开展了多种形式的法规学习宣传活动，扩大了《条例》的社会知晓度。对城六区的专项调查显示，被抽中调查的 22 个街道 304 个社区中，95% 的街道对《条例》实施进行了动员部署，61.1% 的老年人通过不同渠道和方式了解到《条例》出台，69% 的老年人认为《条例》对自己未来的养老将产生积极影响。不过，我们的调查结果却与此相距甚远：超过半数（53.80%）的被调查者不知道《条例》的出台，了解《条例》内容的人更少，他们只占被调查者的 12.50%（见图 2、图 3）。这可能是因为提交问卷的绝大多数人都是在职人员，而"在职人员或许暂时关注会少一些"。

②不知道
53.80%

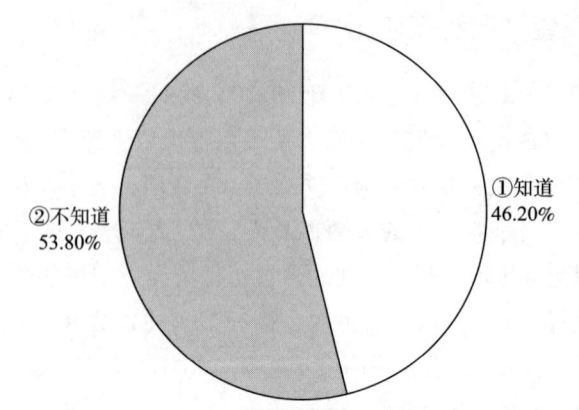

①知道
46.20%

图 2　您知道北京出台了《北京市居家养老服务条例》吗？

（答题人数 184 人）

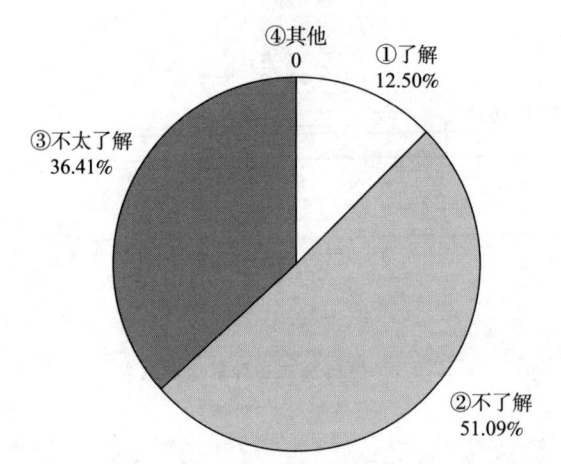

④其他
0

①了解
12.50%

③不太了解
36.41%

②不了解
51.09%

图 3　您了解《北京市居家养老服务条例》的内容吗？

（答题人数 184 人）

第三，居家养老服务体系基本形成，而且，八个领域都正在或多或少地向前推进。其中，用餐服务做得比较到位，医疗卫生服务（尤其是体检项目）开展得不错，家政服务中的家庭保洁相对助浴、辅助出行完成得比较好，文化娱乐、体育活动方面大有进步（见图 4 至图 7）。另外，在走访调查之中，我们发现，尽管用餐服务总体上提供得不错，可是，有些老年人宁可忍饥挨饿也不愿意花费并不高的餐费。此种情况值得我们反思。

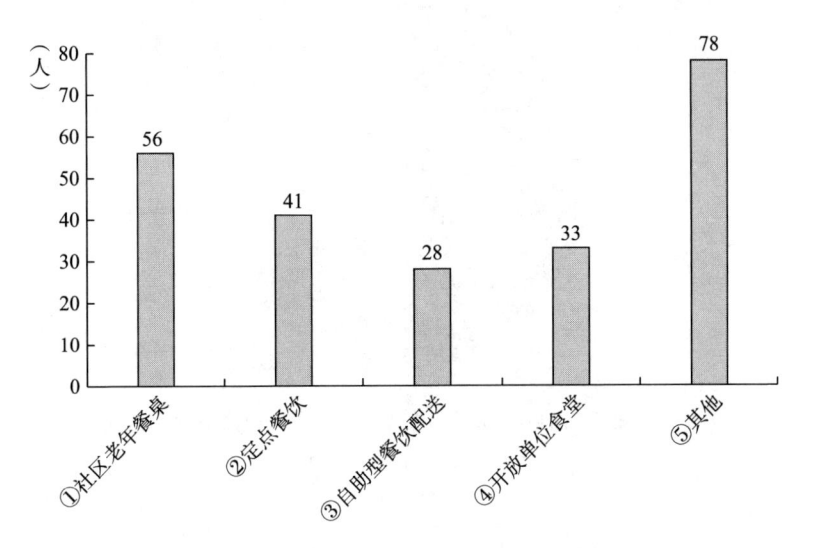

图 4　您所在社区在为老年人提供用餐服务的
哪一个方面有所改进？（多选）

（答题人数 184 人）

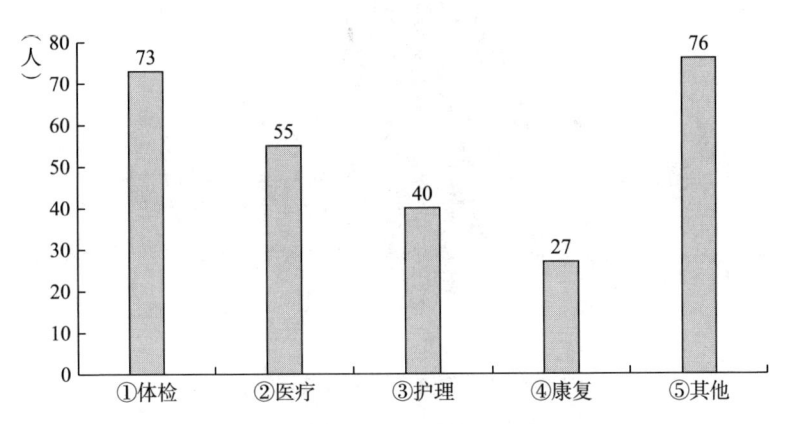

图 5　您所在社区在为老年人提供医疗卫生服务的
哪一个方面有所改进？（多选）

（答题人数 184 人）

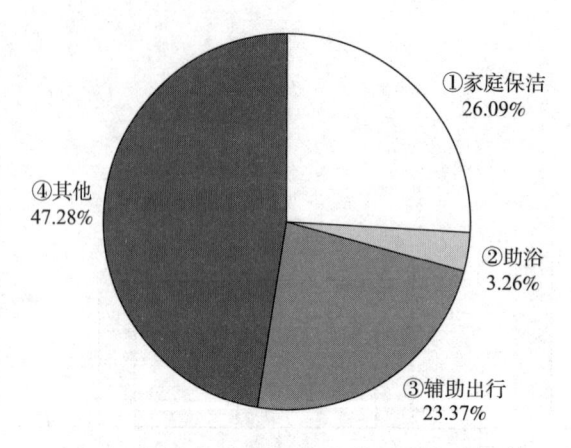

图 6　您所在社区在为老年人提供家政服务的
哪一个方面有所改进？

（答题人数 184 人）

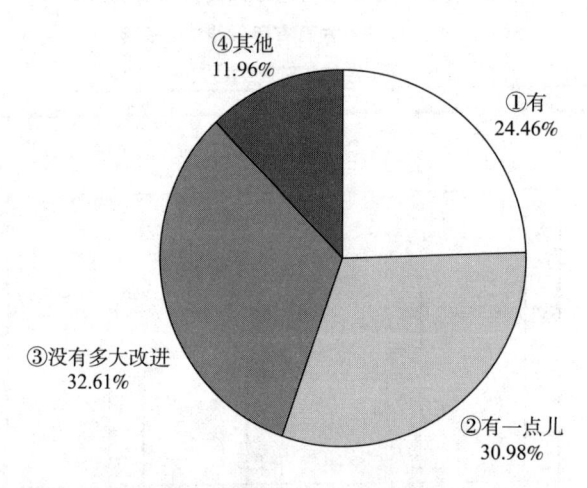

图 7　您所在社区在有益于老年人身心健康文化娱乐、
体育活动方面有改进吗？

（答题人数 184 人）

与此同时，我们发现，在对失能老人的各项护理和服务中，仅仅在日常家政方面和健康文娱方面有略微的改进，在家庭护理服务、紧急救援服务、日间照料服务方面并没有多大的改进，大部分的失能老人仍然没有享受到全面的服务（见图 8 至图 11）。这样的结果令人十分心酸，这也说明我们需要加大对失能老人的关注度，在针对失能老人的日常关照中投入更大的努力。例如，对符合条件的失能老年人给予居家养老服务补贴，根据需要进行家庭无障碍设施改造，配备生活辅助器具。

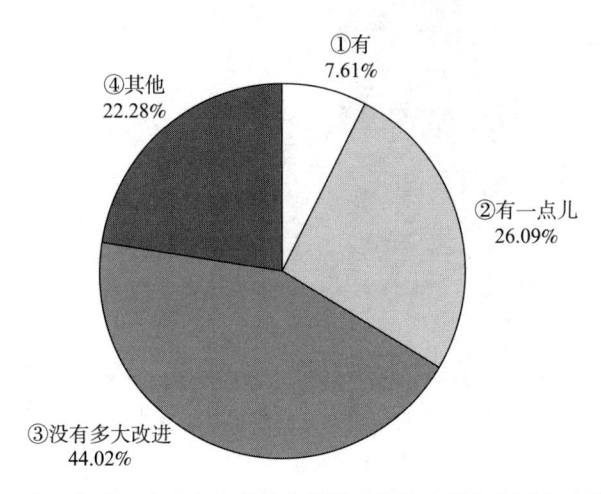

①有 7.61%
②有一点儿 26.09%
③没有多大改进 44.02%
④其他 22.28%

图 8　您所在社区在为失能老年人提供家庭护理服务方面有改进吗？

（答题人数 184 人）

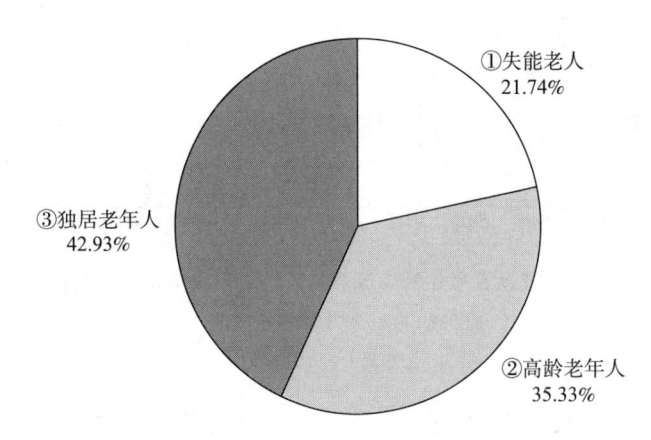

①失能老人 21.74%
②高龄老年人 35.33%
③独居老年人 42.93%

图 9　您所在社区在为哪些老年人提供紧急救援服务有所改进？

（答题人数 184 人）

①有
10.33%

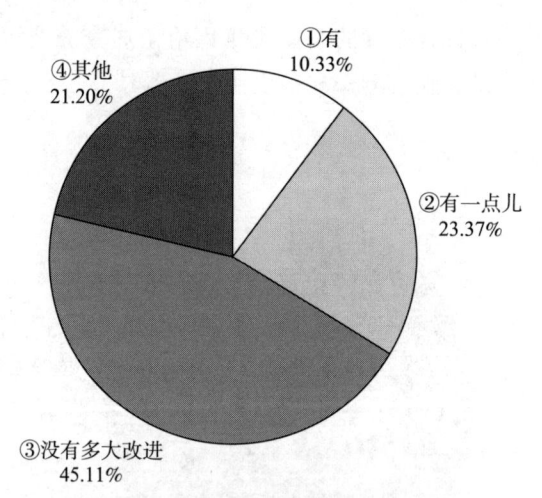

④其他
21.20%

②有一点儿
23.37%

③没有多大改进
45.11%

图 10　您所在社区在利用托老所等设施为老年人
提供日间照料服务有改进吗？

（答题人数 184 人）

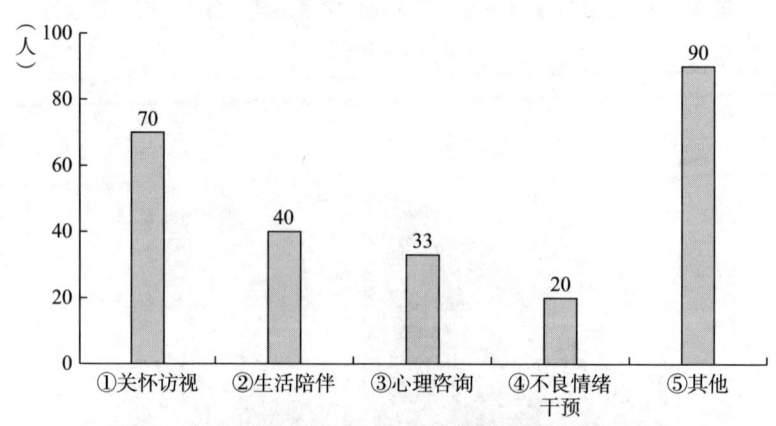

①关怀访视 70
②生活陪伴 40
③心理咨询 33
④不良情绪干预 20
⑤其他 90

图 11　您所在社区在为独居、高龄老年人提供精神慰藉
服务的哪一个方面有所改进？（多选）

（答题人数 184 人）

第四，有 6.52% 的被调查者认为"子女的赡养义务因为居家养老服务而被免除"（见图 12），这是我们始料未及的。"养儿防老"是我们每个中国人耳熟能详的一句口头禅，而且，在《婚姻法》第 21 条中有"子女对父母有赡养扶助的义务"这样的明确规定，我国《老年人权益保障法》第 14 条中也有"赡养人应当履行对老年人经济上供养、生活上照料和精神上慰藉的义务，照顾老年人的特殊需要"这样的规定。不管是从法律还是道德的角度，我们每个人都有赡养老人的义务。我们设计这个问题，本意是

就《条例》第 4 条的内容对被调查者进行小小的调侃。没有想到的是，我们被尖刻地"调侃"了。

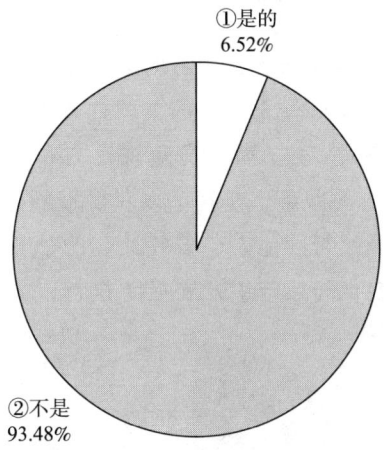

①是的 6.52%
②不是 93.48%

图 12　子女的赡养义务因为居家养老服务而被免除了吗？

（答题人数 184 人）

第五，居家养老服务的信息化建设开始了，主要是运用信息网络服务平台为老年人进行紧急呼叫和健康咨询的服务，其中，33%的被调查者回答信息网络服务平台开展了紧急呼叫服务，24%的人选择健康咨询服务，16%的人选择物品代购服务，15%的人选择服务缴费（见图 13）。其实，比较福州、泉州等地现有的家庭养老信息平台和操作模式，北京的居家养老服务信息平台还大有可为，例如，推进养老服务大数据建设，采集老年

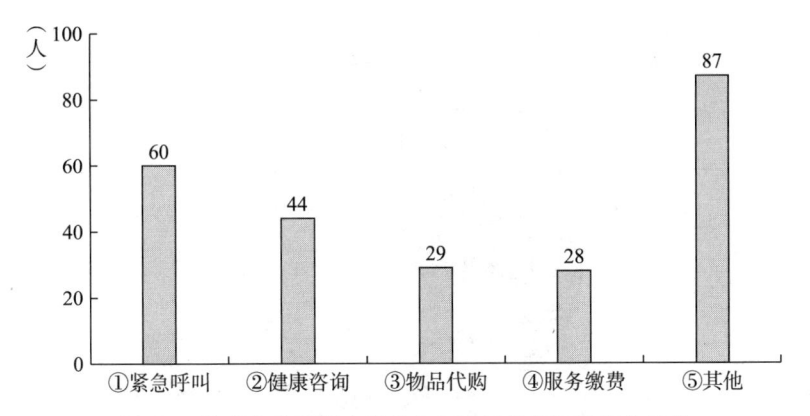

①紧急呼叫 60
②健康咨询 44
③物品代购 29
④服务缴费 28
⑤其他 87

图 13　你所在的街道办事处已经运用信息网络服务平台开展哪一方面适合老年人的服务了？（多选）

（答题人数 184 人）

人身体状况、经济状况、服务需求等信息，建立动态完整的老年人数据库，并深化数据分析及应用，从而为老年人量身定制服务菜单，提供个性化的精准服务。

第六，虽然知道为老年人志愿服务时间储蓄机制和激励机制的被调查者皆不足20%，但是，却只有3.80%的被调查者不愿意为老年人服务而得到时间储蓄，而且，绝大多数人都十分重视社会和组织对群众的鼓励（见图14至图17）。所谓志愿服务，是指不以获得报酬为目的，自愿奉献时间和智力、体力、技能等，帮助他人、服务社会的公益行为。可喜的是，居民委员会、村民委员会也开始组织开展互助养老和志愿服务了。

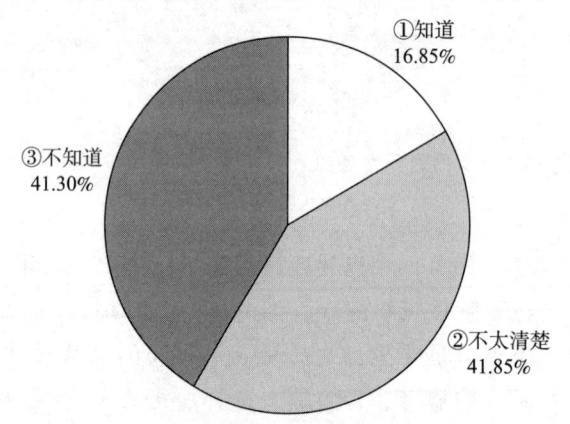

图 14 您知道为老年人志愿服务的激励机制吗？

（答题人数 184 人）

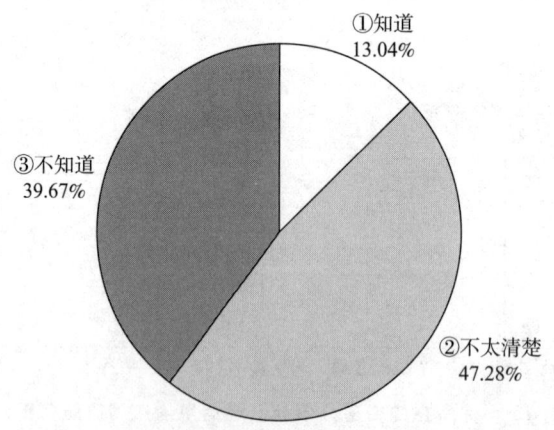

图 15 您知道为老年人志愿服务时间储蓄机制吗？

（答题人数 184 人）

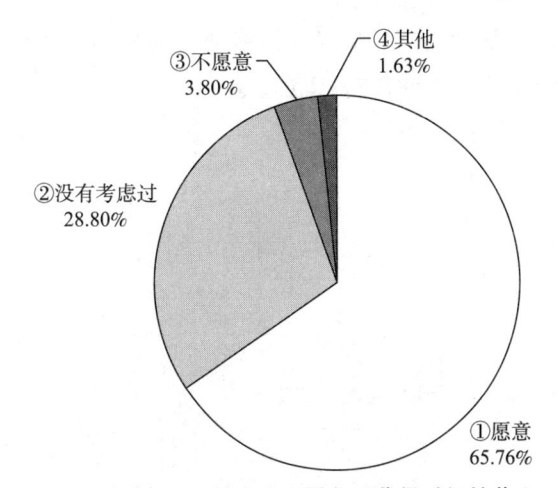

图 16　您愿意为老年人志愿服务而获得时间储蓄吗？

（答题人数 184 人）

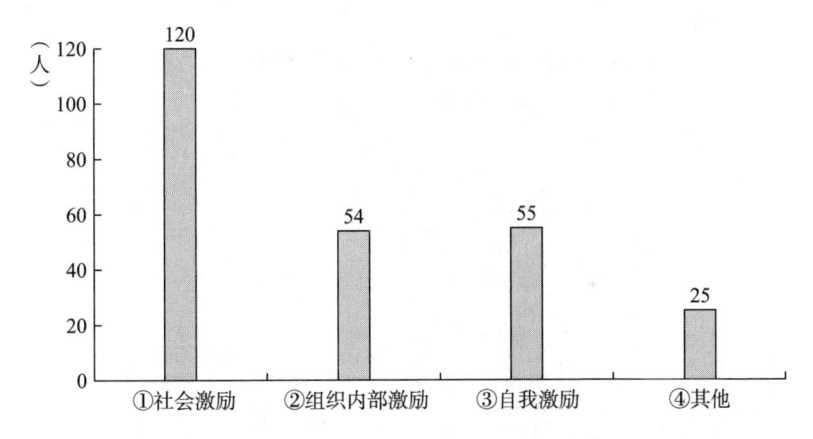

图 17　在以社会激励为主、组织内部激励为基础、自我激励为辅的志愿服务激励体系中，您最重视哪一种激励？（多选）

（答题人数 184 人）

第七，虽然只有 7.61% 的受访者知道有人已经办理了长期护理保险，却有近 60% 的被调查者认为这项制度"有意义"（见图 18、图 19）。老龄化的加剧是长期老年护理制度产生的根源。失能老人的数量和增速也由于人口老龄化和家庭结构的改变而暴涨，在这种情况下，家庭与社会提供的护理保障十分重要，否则于老人、于社会均后果严重。鉴于我国基本全面覆盖的医疗保险制度，急慢性病与失能护理、失能护理与医疗护理等医疗行为密不可分，由卫生主管部门来设定各种检查标准，对于统一管理更加有益。综上所述，基本医疗保险制度拓展到长期护理基本保障，将失能护理纳入基本医疗保险制度的范畴，也值得一试。

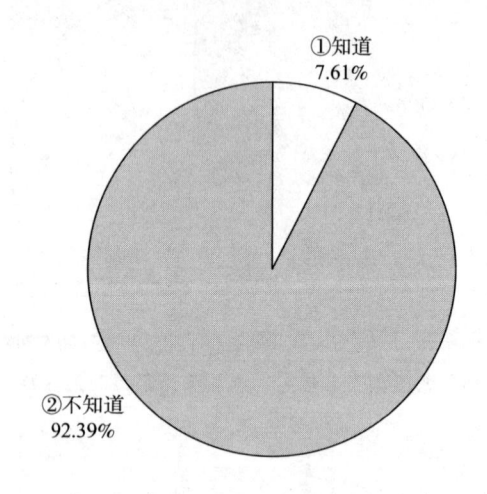

①知道
7.61%

②不知道
92.39%

图 18　您是否知道有人已经办理了长期护理保险？

（答题人数 184 人）

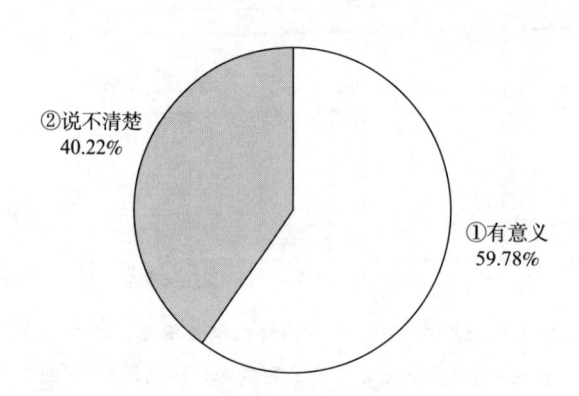

②说不清楚
40.22%

①有意义
59.78%

图 19　您如何看待长期护理保险？

（答题人数 184 人）

三　《北京市居家养老服务条例》实施中存在的问题

着眼全局，自从《条例》颁布，北京居家养老服务的良好作用初显，《条例》的引导功能显著。依据我们的调查，从体系受益个体来看，我们认为《条例》的实施主要还存在五个方面的问题。

（一）普遍认识不够到位

《条例》实施近两年以来，北京市各级政府及其有关部门在思想上与《条例》的要求还有一定差距。从公民个人的角度看来，鉴于《条例》仍是新事物，体系构建尚未健全，政策落实尚为滞后，广大公民知晓、认识和实践《条例》都需要假以时日。例如，《报告》里说，2015年1~10月，全北京市开展社区家庭医生式服务，签约老年人167.94万人，对老年人常见病、慢性病进行综合管理，开展医疗、护理、康复服务指导。然而我们的被调查者却只有不到20%的人知道这项服务。

（二）居家养老服务体系发展不平衡

对照《条例》，综观调查结果，可以发现，对老年人的精神慰藉服务略显不足，对失能老人的服务非常紧缺，日间照料服务有待发展。例如，2016年2月，中国老龄科学研究中心主任党俊武表示，当前，我国高龄老年人口已占据两千五百万人，失能老年人口达到四千万人。这些老人的长期护理服务需求远未满足，而且，他们及其家庭也难以支付长期护理服务所需的高额费用，政府的补助力度又非常有限。

（三）少数人持有错误的观念

中国一直以儒家思想为主，长期以来形成了传统模式的"家庭养老"，支持老年人已成为人们普遍的责任，"抚养孩子""父母在，不远游"等都是孝道在日常生活中的反映。父母抚养子女，子女必须赡养老年父母，否则，就会受到道德舆论的谴责，这是费晓堂教授在1983年提出的中国退休金"反馈模式"。这种孝文化作为传统的维护方式，早已深深扎根于人民的思想和行动之中。在进入人口老龄化的今天，家庭依然是养老的基础，"孝亲敬老"更是我国的传统文化，是居家养老的重要保证。我们必须人人懂得这一点：子女的赡养义务不因为居家养老服务而被免除。

（四）居家养老服务的信息化程度不够高

小一半（47.28%）的被调查者不知道自己所在的社区是否已经建立了社区养老服务平台（见图20），街道办事处对信息网络服务平台运用得不够，而物品代购、服务缴费等功能尚未发挥出来。再如，50%以上的老年人都患有不同类型的疾病，发病率逐年上升，老年医疗与健康问题越来越严重，能够从根本上解决这个问题的新办法就是信息化、云平台、大数据等互联网新技术。可是，这方面的建设当前还有待进一步提高，亟须整合养老照料中心、社区养老服务驿站、社区卫生服务中心（站）、社区服务商等的信息，建立养老服务单位和从业人员数据库，加强养老服务信息管理。

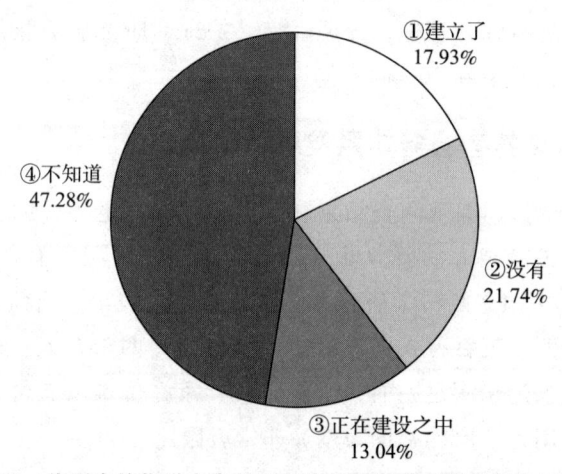

①建立了 17.93%
②没有 21.74%
③正在建设之中 13.04%
④不知道 47.28%

图20　您所在的街道办事处已经建立社区养老服务平台了吗？

（答题人数184人）

（五）居民委员会、村民委员会的民主自治功能发挥得不够

居民委员会是一个大众居民组织。在没有居民和居民委员会的地方，没有一般性的工作委员会。在居民多的地方，可以设立常设或临时工作委员会。常务委员会一般有几个委员会，领域包括社会福利（包括特别照顾）、安全、文化和教育卫生、调解、妇女等。设立居委会有利于基层政府或派驻办公室通过居委会动员和组织群众，完成党和国家赋予的任务，也有利于居民依靠自身实力，政府支持，顺利解决居民生产、生活和学习等方面的问题。参与本次调查的绝大多数居民对自身的民主自治功能不甚了了，而互助养老、低龄老年人扶助高龄老年人的活动尚未蔚然成风。

四　关于促进《北京市居家养老服务条例》实施的思考

政府是基本公共服务的提供者,在居家养老服务中起主导作用。无论是在规划、资金、完善设施配置,还是在产业培育、政策支持、市场监管及统筹协调等方面,政府都负有重大的责任。如果主要立足于居民个体,我们对促进《条例》的实施则有八点思考。

(一) 加强宣传,扩大人们对居家养老服务的认知

大多数北京人倾向于选择居家养老。北京人数众多的失能和高龄老人多数分散各自为居,其养老面对的问题不仅包括精神上的陪伴和抚慰,还有医疗保障问题等。据此现状,养老服务的延伸,老人们对社会化养老服务的需求,对社会各界都是一个亟待解决的问题。具备一定专业知识和技能的居家养老服务人员具有解决大部分问题的能力。由大连首次创新的居家养老服务为养老机构缺少、大龄下岗女职工缺少收入来源、空巢老人居家看护等问题画上了圆满的句号。如今,无论是基于年轻人的角度,还是从老人的位置来考虑,居家养老服务的兴起与发展都是应时所需的。凭借社会各界的力量重建家庭养老院,多方联合,各方一定都将受益匪浅。

(二) 平衡发展居家养老服务体系的各项内容

《条例》第3条列出的八项内容,缺一不可,不可偏废任何一项。应当以居住在家老年人的服务需求为导向,坚持自愿选择、就近便利、安全优质、价格合理的原则,因人制宜地提供多样化、个性化的居家养老服务。例如,具体到用餐服务,除了为老年人提供社区老年餐桌、定点餐饮、自助型餐饮配送,还需要大力开放单位食堂,发展其他形式的服务。

(三) 子女的赡养义务和居家养老服务应该齐头并进

北京市设计的"9064"养老新模式,要求在2020年实现90%的老年人在社会化服务的协助下通过居家养老,6%的老年人通过政府购买社

区服务照顾养老，另外4%的老年人入住养老服务机构集中养老。前两种统称为家庭养老。《条例》明确了居家养老服务的范围和相关责任，并规定老年人的子女及其他依法负有赡养扶助、扶养义务的人，应当履行对老年人经济上供养、生活上照料和精神上慰藉的义务。子女的赡养义务绝不因为居家养老服务而被免除。需要由社会提供服务的，老年人家庭根据服务项目的性质和数量，承担相应费用。要从重社会养老向重塑家庭养老转变。

（四）构建高效的信息网络平台

为什么要开展居家养老体系建设？其是为了形成专业、就近的养老服务体系，为老年人提供更加优质的服务。老年人现实需求的深入了解对于构建网络必不可少，能够有效起到供需适当、脚踏实地的效果。当然，人性化服务的开展又能够有效防止模式化。北京市和各区、县人民政府，镇人民政府，街道办事处，居委会，企业和社会组织在各自的区域都对养老负有极大的责任，它们应该以街道社区为服务对象，形成便捷、专业的养老服务网络，在此基础上进一步催化企业化运作，实现网络的跨区域化，不断拓展提升服务功能。

（五）努力调动公民的民主自治积极性，广泛运用志愿者服务

《条例》的一个创新点，就是赋予居民委员会、村民委员会民主自治功能。我们应该倡导社会的团结协作，尽可能壮大队伍，督促社会各界的相关知识与技能学习，在以个人和社会为单位的志愿者服务方面进一步扩大与完善居家养老服务工作。具体的，居民委员会、村民委员会应当组织社区老年人和其他居民开展以下活动：（1）开展居民信息自愿登记，了解、反映老年人的服务需求；（2）协助政府对企业和社会组织管理、运营社区养老设施及其他服务项目的情况进行监督、评议，向政府反映居民对完善居家养老服务的意见、建议；（3）组织开展互助养老、志愿服务和低龄老年人扶助高龄老年人的活动；（4）组织老年人开展文化娱乐、体育活动。

（六）探索建立为老年人志愿服务时间储蓄和激励机制

调查问卷显示出这方面具有良好的社会认同，那么，北京市的志愿者组织、公益慈善类组织和社会服务机构应该根据民政部2012年10月23日

发布的《志愿服务记录办法》，将志愿服务记录与志愿者的使用、培训、评价、保障、奖励挂钩，依法维护志愿者和志愿服务对象的合法权益，推动北京市养老志愿服务健康有序地发展。例如，鼓励依托志愿服务记录，建立健全志愿服务时间储蓄制度，使志愿者可以在自己积累的志愿服务时数内得到他人的无偿服务；鼓励有关单位在招生、招聘时，同等条件下优先录用、聘用和录取有良好志愿服务记录的志愿者；鼓励商业机构对有良好志愿服务记录的志愿者提供优先、优惠服务；鼓励大学及中学生在业余时间参与志愿活动；便利志愿者或其直系亲属根据志愿服务时间优先享受优惠的养老服务；等等。

（七）发展社区家庭医生式服务

社区家庭医生式服务是北京市卫生局按照北京市人民政府提出的"普及健康知识、参与健康行动、提供健康保障、延长健康寿命"的目标，借鉴先进的家庭医生服务理念，开展以社区卫生服务团队为核心，在充分告知、自愿签约、自由选择、规范服务的原则下与服务家庭签订协议，为居民提供主动、连续、综合的健康责任制管理服务。家庭医生式服务主要依靠社区卫生服务团队来开展，一支完整的社区卫生服务团队由全科医师、社区护士、预防保健人员组成。北京市卫生计生部门应当完善基层医疗卫生服务网络，构建社区卫生为老服务体系，着力开展社区家庭医生式服务。有了这种卫生服务体系，居民只需在居住地的社区卫生服务机构自由选择服务团队，无须缴纳任何费用，简单签署一份《家庭医生式服务协议书》，便可免费享受健康"点对点"服务。

（八）积极开展政策性长期护理保险试点

长期护理保险制度，主要是指为被保险人在丧失日常生活能力、年老患病等情况下，对其提供经济补偿和护理保障。2016年6月27日，人力资源社会保障部办公厅印发的《关于开展长期护理保险制度试点的指导意见》，决定开展长期护理试点，试点多达15地。其主要对象为试点的基本医保参保人群，以期建立为长期失能人员的基本生活照料和医疗护理提供保障的社会保险制度。北京市的海淀区也在尝试借助其市场运作优势，采取政府补贴和个人缴纳的运营模式，为失能老年人提供长期护理保障，引入商业保险。一旦比较成功，即可推广。同时，北京市开展"以房养老"，筹建相关保险公司等引导商业保险机构开发长期护理保险产品的活动，提供以老年人为服务对象的专业化服务。

2016年5月27日，中共中央政治局就我国人口老龄化的形势和对策举行第三十二次集体学习，中共中央总书记习近平在主持学习时表明和强调，"要积极发展养老服务业，推进养老服务业制度、标准、设施、人才队伍建设，构建居家为基础、社区为依托、机构为补充、医养相结合的养老服务体系，更好满足老年人养老服务需求"①。北京市拥有户籍的人口老龄比例位居全国第二，人口老龄化趋势严重。满足北京市老年人养老服务需求，是北京市面临的一个极具挑战性的任务。作为北京市养老服务的基础，居家养老是一个系统工程，居家养老服务也是一个系统工程。政府、家庭、社区、社会各个主体，只有按照《条例》的要求，一起上阵，各尽其责，各显神通，才能比较圆满地完成这个工程。

附：关于定义死亡权利的评论②

死亡过晚的人很多，但死亡过早的人很少。"在正确的时间死去！"这个信条听起来仍然十分不可思议。

尽管福里德里希·尼采不因他对医学伦理的观点而著称，上文中他的语录还是抓住了 James Lindgren 一篇文章的精魂。在 Lindgren 的设想中，最近的 O'Connor 案③和 Cruzan 案④的判决结果标志了拒绝治疗和停止治疗的相关法律的改变。他的结论是：这些案件中确立的条件——在对一个个体结

---

① 《习近平关于社会主义社会建设论述摘编》，中央文献出版社，2017，第92页。
② 戴维·M. 英格里斯（David M. English）著，于宗瀚、李秀梅译。因为曾经和天津大学海洋学院2022级学生于宗瀚多次围绕此文讨论居家养老、老龄化、死亡等问题，遂合作编译了美国密苏里大学法学院戴维·M. 英格里斯教授2013年交给笔者的这篇文章——当时两位硕士研究生在学校就读期间表示非常愿意尝试翻译文章，笔者才特意找这位美国教授索要的。
③ O'Connor 案，1987年12月，77岁的 Mary O'Connor 因多次中风发作而生理功能衰退，仅能对简单外界刺激偶尔做出基本的反应。由于吞咽功能丧失，须通过插胃管以长期维持生命。然而由于病人在入院前多次表示在她身体不能自主的情况下不希望依靠生命维持系统存活，她的家属（两个女儿）申请直接停止治疗。但医院不同意，因此向法院申请插胃管以维持 Mary 生命的许可。最终，该郡的最高法院于1988年7月26日拒绝了医院的请求，允许停止治疗。
④ Cruzan 案，1983年1月11日，25岁的 Nancy Cruzan 因车祸失去意识，并在3周后被诊断为陷入永久性植物人状态，须依靠插食管以维生。她的父母于1988年要求移除食管，而医院则因没有法院指令、同时该行为会导致 Nancy 的死亡而拒绝。于是，她的父母以她事发一年前曾经表态她不希望使用生命维持系统而向当地法院申请，最终上诉到了美国最高法院。最高法院认为判断病人失去意识前的意志所需证据不足，拒绝了二人的申诉。二人随后收集了更多表明 Nancy 事发前意志的证据并再次申诉。其所处郡的最高法院于1990年12月14日下达了移除食管的指令。Nancy 随即在12天后死亡。

束治疗之前，该个体需清晰且有足够说服力地表达出他或她的意愿——在生命这一方面错得离谱。该结论主要来源于民意问卷调查中呈现出的偏向，他断言一个更好的判断方法是：除非有可以用来反驳的证据，只要个体满足十四种具体情况中的一种或一种以上，该个体就可以被假设为拥有死亡的意愿。

Lindgren 的论点的确具有一定的吸引力。他对调查数据的出色的整理结果表明：绝大部分的个体希望在遭遇绝症以及陷入不可逆的昏迷时关闭生命维持系统。但是，只有很小一部分个体为未来的治疗留下了生前遗嘱[1]，而大部分人则未表明他们的观点[2]。

但是 Lindgren 的论证有夸大的成分。"O'Connor 案和 Cruzan 案代表了法律发展方向的变化"的结论是错误的。不仅如此，在制定终止治疗相关规定的过程中，虽应考虑对个人意愿的假设，但其绝不能是唯一的检验依据。

尽管 Lindgren 称"现在申请关闭生命维持系统的上诉路径已经快要和上诉案件一样多了"，但事实上主要只有两种上诉路径。O'Connor 案和 Cruzan 案属于极端案例。其他法院就没有如此严格的限制。它们不仅和 O'Connor 案、Cruzan 案一样，同样会接受清晰的、有说服力的、能证明个体事前表明的意愿的证据作为标准，但若缺乏此类证据，治疗仍能在存在替代性判断（a substituted judgment）[3] 或经过最优利益测试（best interests test）[4] 后取消。并且，在最高法院对 Cruzan 案作出判决之后，那些法院几乎没有任何从这种更偏自由派的做法退步的迹象。佛罗里达州和伊利诺伊州已重申了它们对替

---

[1] 近期，一项在北卡罗来纳州展开的调查有了十分显著的结果：在被采访的 75 名养老院居民中，有 65 位表达了在至少某些情况下终止治疗的意愿，但没有任何人执行一份生前遗嘱。参见 Elizabeth R. Gamble, Penelope J. McDonald & Peter R. Lichstein, Knowledge, Attitudes, and Behavior of Elderly Persons Regarding Living Wills, 151 ARCHIVES INTERNAL MED. 277 (1991).

[2] 另一项近期在纽约的一所养老院中展开的调查结果同样显著：在 103 名被采访者中，62 人从未将自己对未来治疗的感想与任何人沟通。参见 Jiska Cohen-Mansfield et al., The Decision to Execute a Durable Power of Attorney for Health Care and Preferences Regarding the Utilization of Life-Sustaining Treatments in Nursing Home Residents, 151 ARCHIVES INTERNAL MED. 289, 291 (1991).

[3] 替代性判断测试需要代理决策人尝试确定病人在仍具有判断能力时会作出的决定。

[4] 若有对由司法创设的拒绝或终止治疗相关标准进行全面的讨论的需要。参见 ALAN MEISEL, THE RIGHT TO DIE § 9.1-35 (1989 & 1992 Supp.)。实际上，该标准以不同的形式存在。比如说，佛罗里达州承认代理性判断，但拒绝了最优利益测试这一方案。参见 In re Browning, 543 So. 2d 258, 273 (Fla. Dist. Ct. App. 1989), aff'd, 568 So. 2d 4 (Fla. 1990)。新泽西州则发布了一套针对将在一年内死去且意识清醒的病人的方案。治疗可以经过"主观""有限客观"或"客观"测试后，被拒绝或停止。然而，至少在某些州的实践中，主观测试与表达意愿测试等价，客观测试与最优利益测试等价。只有有限客观测试属于新开拓的疆域。尽管替代性判断是主要的准则，但治疗只能在其负担明显大于收益时被拒绝或停止。参见 In re Conroy, 486 A. 2d 1209 (N. J. 1985).

性判断测试的认同,甚至印第安纳州所允许的一例停止治疗中的病人从未拥有过在该问题上表达自我观点的能力。

尽管大部分法院的立场偏向自由派,却还是无法得出结果令人满意的结论。意愿表达的标准在实际应用中依然过于保守。符合该标准的病人只有在得绝症或者在个人的专业训练和背景可以为他或她的言论作担保的情况下,其意愿才会被听取。否则,在没有如此明确的目的或额外威信的加持下,病人所表达的意愿通常会被认定为无效。

替代性判断这方面也并非一帆风顺。该方案曾被不当地应用于婴儿和从不具有表达能力的成年人身上,而要获取这些人的个人价值观只能凭借猜测。但猜测过程的相关因素并没有公认的标准。这使得得出病人的选择的过程缺乏相应的引导。与此同时,有限的实证研究令人对代理决策人的判断质疑。

最优利益测试则在这一切中扮演了明显次要的角色。虽然对"最优利益"的定义并不存在任何共识,但确实存在一些浮现中的趋势。其中一种思维方式是在治疗的负担与其期望的收益之间寻求平衡,然而将其应用于永久昏迷的病人已被证明不可行。该测试在应用过程中需要监护人遵循他或她基于包括病人此前的声明的所有力所能及的信息对最切合病人利益的见解。有人指出最优利益应扎根于社会规范,或者反映假设中的一位行为合理的人所作出的决定。

Lindgren 则想要反转现有的系统。他将治疗的停止对个人表达的意愿,代理性判断或者最优利益测试理论的需求,替换为可以实施停止治疗的假设的十四种情境。但是,为了当前的讨论,将其归结为四类:(1)永久失去意识的病人;(2)身患绝症但意识仍清醒的病人;(3)正经受剧烈肉体疼痛的病人;(4)病人的病症导致他或者她完全依赖家人或者他人的护理。

Lindgren 认识到了问卷调查的局限性,而该局限性在第四类中则体现得尤为明显。目前貌似有数百万人都可以被归于该类中。其中可能包括:相当大一部分的残疾人;可观的少数,甚至多数在养老院中的居民;大量在家中受人照顾的老年人。①

---

① 美国有大约 150 万名老年人居住在养老院里。他们中有超过 70% 的人不能完成三项或以上日常生活所必需的行动,同时他们中有相当大的一部分患有一例或以上的精神障碍。1985 年,超过 60% 的患有三项或以上功能性障碍的老年人不在养老院里居住。参见 David M. English, The Rights of Nursing Home Patients, TR. & EST., July 1991, at 28。

Lindgren 第一类的假设更加站得住脚。实际上，如果将 O'Connor 案和 Cruzan 案仅看作反常的个例，那么 Lindgren 可能在这方面已经取得了胜利。尽管取得以下结果的理论过程可能有差异，各大法庭一直都在十分果断地批准对永久失去意识的病人停止治疗。[①] 呼吁内容与 Lindgren 的假设相同的声音日益壮大。这样的停止治疗似乎正在成为常态。

　　第二类与第三类假设所面对的问题则更加难解。问卷数据虽然暗示了身患绝症但意识仍清醒的病人会希望停止治疗，但是这些问卷作为公共政策预报的可靠性值得怀疑。同时，对于"绝症"的定义没有统一的意见[②]。除此之外，绝症从发作到死亡的平均时间为 29 个月。Lindgren 的意思难道是病人一旦确诊就该停止治疗吗？当然，他对"绝症"的定义可能遵循了有关生前遗嘱的法规中的定义，即病人的死亡要么"迫在眉睫"，要么会在"相对较短的一段时间"内发生。然而，两种定义都会在诠释时产生问题，因此并不能给予 Lindgren 他想要的确定性[③]。

　　同时，对正经历剧烈疼痛的病人作出极端判决的做法也不应被接受。痛觉通常能通过药物得到控制。即便不用药物，对疼痛的缓解仍然只有少数情况下才值得关注。只因一个可能仅与护理不当有关的症状而强制终止治疗似乎不是一个合适的做法。[④]

　　终止治疗的各种案例经常模棱两可、自相矛盾，每个新的观念所引发的问题总是比其解决的还多。尽管这些案例理应受到批评，将病人归入随意划分的各类中，随即就认定他们不想接受治疗或想终止治疗是一个极其危险的方法。Lindgren 的提议之所以有吸引力，是因为它看似是一套简单的解决方案。但是，在法律的这一方面，不能允许简单的解法存在。

---

① Alan Meisel 记录了 33 个法院将病人描述为陷入昏迷或陷入持续植物人状态的案例。参见 MEISEL, supra note 10, § 5.20。然而在这些案例中，法院最终判决终止治疗的只有两个。
② 该不确定性有一部分是因为"判定绝症存在的过程本身就包含对风险的评估，以及对可能降低该风险的治疗带来的收益和负担之间的平衡。"参见 Sandra H. Johnson, Sequential Domination, Autonomy and Living Wills, 9 W. NEW ENG. L. REV. 113, 126 (1987)。
③ "该定义给了医生回答一个与其职业判断并不完全相关的问题的权威。一个个体是否将一段时间定义为'短'取决于该个体的目的与价值观。"参见 Johnson, supra note 29, at 125-26. See also Joanne Lynn, Why I Don't Have a Living Will, 19 LAW, MED. & HEALTH CARE 101 (1991)。
④ 一项近期进行的研究为例，其中所有患有压疮的病人都严重营养不良。参见 Gayle D. Pinchcofsky-Devin & Mitchell V. Kaminski, Jr., Correlation of Pressure Sores and Nutritional Status, 34 J. AM. GERIATRICS SOC'Y 435 (1986)。

对博物馆依法运营的思考

博物馆是根植于现在、保存与沟通过去的鲜活机构，它将全世界各地的观众、各代人与其文化紧密联系起来，让现在和未来的各代人更好地理解他们的根源与历史。2000年9月22日通过的《北京市博物馆条例》（以下简称《条例》），是我国目前唯一一部关于博物馆管理的地方性法规。自2001年《条例》实施以来，首都博物馆依法运营过程中取得了有目共睹的成就，但也存在一些值得思考的问题。

一 依法运营过程中存在的主要问题

1. "多渠道筹措资金"做得不足。尽管《条例》第6条"市和区、县人民政府应当将博物馆事业纳入国民经济和社会发展规划，为发展博物馆事业提供必要的条件和保障"和第8条第一款"各级人民政府应当保障本级政府兴办的博物馆的事业经费，并逐步增加投入"的规定，均已落到实处，但是，《条例》第10条第一款"博物馆可以多渠道筹措资金发展博物馆事业"的权利，却甚少行使。

2. 经营不够。经营在文博界一直是一个比较敏感、长期争论不休的话题。关于"经营活动"，《条例》第10条中清清楚楚地规定"博物馆可以依法开展符合本馆特点的经营活动"，前提是"博物馆开展经营活动不得改变博物馆功能、危及博物馆藏品的安全和影响开放环境"（第22条）。其实，博物馆营运，事实上是具有很浓厚的社会化、历史性与教育性的文化工作。在经济全球化和博物馆免费开放的大环境下，更新经营理念、改

---

* 此文发表于《北京日报》2015年5月25日第20版。

革管理模式、引进市场营销机制，已经成为世界上很多博物馆的共识与行动。比如，英国大英博物馆在对其博物馆相关元素衍生品的开发和经营中，效益和效果在世界上名列前茅。相比之下，首都博物馆在这方面的表现还大有提升的空间。

3. 公共服务水平有待提高。这主要表现为两点：一是讲解员的解说水平和服务热情需要提高；二是在工作日，博物馆的开放时间（9：00-17：00，16：00停止入馆）与公众的工作时间、学习时间几乎完全一致，这不便于公众去参观。

二 依据《条例》进一步提升运营水平

针对上述问题，需要依据《条例》进一步提升首博运营水平。具体思考如下。

1. 聚合各种社会力量，使博物馆成为繁荣文化事业的一个强大阵地。为此，应用足《条例》第11条的规定"捐赠人依法享受税收优惠"，尽量吸引更多的社会资源来发展博物馆事业。要主动行使《条例》第12条中规定"依法征集、采集藏品的权利"，不断丰富藏品，积极组织藏品的征集、采集活动。在校大学生具有退休教师等"老"志愿者和小学生等"小"志愿者所不具有的优势，应该注重吸收（引）他们加入志愿者队伍。根据《条例》第5条规定，对发展博物馆事业作出突出贡献或者成绩显著的单位和个人，给予表彰或者奖励。

2. 创新经营管理模式，实现社会效益和经济效益双丰收。具体来说如下。一是选择合适的经营项目，依法提高经营创收。在"收入不是主体""管理者不参加经营""严格限定经营的空间范围和业务范围""严格按调整后的收支两条线制度管理"的前提下，可以根据自身的特点，开办多种形式的经营创收项目。二是加强与旅游部门联系，积极发展文物旅游经济。所谓文物旅游，是以文物为主要吸引物并开展符合国家相关法律法规的旅游产业活动。许多文化遗产大国，在营利性社会力量参与文物旅游发展上，积累了丰富的经验，博物馆可以借鉴这方面经验。三是加强与各级各类博物馆之间各种形式的合作；积极参与社区文化建设；加强首都博物馆和地方企业的合作；带着"流动的博物馆"下基层、进社区、进村庄，增加巡览次数；等等。

3. 不断提升公共服务质量。一是善用现代科学技术。一方面，《条例》第 18 条规定"博物馆应当运用现代科学技术,提高展览、陈列水平,增强宣传教育效果",也有数据证明"文字说明材料的吸引力要远远低于图像和互动性展品的吸引力";另一方面,"去数字化""去科技化"的声音在未来的博物馆中或将出现,追寻实体博物馆在数字化与科技广泛应用之前的状态,在一个最纯净最简单的空间内让人们放慢脚步用心体会实物最本真的一面,聆听最真实的声音,用灵魂去碰触实物潜藏的光芒。二是提高讲解员的解说水平,挖掘藏品的内涵来吸引参观者,"把藏品背后的故事、文化、情节挖掘出来,使藏品具有核心价值"。此外,还应提供更加人性化的服务等。

英国博物馆学者马丁·罗特说:"博物馆是民族身份、历史自觉、国民参与、未来战略、国家实力与宽容程度的反映。"博物馆是国家及城市深厚的历史缩影,更是立体的"百科全书"。随着我国公共文化服务保障法、文化产业促进法等法律法规的制定和实施,相信北京的博物馆尤其是首都博物馆的运营状况会越来越好,其法治化水平也会越来越高。

分布式公共法律服务体系助力多元调解[*]

——以北京市西城区什刹海街道司法所为例

党的十九届四中全会提出，要"构建基层社会治理新格局"，"健全党组织领导的自治、法治、德治相结合的城乡基层治理体系"。为了提升基层治理社会化、法治化、智能化、专业化水平，北京市西城区什刹海街道司法所立足职能定位和区域特点，经过4年的探索实践，建成了分布在街道的北部、中部和南部的"1+3+3"分布式公共法律服务体系。该体系创新发展新时代"枫桥经验"，以源头化解为目标，通过整合司法资源打造一刻钟法律服务圈，为居民提供人民调解、律师服务、公证服务、法官服务等多种服务化解矛盾，形成了人民调解、行政调解、劳动人事争议调解、司法调解优势互补、有机衔接、协调联动的多元纠纷调解工作机制。2021年，什刹海街道司法所获评全国模范司法所。

一 案例背景

北京市西城区什刹海街道占地面积5.8平方公里，下辖22个社区，什刹三海和平安大街将辖区划分为北部、中部和南部。如果单独在一个地方建立公共法律服务站，辐射范围有限，造成资源浪费。与此同时，随着依法治国理念逐步深入人心，广大居民的法律服务需求越来越大，而传统的社区法律顾问模式要么让律师等不到居民，要么让居民见不到律师。如何调整原来的模式，让更多的居民享受公共法律服务？分布式法律服务站理念便应运而生。

---

[*] 本文载于董滨宇主编《新时代首都法治建设创新实践案例》（中共中央党校出版社2024年版）。合作者杨京峰，北京市西城区什刹海街道司法所所长。

二　主要做法

（一）体系建设过程

第一年，分步实施逐步推进。2019年，为了稳步推进"1+3+3"体系建设，在原有公共法律服务体系下，司法所在街道成立了公共法律服务站。最初服务站只有律师和调解员，业务相对单一，每周一至周五入驻1名律师和2名调解员，2名调解员中每天有1名下社区。全年共有律师咨询698件次，其中法律服务站咨询320次，占45.8%；2018年共350件，2019年同比几乎翻倍。

第二年，诉前调解绿色通道让服务站升级。为了实现新时代"枫桥经验"在西城落地，西城区人民法院和什刹海街道试点对接，开通诉前调解绿色通道。于是，因为"群众需要，法官来到"，司法所配备办公设备热烈欢迎西城区人民法院赵海法官，他每周一上午来到法律服务站，为辖区居民提供法律服务。与此同时，位于鼓楼西大街41号的公共法律服务站第一分站，即联合新街口派出所共同打造的"海畔联合调解室"应运而生，进一步将律师资源和调解员资源进行局部整合。两个服务站每周一至周五分别有1名律师和2名调解员。2020年咨询数量达到了1219人次，同比增加41%。

第三年，实现体系全覆盖。2021年，建立公共法律服务站第二分站，即联合厂桥派出所成立"爱民联合调解室"。将律师和调解员资源重组整合，彻底打破原有街道社区的两级法律顾问体系，建成"1+3+3"分布式法律服务站。至此，涵盖1个司法所、3个法律服务站、3个调解室的法律服务体系建成。法律服务内容又增加了公证服务。2021年，公共法律服务站律师咨询1719次，赵海法官坐班30次、提供咨询45人次，国立公证处坐班40次、提供咨询60人次，现场为居民提供免费代写诉状70人次，指导居民法律维权线上诉讼立案40人次，协助本站人民调解团队调解案件34件（其中司法确认10件）。

第四年，多部门联动打造一刻钟法律服务圈。横向对接街道工会、共青团、妇联、残联、信访等街道职能部门，纵向对接公安局、检察院、法院、司法局和劳动仲裁院等区级职能部门，打造枢纽型司法所。为了推动此项工作，司法所结合街道实际，共聘用了6名调解员和5家律师事务所在站内为居民服务，保证每天都有律师，都有调解员。与此同时，西城区人民法院巡回法官赵海、国立公证处公证员每周坐班半天，实现了司法所和区法院、国立公证处、区劳动人事争议仲裁院的无缝连接，真正让居民少跑路，实现一次进站获得多项服务的目标，实现一刻钟法律服务圈。街道的8名调解员（含2名律师调解员）不仅是区调委会的人民调解员，还通过了区劳动仲裁调解员的培训并获得了调解员证书。同时，一名律师调解员每周二至周四在法院值班，另一名律师调解员进入了法院调解员专家库。2022年，全年律师接待2014次，调解员接待785次，民警接待41次，赵海法官来站71次、服务居民105次，公证员来站69次、服务居民117次；法律援助64件，参与接诉即办38件次（其中爱民联合调解室下户调解15次、成功10次，调解员首创"院内公约"让邻里更和谐），调解成功口头协议13份、书面协议14份，其中司法确认7件（快递小哥工作期间死亡案件通过多元调解获得75万元赔偿金）。此外，服务站刘云律师参与法院诉前调解（西城区人民法院试点工作），全年共接到法院派件749件，调解成功370件。

（二）分布式公共法律服务体系"崭露头角"：赵某某安置帮教案

安置帮教是监所改造的后续和延伸，是社会治安综合治理工作的重要内容，关系到人民群众的法治体验，关系到社会大局的和谐稳定。近年来，在中央、市、区各级党委、政府的正确领导和大力支持下，什刹海街道司法所的安置帮教工作坚持以"教育、感化、挽救"为工作方针，通过什刹海街道全体安置帮教工作人员的共同努力，逐步探索出了安置帮教工作的新路子并取得初步成效，形成了以"制度让帮扶有底线，态度让关爱有温度"为原则，让刑满释放人员感受到家一般的温暖的工作模式。下面以赵某某安置帮教工作的开展情况为例进行简要说明。

1. 释放前向前一步，有备无患。首先，延伸帮教了解情况。赵某某，男，2006年因贩卖毒品罪被判处有期徒刑14年，于2017年11月8日刑满释放。其在刑满释放后被市监狱局列为北京市重点帮教人员及"三无人员"。

2017年7月、10月，西城区司法局和什刹海街道司法所两次到前进监狱对赵某某进行延伸帮教。经了解，赵某某自称"曾绝食过603天"，且其"腿部无知觉无法行走"。监狱方面则表示，狱方多次带赵某某检查腿部,但没有查出具体病因。司法所根据赵某某具体情况进行研究,考虑到他生活不能自理又是"三无人员",在与各方协调后决定把他安置到北京市某敬老院,待其低保等各项保障政策落实后再进行下一步帮教工作。

其次,街道牵头推动无缝连接。针对赵某某的情况,司法所牵头成立由街道一把手挂帅的,由民政科、住保办、社保所、残联、综治办和社区等组成的工作专班,向街道申请了5万元专项经费作为赵某某出狱后的临时保障经费,用于相关低保、公租房等待遇落实前的帮扶。司法所向司法局申请3000元临时救助,用于赵某某医疗方面帮扶。针对赵某某的低保和公租房问题,提前对接了街道社保所和住保办;针对赵某某提出的棠花胡同X号屋内物品丢失问题,对接了房屋管理单位;针对赵某某在监狱期间发生的腿部残疾问题,对接了街道公益律师。与此同时,针对赵某某扬言如果不能落实其诉求(含不合理诉求)就要采取过激行为的问题,及时通报了街道平安办、户籍地派出所和街道属地派出所。

2. 释放后用行动和"亲情"感化帮教对象。首先,快速反应,落实政策。2017年11月8日,前进监狱将赵某某送到了先前指定的海淀区一处养老院,赵某某担心司法局、街道办事处在他到这里后就一走了之,坚决不同意下车。后经派出所司法所工作人员、户籍地民警、社区工作人员坚持不懈地做工作,赵某某决定去见其83岁的母亲。于是,当天赵某某被送到了其母亲住处。

司法所工作人员、户籍地民警和社区工作人员再次来到赵某某母亲住处,为他宣讲国家政策。社区民政专干向其介绍了低保、公租房、市场租房补贴、残疾证、医保等的申请流程和时间。同时司法所工作人员协调附近酒店作为赵某某的临时安置点,并为其提供了两个月的住宿费共计17435元。为了解决其吃饭问题,派出所民政科按照低保待遇为其申请了临时救助金。第二年春节期间街道还送去了米面油和救助金。区司法局的3000元救助金也很快到位,根据工作安排逐步发放。

2018年春节前夕,其低保、医保、市场租房补贴、残疾证均得到了落实,公租房申请也已经被相关部门受理。司法局和街道的快速反应让赵某某很感动。

其次,难点问题逐个突破。在基本保证得到落实后,针对赵某某提出的公租房问题、棠花胡同X号屋内物品丢失问题和在监狱期间发生的腿部残疾问题等三个问题,司法所会同相关部门逐个研究、逐一突破。

第一,公租房问题。街道启动吹哨报道机制,协同区房管局针对赵某某召开专题会加快推进过程。2018年2月2日，赵某某申请的公租房在市区系统中通过审核。同年2月5日，街道召开由工委书记牵头的会议，研究决定向房管局申请尽快落实公租房。同年6月，为赵某某配租了公租房。当时，由于位置问题，赵某某不接受。后经多方努力，在大兴区为赵某某调配了一套公租房，他于2020年完成入住。

第二，棠花胡同X号屋内物品丢失问题。赵某某自述其从棠花胡同X号被公安带走时房间大门是锁着的，回来后发现大门和门锁都已经更换，屋内物品丢失。他要求房屋管理单位赔偿，否则就要闹事等。2017年12月，赵某某自行到房屋管理单位就丢失物品问题和该单位领导进行了沟通，并没有得到满意的答复。于是，赵某某采取了绝食、干扰办公、报警等方式寻求问题解决。在依然没有结果后，赵某某来到街道办事处采取拉横幅、扬言采取过激行为等方式寻求问题解决。什刹海司法所尽快和房屋管理单位沟通，研究解决方案，同时派出调解员和律师为赵某某进行解答，帮助其依法依规主张自己的合法权益。街道领导约谈了房屋管理单位，针对屋内物品丢失问题详细了解情况，最终争取到了8万元补偿，分两次发放，已经于2019年底发放完毕。于是，此事得到了圆满解决。

第三，腿部残疾问题。出狱后，赵某某一直主张其腿部残疾是监狱造成的，要求监狱对相关工作人员进行处理，并要求获得国家赔偿。什刹海司法所协调属地北京大学第一医院相关科室会诊赵某某的腿部问题，确诊其患有"双下肢功能性瘫痪"。同时，司法所协调街道公共法律服务站刘云律师为其进行法律援助。经过一年多的推进，2020年12月30日，赵某某来到司法所，称收到了北京市第二中级人民法院（以下简称"二中院"）赔偿委员会的（2020）京02委赔32号决定书，该决定撤销了北京市监狱管理局清河分局之前作出的《不予受理决定》，他再次向清河分局提出国家赔偿申请。司法所工作人员陪同清河分局工作人员完成两次会见，清河分局于2021年6月3日作出新的决定文书。2021年8月3日，赵某某诉清河分局国家赔偿一案在线上开庭，司法所工作人员协助赵某某使用小程序参加了线上庭审，赵某某签署了有关笔录。2021年底，二中院赔偿委员会驳回了赵某某的诉讼请求。至此，赵某某申请国家赔偿一案结束。

2022年11月8日，赵某某的5年帮教期结束。这5年当中，什刹海街道司法所始终坚持"制度让帮扶有底线，态度让关爱有温度"原则，边干边总结，整理出一套工作机制。2018年5月，什刹海街道司法所制定了《什刹海街道刑释解教"三无人员"安置帮教工作预案》，成立了突发性事件应急处置指挥小组，及时、迅速、有效地预防和处置了安置帮教工作中的突发性事件。同时，什刹海街道司法所从各方面加强对帮教人员的关怀力度，对安置帮教人员进行法治宣传，增强其法律意识，使其能够意识到要通过法律途径维护个人利益，真正从源头上化解社会矛盾，有效维护社会和谐稳定。2022年，根据中共北京市西城区委全面依法治区委员会办公室《关于加强部门协同联动推进安置帮教工作落实的实施意见》，结合街道实际制定了《什刹海街道关于加强部门协同联动推进安置帮教工作实施办法》。相关制度的建立让帮扶工作有底线，有章可循。

三　经验启示

（一）抓住接诉即办这个化解矛盾的"牛鼻子"

一段时间以来，接诉即办成为街道的核心工作。为了更好地化解居民矛盾，解决人民群众的急难愁盼问题，什刹海街道司法所深度对接、全响应，以处理12345市民服务热线案件为调解工作的牛鼻子，将12345市民服务热线案件办理成效作为衡量调解工作的重要标尺，用专业的法律知识和调解技巧化解居民矛盾。确保调解员第一时间响应、第一时间赶赴现场、第一时间与居民积极沟通。同时，整合律师、公证、法律援助等公共法律服务资源，主动摸排，积极调解，保证小事不出社区、大事不出街道。通过主动参与，什刹海街道矛盾纠纷逐年减少。与此同时，法律顾问还梳理分析接诉即办案例，为处理同类型案件提供模板。截至目前，什刹海街道围绕噪声扰民、安装摄像头、安装防护网等问题，共梳理出6类法律建议和办案流程。

（二）多元调解是法律服务体系的主要职能

"小事不出社区，大事不出街道。"如何防范化解基层矛盾是体现基层治理能力水平的重要标志。法律服务体系建成后如何把矛盾纠纷化解在基层？什刹海街道司法所探索建立了"街道社区两位一体多元调解三级响应"工作机制。

1. 街道调委会统筹多方资源。在党工委领导下，司法所所长任街道调委会主任，成立由所长担任书记的党支部，包括派出所副所长、街道相关科室负责人、律师、公证员、区法院巡回法官、街道专职调解员等人员，依托"分布式"公共法律服务站开展日常的矛盾排查调解工作。

2. 社区调委会广泛动员力量。社区调委会在社区党委领导下开展工作，调委会主任由社区支部书记担任。社区调委会包括管片民警（社区支部副书记）、社区调解员、党员骨干、居民代表等人员，依托社区人民调解队开展工作。社区人民调解队组成人员包括党委委员、城管队员、街巷长、支委委员、居民代表、老党员、楼门院长和志愿者，按照社区网格化管理分为若干个小分队，以党小组为核心开展调解工作。

3. 上下联动建立三级响应机制。第一级响应：司法所公共法律服务专员协调区人民调解委员会专业调解专家或者心理专家参与调解；协调街道法律顾问参与矛盾纠纷化解；协调公证处专家对有公证需要的矛盾纠纷开展公证服务；协调属地派出所民警开展行政调解；协调区法院法官参与调解，提供专业法律服务和司法建议。

第二级响应：街道调委会专职调解员在街道党委领导下，按照司法所工作要求，由司法所公共法律服务专员指派为社区居民提供服务，每日到社区对接社区调解员了解社区情况，协助化解社区矛盾，并将情况及时上报专员，其间矛盾无法化解的，专员指派街道专职律师参与矛盾化解提供专业解答。司法所12345热线专员针对12345案件进行专门研究，跟进案件处理情况，提出解决方案。街道调委会无法化解的及时启动第一级响应。

第三级响应：社区调委会调解小分队队员在社区党委领导下开展日常矛盾纠纷排查工作，必要时联系社区公共法律服务室的公益律师提供专业解答。在调解队员和社区律师顾问无法化解矛盾时，启动二级响应，及时向街道司法所汇报，由街道调解员介入调解，相关工作转入街道人民调解委员会，后期配合街道司法所处理。

2019~2022年，多元调解三级响应共计3439件，调解成功率为67.6%，其中第二级街道调委会和第一级同区里相关部门联动响应件次逐年提升。第二级从69件提高到145件，第一级从3件提高到397件。各部门参与度逐年提升。

（三）提升扩展，让服务更多元

2023年是什刹海公共法律服务体系建设的第5年，什刹海街道司法所致力于在品质提升上下功夫，打造"多元"服务体系：扩大服务范围，为辖区学校和医院化解矛盾纠纷，服务范围更多元；设立"行政复议咨询服务点"，帮助市民在"家门口"化解行政争议，服务内容更多元；设立"云律师"调解室推动律师调解员工作在什刹海落地，服务手段更多元；联合西城区人民法院深入推进诉前调解工作，服务深度更多元；推动人大代表、政协委员参与基层矛盾纠纷化解工作，服务参与者更多元；个性化服务，为居民量身定制提供"菜单"，服务品质更多元。

【点评】

新时代"枫桥经验"的主要内容是在开展社会治理中实行"五个坚持"，即坚持党建引领，坚持人民主体，坚持自治、法治、德治"三治融合"，坚持人防、物防、技防、心防"四防并举"，坚持共建共治共享。立足职能定位和区域特点，经过多年的探索实践，北京市西城区什刹海街道司法所建成了"1+3+3"分布式公共法律服务体系。该体系以源头化解为目标，通过整合司法资源，为居民提供人民调解、律师服务、公证服务、法官服务等多种服务化解矛盾，形成了以人民调解为核心，行政调解、司法调解、信访调解、劳动人事争议调解、行业性调解多方联动的多元纠纷调解工作机制。通过抓住关键人、关键事，该分布式公共法律服务体系在本地区法治建设中起到了以点带面的积极作用。在新时代全面依法治国背景下，什刹海街道司法所不仅仅完成了原有的工作任务，更是上下左右联动，努力追求实现人民利益的价值导向，成功打造一刻钟法律服务圈，成为基层治理的法治堡垒，成为基层法治建设的枢纽和核心。2021年，什刹海街道司法所荣获全国模范司法所称号。在全面建设社会主义现代化国家的法治轨道上，该司法所将积极践行党的二十大精神，坚持和发展新时代"枫桥经验"，继续抓住接诉即办这个化解矛盾的"牛鼻子"，充分发挥公共法律服务体系的多元调解职能，及时把矛盾化解在基层、化解在萌芽状态，不断提升基层治理效能，让公共法律服务更多元，让新时代"枫桥经验"的共建共治共享工作格局更加饱满、更加有效、更加美好，助力建设人人有责、人人尽责、人人享有的社会治理共同体。

五　法律责任

担保财产灭失不影响担保物权效力的转移[*]

担保物权的物上代位性，也叫代物担保性，是指担保物权的效力及于担保财产因毁损、灭失所得的赔偿金等代位物，这是担保物权的一个重要特征。由于担保物权人设立担保物权并不以占有和利用担保财产为目的，而是以支配担保财产的交换价值为目的，所以，即使担保财产本身已经毁损、灭失，只要该担保财产交换价值的替代物还存在，该担保物权的效力也就移转到了该替代物上。

《民法典》第390条规定："担保期间，担保财产毁损、灭失或者被征收等，担保物权人可以就获得的保险金、赔偿金或者补偿金等优先受偿。被担保债权的履行期限未届满的，也可以提存该保险金、赔偿金或者补偿金等。"该条是关于担保物权物上代位性的规定。根据该规定，担保财产的代位物主要包括以下"三金"。

赔偿金。即担保财产因第三人的侵权行为或者其他原因毁损、灭失时，担保人所获得的损害赔偿金。但如果是由于担保权人的原因导致担保财产毁损、灭失的，根据《民法典》第432条、第451条的规定，"质权人负有妥善保管质押财产的义务""留置权人负有妥善保管留置财产的义务"，因保管不善致使质押或者留置财产毁损、灭失的，应承担赔偿责任，而质权人、留置权人向出质人或者债务人支付的损害赔偿金不能作为担保财产的代位物。

保险金。担保人对担保财产设立保险的，因保险事故发生而致使担保财产毁损、灭失时，担保人可以请求保险人支付保险金。该保险金可以作为担保财产的代位物。

---

[*] 此文发表于《中国城乡金融报》2020年10月9日第A4版。

补偿金。主要指担保财产被国家征收时,担保人从国家得到的补偿金。例如,根据《民法典》第243条第三款"征收组织、个人的房屋以及其他不动产,应当依法给予征收补偿,维护被征收人的合法权益"的规定,如果城市居民将自己的房屋向银行做了抵押贷款,而后来其房屋被国家征收的,居民所得的补偿金可以作为抵押财产的代位物。

担保期间,如果担保财产毁损、灭失或者被征收等,产生的法律后果是担保物权人可以就担保人所得的"三金"等优先受偿。在实践中,这种"优先受偿"可能会有三种情形。

如果担保物权人的债权已经到期,或者出现当事人约定的可以实现担保物权的情形,担保物权人可立即在代位物上实现自己的优先受偿权。

担保物权人可优先受偿。在担保物权人的债权未到期的情况下,代位物虽说是特定的,但毕竟已货币化,担保物权人对其进行控制的可能性降低,其到期实现债权的可能性也会降低。为保障担保物权人的债权得以实现,担保物权人可提前在代位物上实现自己的债权。

担保物权人的债权尚未到期,如果担保物权人还希望保留自己的期限利益,也可以不立即在代位物上实现担保物权,而由担保人自己或者应担保物权人的要求向提存机构提存该保险金、赔偿金或者补偿金等,等到债权履行期届满,债务人不履行债务时再在代位物上优先受偿。

综上,《民法典》对担保物权的物上代位性作了更明确、全面的规定。作为担保物权人的银行等金融机构应知晓,该条规定的担保物权的物上代位性效力不但在抵押权上存在,在质权、留置权上也同样存在。

融资租赁合同：对出租人权益保护更充分[*]

现代融资租赁业务产生于"二战"之后的美国，我国的融资租赁业务诞生于改革开放后。近年来，随着融资租赁业务在我国迅速发展，相关配套法律也在逐步健全、完善中。在 1999 年 3 月 15 日通过的《中华人民共和国合同法》中，融资租赁合同便是 15 种典型合同之一。此次编纂的《民法典》合同编第十五章"融资租赁合同"有二十六条规定，比此前《合同法》多出十二条、十五处规定。

融资租赁合同是出租人根据承租人对出卖人、租赁物的选择，向出卖人购买租赁物，提供给承租人使用，承租人支付租金的合同。出租人作为融资租赁合同中的核心当事人，在融资租赁交易中起着关键性作用。鉴于出租人的核心地位，这新增的十二条规定可谓直击痛点。基于出租人的角度，《民法典》规定主要表现为以下几个方面。

进一步突出"租赁物真实"的重要性。《民法典》规定，当事人以虚构租赁物方式订立的融资租赁合同无效。同时，还规定依照法律、行政法规的规定，对于租赁物的经营使用应取得行政许可的，出租人未取得行政许可不影响融资租赁合同的效力；出租人对租赁物享有的所有权，未经登记，不得对抗善意第三人；当事人约定租赁期限届满，承租人仅需向出租人支付象征性价款的，视为约定的租金义务履行完毕后租赁物的所有权归承租人。

明确出租人对租赁物的瑕疵担保责任。根据《民法典》规定，承租人

---

[*] 2020 年 8 月 18 日笔者完成《出租人视角下〈民法典〉关于融资租赁合同新规的初探》一文，主要也是为了响应学校学习和宣传《中华人民共和国民法典》的号召。后来，该文以此标题发表于《中国城乡金融报》2020 年 11 月 6 日第 A4 版，合作署名者康斌，中国农业银行湖北分行五三农场支行副行长。

对出卖人行使索赔权利，不影响其履行支付租金的义务。但应注意的是，承租人依赖出租人的技能确定租赁物或者出租人干预选择租赁物的，承租人可请求减免相应租金。同时，还对一些特殊情形予以规定，如出租人有下列情形之一，致使承租人对出卖人行使索赔权利失败的，承租人有权请求出租人承担相应的责任：明知租赁物有质量瑕疵而不告知承租人；承租人行使索赔权利时，未及时提供必要协助；出租人怠于行使只能由其对出卖人行使的索赔权利，造成承租人损失的。此外，《民法典》对出租人在保证承租人对租赁物的占有和使用情形予以规范。

对出租人权益进行细化。《民法典》规定，承租人占有租赁物期间，租赁物毁损、灭失的，出租人有权请求承租人继续支付租金，但法律另有规定或者当事人另有约定的除外。对于承租人拒不履行合约的情况，《民法典》也加以规范：承租人经催告后在合理期限内仍不支付租金的，出租人可以请求支付全部租金，也可以解除合同，收回租赁物；承租人未经出租人同意，将租赁物转让、抵押、质押、投资入股或者以其他方式处分的，出租人可以解除融资租赁合同；融资租赁合同因买卖合同解除、被确认无效或者被撤销而解除，出卖人、租赁物系由承租人选择的，出租人有权请求承租人赔偿相应损失。但应注意的是，因出租人原因致使买卖合同解除、被确认无效或者被撤销的除外。当然，出租人的损失已经在买卖合同解除、被确认无效或者被撤销时获得赔偿的，承租人不再承担相应的赔偿责任等。

综上，基于实践中出租人在对房屋租金的收取和对租赁物的养护、收回等方面存在潜在风险，此次《民法典》给予出租人更全面的保护。银行在开展融资租赁业务时，应了解该业务不同于传统的租赁业务，注意融资租赁交易的特殊性和复杂性，避免纠纷发生。

法人犯罪的法律责任[*]

替代的刑事责任在美国法律中是不被承认的。举例来讲，假如一家大型律师事务所的一名律师向其当事人在应付的法律服务费用之外又多收了10万美元。我们进一步假设这一欺诈行为是在此律师事务所其他人不知情或未经任何他人同意的情况下实施的。在这一事例中，实施欺诈的律师的刑事责任是显而易见的，他（她）因欺诈而获罪同时也面临被取消律师资格和受到相应刑事起诉的可能。但是，此律师事务所应否受到制裁呢？在这种情况下，认定此律师事务所有罪会使我们许多人觉得不舒服，毕竟，在我们的法律体系中没有罪行转嫁的传统。而且，我们通常对社团犯罪这一概念加以回避。

但如果此律师事务所是法人的话，结果是否会有所不同呢？回答很可能是肯定的。因为法人可以并且应当为它的成员的罪行而受到刑事起诉的观点已经为我们的法律体系所一致接受了。许多法庭也适用了这一规则。即便是在法人雇员单独实施某种行为，甚至该雇员的行为和法人意志完全相悖的情况下，这一规则也同样适用。只要其雇员犯罪行为的实施是在他（她）工作范围之内进行的，仅此一个条件法人就会因此而负刑事责任。

虽然法人刑事责任的学说现在业已被接受，但在美国法律中它仍是一

---

[*] 原作者丹尼尔·R. 费歇尔（Daniel R. Fischel）为美国《法学和经济学报》编辑，艾伦·O. 赛克斯（Alan O. Sykes）为美国芝加哥大学法学院教授。原文刊载于《芝加哥大学法学评论》1996年6月。本文的翻译得到原载刊物及两位作者的许可。译文《法人犯罪》分为上、下两部分分别发于《北京行政学院学报》1999年第1、2期（总第1、2期），后被中国人民大学书报资料中心《刑事法学》1999年第10期全文转载——当时的中南财经大学图书馆老师来信相告的。翻译的过程，也是笔者学习美国法律的机会，对于拓展课堂讲解也大有裨益。此次翻译论文的尝试，可谓笔者以后翻译工作的滥觞。题目《法人犯罪的法律责任》是此番新拟的。

个较为现代的创新。法人组织是法律拟制的主体，而法律拟制的主体无法实施犯罪行为。同时，它们也不具备犯罪意图。只有自然人才会实施犯罪行为，而且也只有自然人才能具备犯罪意图。由于上述原因，普通法中早就接受了这一原则，并且直到20世纪初在美国只有自然人才可被认定为犯罪主体。法人组织或许可以承担其代理人在职权范围内所犯罪行带来的民事责任，但是，法人刑事责任并不存在。

虽然1908年最高法院否定了法人组织不能被定罪的命题，但法人的刑事责任在实践中一直发展缓慢，并且其重要性在很长一段时间内也不明显。但是近些年来，我们看到了法人刑事责任剧增的情况。这可以从最近对法人进行的刑事起诉中得到结论。如对 Archer Daniels Midland 公司、埃克森石油公司、Drexel Burnham 公司、通用电气公司、Unisys、Caremark 和其他许多公司的起诉。法人刑事责任已经成为各大公司的董事会所关注的一个问题。

关于法人刑事责任的学说是在缺乏理论基础的情况下发展起来的，比如法律和经济方面的研究文章，对替代刑事责任方面的讨论非常有限。

我们的论据集中于这样一个显而易见的事实：法人不能被监禁。它们只能被强制以金钱的形式进行损害赔偿。主要的问题在于，在处理法人必须为它们的代理人的错误行为进行损害赔偿纠纷的过程中，刑法是否具备有效的作用。这进而涉及两个问题：（1）什么时候国家公权而不是私人组织应当对损害赔偿提起公诉；（2）在那些政府是优先原告的案件中，何时这些诉讼应为刑事的而不是民事的。对这两个问题回答分别是：（1）有时；（2）从来没有。虽然的确有政府的罚金等惩罚措施奏效的情况，但是民事责任体系更适于对法人被告追究责任时确定适合的罚款和惩罚措施。即便是在最好的情况下，追究法人刑事责任的案件也必须以填补民事赔偿的不足部分为依托。但是，仔细分析这些案件就可看出，在绝大多数的情况下不存在这种不足；相反，当我们没有理由认定单独的民事责任不能产生相当的威慑效果时，法人刑事责任往往仍强加于足够的民事责任之上。这样造成的结果往往是过分威慑和对于事后诉讼的过度的资源投入。

在本文中，我们将首先讨论关于法人的最合理威慑理论，以及由此引发的民事或刑事惩罚的选择问题；然后我们将对法人刑事责任的历史演变，最近的一些主要案例，以及新的联邦法院判决的准则加以审视，最后以对民事案件中替代的惩罚性责任问题的评注为结尾。

一 法人刑事责任的经济学分析

法人刑事责任的基本论据是以这样一个前提,即为实现某些目的,一些法人往往被视为独立的法律实体为基础的。法人可以订立合同,可以起诉应诉,可以自己的名义拥有财产,它们甚至拥有广泛的宪法权利,包括第一修正草案中的言论自由权,依据侵权法的上级负责理论,在很多情况下法人还应对其雇员的侵权行为负责。稍稍发展一下这些原则不就可以肯定法人也应对其职员的犯罪行为负刑事责任吗?

这一推论得到了许多经济学意义上的论据的支持。正如法人应为雇员的侵权行为承担民事责任一样,对法人课以刑事处罚或许可以被认为是为法人以适当的成本确保犯罪不发生提供了适当的动机。同样的,这会迫使法人自检其行动的代价并促使其在适当的范围内运作。并且,当面临是对于法人处以刑事罚金还是对其犯罪职员进行监禁的选择时,法人责任理论就和犯罪经济学理论有着异曲同工之妙。后者根据降低行政费用和机会成本的理论更赞成刑事罚金而将监禁刑为更多的罚金刑所替代。最后,将责任限定于法人可能被认为会带来额外收益从而使政府节约了执法成本。政府不必投入人力物力去调查法人内部的各阶层和决策机构以决定具体个人的责任,而是可以直接地处罚法人。

我们要在这一部分说明:这些关于法人刑事责任的经济学方面的论据是不完全的而且最终也是没有说服力的。简单地说,与其说它们是针对法人刑事责任的具体论据,倒不如说是一系列财产刑的注脚,而且是依照法人职员的犯罪行为给社会造成的危害程度加以度量过的。但是,在民事诉讼可以起到同样作用的情况下,这种惩罚制度事实上已经存在了。刑事处罚不仅是多余的而且是有害的,在恰当的民事制裁并不存在的情况下,在实践中代之以刑事责任处罚较之民事上恰如其分的矫治方法而言,效果更差。

A. 个人犯罪,法人犯罪及最合理的内部监控

如果对法人刑事责任的合理性还有争议的话,那么它和自然人刑事责任——长期以来被认为是必要的和应当存在的——有什么区别呢?我们就从这一最显明的问题开始论述。

第一,在自然人缺乏财产来支付判决中对他们的惩处时,自然人刑事

责任会显示出它的功用。事实上，许多自然人的犯罪动机正是源于金钱的缺乏。对于他们所不能支付的那部分财产而言，财产刑起不到什么有效的作用。这时政府就可用监禁刑和相关措施来替代。当然，法人也可能缺乏承担财产刑罚的资金，但是，转而对它们实行监禁却是不可能的。

第二，对自然人的刑罚在很多情况下是以剥夺其犯罪能力为基础的。被监禁的自然人在很大程度上失去了再犯其他罪的能力。但是，这一点对于法人而言，再次无效。如果一个法人雇用了具有犯罪倾向的职员，那么，对于法人的刑事制裁丝毫起不到剥夺职员再犯能力的作用——与之相应，则需要追究个人的刑事责任。

第三，也是更容易被误解的是，刑事审判体系很少尝试使刑罚与犯罪的社会危害性相均衡。这项准则往往在决定对于自然人犯罪的处罚时起到重要作用。但是当惩罚的对象为法人时，与社会危害性不相匹配的刑罚会带来危害性的后果。因为这一点非常重要，我们将用较多篇幅进行剖析。

任何法律制度必须确定对于某种行为是否给予处罚，以及如果处罚的话要给予何种程度的处罚。概括地说，没有产生危害或没有产生危害性的危险的行为是不应受到处罚的。法律无须阻止此类行为的发生。另外，当法律惩处对第三方无明显危害的行为时（对卖淫行为的刑事责任处罚即典型事例），执法带来的后果和经费开支则不可避免地引起争议。

另外，一些行为可能会危害第三方，但也会带来利益。比如违约行为，就会伤害未违约方的利益，但是它仍可能是有益的，如果违约招致的损失比违约方的最终收益小的话。类似的，没有进行投资采取措施以避免事故的发生，事故发生后也会给第三方带来损失，但这一损失必须与节省的投资相平衡。在这些事例以及其他无数的同时带来收益和损失的行为的事例中，法律规定的目的在于有条件的威慑——仅仅威慑那些给第三方带来的损失大于收益的行为。

还有一些行为对第三方造成危害却几乎没有任何弥补性收益。例如像谋杀或盗窃这些蓄意犯罪，几乎在任何情况下都可被认定为不希望发生的。对于这类行为来说，高于实际带来的危害的赔偿和严厉的刑事制裁是合理的，因为在这一点上不存在过度威慑的问题——任何对超过实际损害的惩罚的反对都只是针对与之相伴随的行政开支的增加，而这些增加的费用则会因为避免了对实际损失的估算而发生的费用而被抵消。

但是，当惩罚是要针对法人时，上述分析就改变了。法人是为了相互的经济利益集中到一起的自然人的契约关系集合。除非在极小的法人实体中,绝大多数被称为"法人犯罪"的行为是在其他的法人成员不知情或未经其同意的情况下进行的。因此,在决定适当的法律尺度的过程中就会出现这样一个问题,即未参与者对犯罪行为应受什么样的惩罚。换句话说,怎样才是一个恰当的"替代"责任的限度?这进而又涉及另一个问题:未参与者要做出何种程度的努力去阻止行为人实施犯罪行为。

显而易见,公司并不愿为防止其雇员犯罪而进行大量投资,即便这些犯罪本身并无收益。但是它们愿意加以监测。经估算的监测的边际成本应不高于边际社会收益,而这一收益是以通过预防犯罪行为而降低的社会损失的形式来衡量的。因此,法律的任务便在于为公司创造在这一水平上进行监测的动力。

根据我们在 B 部分讨论的一些值得注意的问题,制定出与公司雇员所犯罪行造成的社会损失相等的,并基于这些犯罪可能未被察觉而进行适当调整后的惩罚,则可达到这一目的。根据推断,公司将会预见到与其雇员犯罪造成的社会危害相等的惩罚,由此使得通过监测得到的收益与社会收益合二为一。

同样的,超过犯罪社会成本的处罚(考虑到未被察觉的可能性而作了调整)则会导致因监测而得到的私人收益超过社会收益的状况,其结果必然是对监测的低效益的大量投资。而且,过度监测的成本最终会打入商品和服务的价格中,不当的过度惩罚将会导致进一步的效益低下,因为公司提供的商品或服务的价格将大于它们的社会成本。最终,过重的惩罚提高了诉讼成本并导致了一些无社会效益的诉讼开支。

当一个法人的低级雇员在董事会不知情或未同意的情况下实施犯罪时,这种过度威慑的问题就格外突出。高昂的损失会迫使管理者投入大量资金以避免此类事件带来的责任。但是,当几乎所有董事会成员均对某项违法行为表示赞同时又该如何呢?事实上,这种情况在现实生活中并不会经常发生。和非法人成员的自然人比较起来,法人成员实施犯罪的动机要弱得多,因为他们要和法人分享此行为的成果,但要独自承担被惩罚的全部危险。其他人——董事会全部人员——的卷入,只能增加被察觉的可能。再加上公司的高级主管们如果冒此风险则会面临名誉及未来收入上的损失这一因素,上述事例是没有什么现实可能性的。

但是让我们假设它的确存在,至少是在某些时候,那么决策人员或高级经理的参与对这一分析有影响吗?回答是否定的。原因是一样的,即法人不应承担高于犯罪造成的危害的社会成本的惩罚,这一数值考虑到未被察觉的可能性而进行了调整。过度监测的问题在这里也是一个重要原因。决策一旦作出，不管它是在哪个管理层次上，股东们总有机会通过雇用别的审计师、独立的公司董事及咨询顾问公司等来降低伴随的责任。如果对公司而言预期的犯罪成本超过了其社会成本，那么其采用上述措施的动机则会过度地增强。而且，一旦惩罚重于社会危害，产品价格及诉讼费用过高的问题就会再次产生。

B. 限制性条件和需说明的问题

在这一部分，我们将列举一些限制性因素和值得注意的问题，它们会影响到对法人进行惩罚的适当尺度的掌握，但不会影响到我们的中心意旨，即对法人的惩罚必须控制在适当的范围内，以避免社会资源的浪费。同时，这些因素也不会使我们对如下想法产生动摇，即在掌握惩罚的尺度上，使惩罚的总和在考虑到未被察觉的可能性而进行调整后与犯罪造成的社会成本相等，是一条切实可行的原则。

第一，或许也是最不起眼的条件是，除非特别例外，法人只对那些和法人的行为相关的犯罪负责。这样，就需要在"法人犯罪"和自然人犯罪之间划一个恰当的界限。法人成员可能在相当范围内实施犯罪行为，而这些行为与法人的存在或其活动无任何关系，让法人对这些犯罪承担刑事责任于理不合，除非法人能够非常有效地阻止犯罪时才作为例外。为达到这一目的，应把刑事责任限定在"工作范围"内的犯罪中。

第二，当我们谈到"社会成本"时，不应仅仅包括受害人的直接损害，而且也应包括司法体系所付出的成本。因此，我们认为和犯罪社会成本相当的刑罚一般包括这些成本的份额。

第三，与上条相关，一个理想的刑罚体系必须考虑到在惩罚会有轻重变化的情况下，犯罪成本中被害人的损失和执法成本之和会有何种相应变化。正像一些人预料的那样，如果提高罚金数额会带来办案资金的增加，那么，使罚金数额低于犯罪的社会成本或许也会是恰当的。但是，可以想象数额高过犯罪社会成本的罚金可以大量减少犯罪，以至于这一减少而导致的司法投入的减少要多于高额罚金所导致的司法投入的增长量。

但是，当法人内部的监测部门为了防止政府追究法人责任而封锁犯罪行为发生的信息时，事情就会变得更加复杂。内部监测给私人带来的效益会低于其社会效益，除非法人得到减少罚金数额的"补偿"——"补偿"数额的多少与由于私人监测而带来的被诉可能性相对应。基于此，根据具体情况不同，对刑罚进行或增或减的调整就显得必要。因为在信息问题将成为矫正刑罚的重要因素之前，必须予以解决。无论如何，我们相信，建立一个与犯罪的社会成本相当的刑罚体系（考虑到未被察觉的可能性而加以调整）不失为一种有效措施。

第四，我们并不否认在一些对被害人未造成伤害的案件中，也应施以刑罚——特别是在未遂犯罪中。众所周知，对未遂犯罪进行惩罚作为一种以最小的成本进行某种程度的威慑的方法，是合情合理的。而且惩治未遂的基本理论同样适用于对于法人成员未遂的惩罚。政府要对未遂行为进行惩罚的决心增加了犯罪行为被追究的可能性，对危害已发生的案件提起公诉的可能性也增加了。因此，惩罚未遂行为的刑罚的存在会使对发生实害的案件的刑罚的水准有所降低，这样，与罪行相关的预期刑罚会保持与其社会成本的大体相当。

第五，我们还没有涉及除了施于法人刑罚外，对法人成员施以刑罚的可能性。一个法人内部的资金耗费，并不仅仅表现为直接承担的罚金刑，而且还表现为为了补偿其成员可能接受的刑罚而上调其工资。事实上，当一个法人成员因其职责的缘故而受到惩罚时，我们的确不难设想公司会事先增加他的工资以进行补偿。因此，在侵害行为的替代责任中一个普遍的结论是：当施于法人及其成员的复合责任与法人成员的行为所造成的社会损害大体相当时，就达到了刑罚的恰当标准。当法人成员承担刑事罚金或受监禁时，也适用同样的逻辑。得出的普遍结论是：当对法人成员刑罚提高时，对于法人的刑罚会降低，并且，一个正确的刑罚体系必须照顾到这两者的总和。

C. 过失责任——未进行有效监测而应承担的刑罚

在这一问题上，我们已经假定法人刑事责任是"严格"刑事责任，因此，法人不能凭借已事先采取适当（但未奏效）的措施去防止其成员犯罪就推脱责任。一个变通的说法或许认为只有当犯罪的发生是由于疏于采取此类努力时法人才应负责。这样，由于疏于防范而应负的刑事责任会增加。此类政策被称为"基于过失的"责任。这一名词在某种程度上是一种误用，因为法人责任在一定程度上总是"严格"的——但是，此处却没有对实施犯罪的法人成员追究其"严格"责任，而代之以法人的"严格"刑事责任——为了它的成员未能采取有效措施来防止法人犯罪。

我们认为任何一种基于疏忽的惩罚都没有什么益处可言。假定这些罪行是在行使职责时犯下的，一个将法人责任限定在疏于防范其成员犯罪的范围内的刑罚体系将使法人外化其业务的社会成本。一旦法人成员不被要求承担其因无力支付而造成的损害的全部社会成本时，或难以确证谁是有罪一方及其他原因，这一问题就会出现（即便是因无力缴纳而易科为监禁刑时，一个众所周知的事实是，从行政耗费的角度看，罚金刑的花费也要少得多）。这样，当法人成员的犯罪可以被视为法人活动的成本时，法人应当承担犯罪社会成本的"严格"责任看起来也就顺理成章了。

当然，这里，我们的观点是和对法人雇员的侵权行为责任相一致的，即便单个雇员的责任形态是过失的，由雇主对其雇员在职责范围内的犯罪行为承担的责任的标准也应是"严格"的，确切地说对于此类案例中严格替代责任的传统论据是，正如我们已经指出的——将犯罪成本内部消化非常重要。

但是，如果法人不存在过失不能成为其不为其成员的行为负责的理由，那么，法人存在过失就可以证明由法人对此种犯罪承担额外的刑罚是正确的吗？我们仍然相信，答案是否定的。

反对因疏忽而未能阻止公司内部犯罪而需负额外责任的观点和在一般过失案件中反对惩罚性的损害赔偿费有部分相似之处。这一观点首先主张对法人犯罪社会成本的责任必须足以诱导法人以适当的成本采取有效措施防止犯罪。既然所有的费用都要在内部解决，那么，尽量减少与法人犯罪相关的支出和法人为防止犯罪的支出的社会问题就成了法人自身的问题，法人会尽量减少承担责任的支出和避免责任的支出；为获取最大利润的法人会因此以合乎社会时尚的方式去行事。

但是，这一推理过程仅仅表明额外刑罚对于诱导法人采取适当措施防止犯罪是不必要的，它并未揭示它们的任何害处。于是，这一反对因过失而受额外刑罚的观点的第二部分就立足于为什么事实上额外的刑罚是有害的。首先，为了治理此类犯罪，法庭必须就法人何时疏于防范作出判断，这种判断不可避免地会出现差错。基于此，即便是一个自信已采取了所有监控措施的法人也依然会担心被认为有"过失"，如果有犯罪事实发生的话，一种要承担超过犯罪的社会成本的责任的可能会使法人投入更多的资本去避免其发生，这又导致了更多的监测费用的支出。换句话说，只要是附加的刑罚可能出现错误，那么，法人投入的监测费用就会超过社会投入，这样，一种支持社会性的超额支出以防止犯罪的倾向就会出现。

另外很重要的一点是，应当记住，监测是由法人成员来实施的。正如某些成员会犯罪一样，其他成员也可能未能成功地设计或实施理想的监测系统来防止犯罪，这样问题就变成了：法人怎样来监测监测者以及法人如何对监测监测者的监测者进行监测。如此往复无穷。当超过社会成本的刑罚因一个管理层的监测未能有效进行而被实施时，进行社会性的额外监测的动机就只会上升到更高的管理层。即便可能准确无误地查明监测"过失"的情况，那么，基于疏忽的超过社会成本的责任会导致法人在内部采取过度措施以尽量减少责任。

D. 政府：控方还是原告？

上一部分的分析表明法人应该对其数量接近于而非超过犯罪社会成本的犯罪（因存在无法查的可能性而被修正）负责，并且，这一责任应是"严格的"，但是，我们却极少涉及这一点，即接受判决结果的应该是国家还是犯罪受害人，这些判决应该通过民事诉讼程序还是刑事诉讼程序来作出。

在许多情况下，犯罪的被害人都是对法人判决的接受者，这一做法的好处在于以极小的支出对受害人进行赔偿。

对于此类判决的一种反对意见可能是，正如侵权行为中在严格责任和过失责任之间进行选择的争论一样，如果被害人因损失受补偿的话他们就不会尽力去保护自身利益。但是，几乎毫无例外的，我们怀疑受害人因受害于犯罪行为而要求赔偿的能力会削弱了保护自身的动力。

尽管如此，依然存在着几类这样的案件：国家在追究法人犯罪的赔偿责任中起着举足轻重的作用。第一类是法人或其成员错误行为的受害人主要是政府的案件。如涉税案件、涉及军火采购的案件、公益医疗保险诈骗案件等都是比较典型的例子。第一类案例还可以表现为：损害的对象是一些无具体所有者的资源，如水和空气。在处理这些案件中，政府无疑处于最有利的位置。

这种案件的第二类包括没有任何损害结果也没有受害者的违反常规要求的案件。举例来讲，当法人违反了报告的规定，或者安全设施未达标，但是危害结果并未发生，在这种情况下，第二类情况就会出现。众所周知，"推定规则"是非常必要的，特别是当肇事者无法按事后的判决对其造成的损害承担全部责任时。

第三种可能是法人犯罪影响了一个互相之间互不影响的松散型集团，任何一个人都无意单独提起诉讼。除非可能出现一个集体的行为，否则政府的干预会非常必需，如果法人被迫将其犯罪的成本内部解决的话。

但是，认为在一些案件中政府的干预是必需的并不能表明刑罚是必需的——政府可以民事原告的角色出现，遵循适于个人原告的诉讼程序。因此我们可以试问：作为对其成员实施犯罪的法人课以财产性惩罚的手段，刑事审判体系是否比民事审判体系更优越。

一般讲来，如果惩罚的数额不变，把对法人的财产性的惩罚是贴上"民事的"还是"刑事的"标签似乎没有什么区别。但是，依然存在一些理由使我们认为民事审判体系是处理法人刑事犯罪行为的更为自然的方式。正像我们所强调的那样，对法人犯罪进行恰当控制要求与犯罪危害的社会成本相适应的惩罚。传统上，民事审判体系非常重视将损害赔偿作为追索赔偿的一个主要措施，另外它也包括防止双重赔偿以确保惩罚不超过限度。与此相关，对法人成员的起诉一般也会与对法人的起诉联系在一起，而判决法人及其成员的赔偿之和也适用于防止双重赔偿这一原则。

与之相反，在刑事诉讼体系中刑罚在传统上并没有与损害紧密联系起来，甚至两者之间毫无联系。并且，如果法人成员同时遭到追诉的话，防止双重赔偿的规则也未限制国家可以从法人那里得到赔偿。当然，刑事审判体系或许可以在这些方面得以改进，但是，就目前状况而言，民事审判体系更适合于进行恰当、准确的量刑。

更进一步讲，即便是对法人犯罪的适当刑罚可以包括因可能漏侦而作出修正，正如我们前面提到的那样，但是，对于修正的需要并不能证明进行刑事追究的合理性，而且，民事审判体系中的惩罚性损害赔偿可以弥补漏侦问题。事实上，在侵权诉讼体系中，漏侦经常被作为判处惩罚性损害赔偿的基本依据。这样看来，如果必要的话，民事诉讼完全可以将惩罚提到高于损害的水平之上。

民事诉讼体系的程序特点也要比刑事体系的恰当得多。让法人为其成员的犯罪承担财产责任的基本理论依据是强迫犯罪损失内部消化和求得监测活动的合理水准——也就是说让法人对活动相关的意外损害承担责任。我们没有理由相信在法人成员被控犯罪而非仅仅侵权的案件中，需要使用繁杂的刑事程序，特别是"合理怀疑"标准。在刑事审判体系中需要的证据标准之所以高，我们设想，这是由给予无辜的自然人免受监禁之灾的特殊保护的社会意志决定的。相反，在监禁不成为一种诉讼结果，诉讼目的只是为强制成本内化时，评判证据的标准和民事诉讼中的其他准则无论是对包括法人犯罪的案件还是其他案件都同样适用。

到现在我们还未谈到名誉受损的问题——触犯刑法者需面对的附加的名誉上的惩罚。被追究刑事责任的法人的名誉受到重大损失，支持加大对法人运用刑罚的人士也一再论证耻辱是施行刑法的一个有价值的副产品。可以探讨的是，为使公众了解真相，犯罪法人应该被标明为"罪犯"。

但是，我们依然要问，是否对于法人的刑事审判可以起到对法人的同样行为的民事审判所起不到的作用呢。刑事审判会降低法人的价值，因为它向法人的顾客揭露了法人对他们的错误行为，或者，它还鼓励了私人提起的民事诉讼的大量出现。在政府或个人对法人提起的民事诉讼中，同样的效果在相当大的程度上同样出现。更进一步讲，对法人的刑事审判比民事审判在市场上会发挥更强的效力，但这种效果是不是值得追求还不确定。当未参加犯罪的人未投入足够的资金防止参与者实施犯罪时，就会出现法人犯罪。如果额外的监测耗费超过所得利益时这一结果是完全恰当的。因此，从理论上讲，未能有效监测并不会比未能制造一辆可以绝对预防意外事故的汽车一样，导致更多的名誉上的损失。由此可见，任何刑事处罚导致的法人的名誉上的额外损失都是没有益处的，并会像过度罚金和损害赔偿一样产生过分威慑的不利后果。

由于上述原因，在任何情况下对法人提起刑事诉讼都是大可怀疑的，虽然刑事诉讼体系不失为国家对犯罪的法人成员追究责任的一种有效方式，但是，强迫法人内化其犯罪成本的任务最好还是全部由民事诉讼来完成。

当然，对法人的刑事追诉可以作为民事惩罚因某种原因缺乏惩罚力度的第二选择。但是，正如我们在下一部分将要阐述的那样，对法人进行刑事起诉的现实可能性并不是很大。

二　实践中的法人刑事责任

正如我们指出的那样，执行刑法的传统理论并不能证明对法人被告施以刑罚的合理性。尽管如此，法人刑事责任现在正成为我们法律体系中一个已经确立并不断扩大的领域。下面，我们研究一下这方面主要的法学方面的进展。

A. 普通法规则受到质疑

早期的普通法拒绝中世纪的法律中大量存在的共同犯罪和连带犯罪的

概念，只有在有犯罪心理的状态下——普通法研究者通常称为"恶毒的意图"——实施有害行为的自然人，才可构成犯罪。这一规则排斥了法人有罪的可能，正如 1701 年英格兰首席大法官宣称的那样，法人不能被控有罪。这一点在布赖克斯通 1765 年出版的著名论述中也非常明显。他简明地指出，"法人在其能力范围内不会犯叛国罪、暴力罪或者其他罪"。他认为这一问题是如此明显以致不需加以详细论述。其他人又怎么会有不同想法呢？

但是到了 19 世纪中期，在普通法规则中开始出现分歧，不过，这一倾向还不是很明显。比如说，一些法院认为，根据有关规定对于公共桥梁、高速公路负有维护义务的法人，如果未能恪尽职守，则应该被诉有罪。为支持这种情况下的刑事责任说，法庭强调这一违法行为的严格责任本质，不履行义务和不法行为的不同，以及被告法人未能履行的职责的公众性特点。简而言之，这些案例和法人未能履行对于义务的承诺的违约案例并无大的差异。

1909 年，普通法规则中的小小分歧有演变成为大的裂痕的趋势。在那一年，美国最高法院对国家诉纽约中心和哈得逊河铁路公司一案作出了判决。这一判例包含了埃尔金斯法案中一个极为讨厌的条款，依据该条款认定铁路公司及其雇员在正式公布并经州际商业委员会批准的价格下给托运人以回扣的做法是非法的。换句话说，这一法规认为铁路公司对于其参加的、政府强令执行的定价协议的欺诈行为是一种犯罪。但是，竞争是一个强有力的诱因，并且，事实上，纽约中央公司助理运输经理 Fred Pomeroy 对使用某些线路的托运人提供回扣，从而构成欺诈。正因为这一价格竞争，Pomeroy 和纽约中央公司被控告有罪。

在最高法院的判决之前，构成埃尔金斯法案的一个条款就曾引起是否符合宪法的争议："受雇于任何普通运输公司的经理、雇员或其他人员，在其授权范围内的活动，无论是疏忽还是失败，都应被认为是所属运输公司行为。"铁路公司依据宪法对此条款进行的反驳很简单：这一法规是不完善的，因为国会无权认定法人有罪，特别是对于公司的无辜的持股人来讲。在这种情况下惩罚无辜的持股人剥夺了他们被推定无罪的权利和被倾听意见的机会，同时，也未经正当的法律程序剥夺了他们的财产。总之，这一法规是不完善的，因为它就有罪行为而惩罚无辜。

最高法院完全忽略了这一观点，并基于对"公共政策"的考虑，对上述宣判予以支持。虽然法人已经基于上级负责的理论承担了侵权责任，但是法院依然认为它们还应被进行刑事追诉："在运用民事责任条款的基础上，我们只是向前迈了一小步，法人成员在行使被授予的代理权时应该受到限制，为了公众的利益，我们因职员的行为向其雇主追究责任，并对雇主处以刑罚。"

那么布赖克斯通和普通法规则认为法人无犯罪能力又如何解释呢？法庭否认了这些权威论断，认为这些普通法规则是"陈旧的，应予推翻的理论"，只会使势力强大的大公司逃避某些行为应带来的惩罚。

法庭对于侵权行为法的"上级负责"理论的依据或许是可以理解的，但却是一种错误的移植。"上级负责"的责任是一种代人受过的替代责任——法人为其职员行为的后果负责。但是它不是分别承担责任。比如，一个被侵权的原告，不可以对职员要求全部赔偿后又向法人要求全部赔偿，因为法人责任是替代的，当针对其职员的指控的结果可以使原告满意时它就不应再负什么责任。与此相反，法人刑事责任却是直接的。法律将法人看作一个单独的犯罪的"人"，对于法人犯罪成员的指控和惩罚（如纽约中央公司案中的 Pomeroy）丝毫不妨碍随后对法人提起相关的刑事诉讼。

法庭对"公众政策"的援引和对于不给强大的法人以"豁免"的关注也带有些讽刺意味。因为事实恰恰相反。如果没有埃尔金斯法案，铁路部门在形成它们的限定价格的卡特尔时就会有一定的困难。然而为了支持这一法案，法庭给予了"强大的"铁路部门一个强大的武器去制裁对这一同业联盟的违背。无论是否具有讽刺意味，纽约中央铁路公司一案似乎标志着与普通法中法人不能成为犯罪主体的规则的全面决裂。

对这一案可以作狭义上的解释。这一案例中的焦点问题在于一个明确而具体的法律规定——铁路公司及其雇员不得给予任何回扣——只能由政府来实施的规定。在侵权补偿中几乎没有出现重复承担责任的可能。在此意义上，这一案例与19世纪的公共桥梁和高速公路的案例极为相似。事实上，法庭意见表明法官未曾试图全部放弃普通法规则。在进行为什么可以对纽约中央公司进行刑事追诉的讨论时，法庭也曾指出，就像与该案无关似的："的确有这样一些犯罪，就其本质来讲，是不可能由法人来实施的。"但是，对于这些犯罪是哪些以及为什么法人无法实施，法庭并未给出进一步的说明。

不难想象，法庭的这一观点引发了一场关于法人刑事责任范围的激烈辩论。Henry Edgerton 在1927年耶鲁法学杂志刊发的一篇著名文章中，直接地提出了这一问题：如果一名受雇于奶业公司的司机违法出售掺水牛奶，此行为或基于个人动机，或许由于经理、董事会或股东的授意，那么，法人可以被治罪吗；如果一煤业公司的经理，或者出于个人动机或者基于董事会或股东的意旨，与他人一起参与了非法的垄断贸易，那么法人可以被治罪吗；如果受雇于一矿业公司的保安人员，或者出于自身动机或者由于经理、董事会或股东的授意，为了制止罢工，对准居住着罢工工人的村子开火，那么，法人可以被控谋杀吗。

接下来，Edgerton 论述了在上述每一个案例中，法人都应该负刑事责任的理由。Edgerton 认为，由法人负刑事责任的理由与对犯同样罪行的自然人的追究理由相同，"对已实施某罪行的自然人进行惩罚或威胁要惩罚而要达到的社会目的，也可以通过对其法人进行惩罚或威胁要惩罚来达到目的"，Edgerton 还反驳了认为法人是法律拟制的主体因而不能成为刑事犯罪行为主体的观点。因为刑法的主要目的在于防卫，他论证道："问题不在于谁的头脑产生的犯意，而在于谁承担刑事责任会达到威慑的目的。很明显，如果在法人成员承担刑事责任之外，又对法人科以刑罚的话，那么这一目的将会体现得更为完满。"

即便是承认 Edgerton 的刑法的主要目的是威慑这一前提，他对于法人刑事责任的论述也是不正确的。普通法中认为只有自然人才会有犯罪意图或"恶意"，即刑法上的"犯意"，也只有自然人才会犯罪。这一规则实际上蕴含着一定的经济学的逻辑：只有具有犯意的自然人才会对实施有害社会的行为进行投资。严格来讲，这是一种无经济价值的行为。如果自然人没有犯意而实施了相同的行为，就不能称之为犯罪。因此，犯意的存在与否就成为法律做出确切反应的决定因素。我们再回到 Edgerton 所举的谋杀案例中，在具有犯意的谋杀者和其他无犯意的从事采矿经营者之间，有着根本的不同。对于谋杀者，法律可以实施无条件的威慑，但对于未能阻止谋杀发生的人，采取同样的威慑则是不正确的，不应鼓励迫使未参加谋杀的人投入无限的资金去阻止他人实施有害行为。

很明显，Edgerton 的一个预言还是正确的，即在法律的任何领域，法人正面临潜在的刑事责任日益扩大这一事实，甚至包括成为杀人犯，正像我们下面展示的那样，普通法理论中认为法人不能实施犯罪的规则现在看来已经成为历史。

B. 近期的发展

对普通法规则的质疑并未立即带来法人刑事责任的剧增。历史上刑事法规一直以自然人为当然的主体来起草，所以监禁成为主要的刑罚，典型的刑事法规或者没有罚金的条款，或者规定少量的罚金，这些罚金毫无疑问是建立在绝大部分犯罪自然人没钱的事实基础上的，但是，因为法人无法被收监，而那些少量的罚金（通常只有 1000 美元）则是它们面对的最重惩罚，这么小的付出，几乎不值得检察官耗时费力去对法人进行刑事追诉。

但依然有些例外，最著名的就是 1978 年对福特汽车公司的刑事追诉。福特公司因三名未成年人死于一次车祸而被控过失杀人。这三名少年乘坐的一辆 1973 年出厂的福特 Pinto 轿车在尾部被另一辆车撞击后起火，另一辆车的司机醉酒驾车而且在撞上 Pinto 时是在超速行驶。三个少年被害人在事故中也有一定责任——据报道，他们在公路中间停下来拣回丢失了的油箱盖。由于这个原因，这一悲惨至极的交通事故并不能作为评定福特公司的刑事责任的根据。

但是在政治上却有充分的理由对福特公司进行追诉。在一起不相干的侵权诉讼中，福特公司的一份内部文件被曝光，从而使福特 Pinto 车在全国尽人皆知。这一文件披露了福特公司内部的一项研究，这项研究对减少汽车油箱起火的可能性进行了损益比较。此报告估算一个特定的安全装置会使 180 条生命免于死亡，还会避免 180 例恶性烧伤。但是，引起争议的是这些利益的经济代价：假如一条生命的价值为 20 万美元，避免一例严重烧伤的价值为 67000 美元——总计 4950 万美元。当把它与安装这一装置的花费 13700 万美元（1250 万辆车）相比时，安装此装置带来的利益显得微不足道。至少，如果此报告中对于生命的价值估算正确的话，在任何情况下，福特公司都不会决定安装此装置。

这一报告公布后，反响可想而知。福特被一系列公开发表的言论指责为为了谋取利益无情地以牺牲人的生命为代价。Ralph Nader 和其他人在不同的陈述中都表达了相同的观点。正是在这一情绪化的气氛中，印第安纳州的一名地方检察官决定以过失杀人罪对福特公司进行起诉。福特公司最终被宣告无罪。或许是审判法官认为那份有争议的报告对人的生命的估算不能被认定为证据。

在这个三人死亡的案件中，福特公司为自己的被控有罪进行辩护。它做错了什么呢？不能认为因为花费太高而拒装安全装置这一有意识的决定——该案起诉人指责为以生命为代价追求利润的决定——本身就构成犯罪。如果将这一逻辑推到极致，那么，这一说法将导致一个荒唐的结论：制造汽车谋利本身就是一种犯罪，因为交通事故和车祸的发生是不可避免的。当然，也有可能福特公司在它的损益计算中用了错误的数据——20万美元的生命补偿费太低了。安装安全装置的每辆车11美元的成本显得微不足道；许多人会毫不犹豫地掏11美元以减少这一撞车后致死的可能性。但是，同时，驾驶一辆微型甲壳虫式的汽车的危险性本来就是众所周知的。Pinto车，就像其他微型车一样，在车辆相撞时当然不如更大的、更昂贵的汽车。事实上，Pinto车并不比当时其他的同类车更危险，它的设计也符合以后实施的安全规则的要求。另外，因果关系也值得怀疑。在撞车的情况下，无论有否这一安全装置，死亡都有可能发生，最后，重要的是那位印第安纳州的检察官从未对福特雇员以谋杀或过失杀人罪进行起诉，我们没有理由认为写下福特公司内部备忘录的人员除了犯了一个诚实的错误之外还干了什么，即便是20万美元的估计太低了。Pinto一案给我们的信息是：即便是其雇员未犯任何罪行，大型的营利性公司也可成为犯罪主体。

Pinto一案助长了20世纪70年代水门事件之后公众对美国公司的广泛批评。批评者们强调，公司对于其投资者以及社会，都缺乏可信度。非法的行为——包括限价行为，对国内或国外政府的非法的政治捐助，环境污染损害，对健康、安全的威胁——已并非鲜见而成为非常普遍的事实。一个评论家如是说："这个国家的主要企业正呈现出重复地、有系统地进行破坏性犯罪行为的倾向，而非漫无目的地、偶然地犯罪，犯罪已成为一种标准的运作程序。为了确保以最小的支出换取利润，这些公司知法犯法。作为法律实体，这些公司，及其内部的决策者，已经沦为罪犯。"

对于法人犯罪问题的关注，国会也作出了反应，即大幅度增加刑事罚金，特别是对于法人被告（例如谢尔曼反托拉斯法的罚金对于法人升至1000万美元，但对自然人仅仅为35万美元）。在对许多犯罪大大增高了刑事罚金最高数额之外，国会还通过立法对有罪被告规定了一种"选择性的罚金"，数额相当于犯罪所得或造成的损失的二倍。与此同时，国会还通过了一系列的法规，扩大了刑法在证券、环保、军火采购、健康保险及其他领域的适用范围。法院也在相应部分做了自己的工作，对于这些法案及更为普遍的邮政、电报诈骗法规进行了进一步的解释。

不难预料，对法人的刑事追诉案件迅速增加了。其中许多案件知名度很高,并且涉及的金额巨大。政府对于 Drexel Burnham 投资银行的刑事追诉,以及对 Drexel Burnham 作出的有罪判决,最终导致该公司破产。Valdez 原油泄漏事故发生后,在对数起环境犯罪的指控中,埃克森石油公司均被判有罪。除了花费数十亿美元清理泄漏的原油所造成的污染和进行有关民事赔偿外,该公司还向政府缴纳了 1.2 亿美元的刑事罚金。最近,埃克森公司还对阿拉斯加一陪审团认定其应向一批渔民给予 60 亿美元损害赔偿的判决提起上诉。关于对法人进行刑事追诉的新动态,还有许多其他案例。比如,政府对于军火采购欺诈行为进行的代号为"三号风行动"的调查,最终以每个主要军火商向政府缴纳总额数亿美元的罚金而告终。近几年,依照医疗保险和医疗补助法案向政府索取补偿的许多主要的医疗保险公司都无一例外地发现自己成了刑事诉讼的被告。

　　对于近期的发展状况可以作几点总结。第一,法人及其成员就其行为面临增大的刑事责任,在这里,并不像普通法理论中那样要求成员必须具备犯意才构成犯罪。对许多环境犯罪采取了严格责任和过失责任原则。刑事法规禁止向政府进行虚假陈述被法院解释为认定对政府进行欺诈时不需要任何意图。类似的,医疗补助反回扣法案也对犯罪行为的范围进行了广义的认定,认为任何付费行为,包括像科研奖励一类的常规支出,只要是用来鼓励向保险公司介绍新的投保人以便该公司可根据医疗保险方案向政府申请补偿金,都在犯罪之列。由于对法人成员犯罪曝光的增多,对法人犯罪的曝光也相应地增加了。对于缺乏犯意的法人成员进行刑事处罚带来了另一个过度威慑问题——法人成员会对防卫措施过度投资而放弃盈利行为。这一过度防卫问题与法人被处的刑罚高于社会最合理水平时进行过分监测的动机是不同的。

　　第二,对于未带来任何损害结果的行为依然有进行严厉刑事惩罚的规定。比如,军火采购和医疗保险欺诈法案,并不要求政府已被真正欺诈。事实上,即便是政府因此得利,这些法规依然将这些行为犯罪化。设想这样一个案例,一种门诊病人医疗设备节省了办公空间,因而向医生收取了较少的租金,否则病人住院治疗则需较高的费用。这样的情况显然违反了反回扣法案,虽然政府在此是一个受益者。

　　正如轰动一时的法人案件——对 Drexel Burnham Lambert 及其明星雇员 Michael Milken 的刑事追诉——所揭示的那样,证券案件中刑事处罚的实施也并不以损害的存在为条件(对于 Drexel Burnham 和 Michael Milken 的刑事诉讼在丹尼尔·R. 费歇尔所著的《回报:毁灭 Michael Milken 和他的经济革命的阴谋》一书中被广泛讨论、分析），这一案中的焦点在于 Milken 和 Ivan Boesky 之间宣称签订的"股票存储协议"。政府认为签署这一协议是为了隐藏真正持股人的身份，这一协议的目的是使 Drexel 和 Boesky 逃避将其真正股票拥有量公开的义务，即便是假定的确存在这一协议（对于是否存在还有大量怀疑），也没有明显的受害者存在。依照侵权行为法，Drexel 和 Milken 无须负任何责任。

但是刑法却迥然不同。在被威胁依据 RICO 法案进行刑事起诉后，Drexel 对很多重罪指控承认有罪并且同意支付 6.5 亿美元的罚金。然后，政府转而又依据 RICO 法案对 Milken 与 Drexel 已承认有罪的同样行为提起诉讼，Milken 最终也被判有罪，被处以十年监禁，并处六亿美元罚金。政府仍不满意，继而又依据民法对 Milken 起诉，控告他在其他事件中因其非法行为导致 Drexel 的破产。这一诉讼最终使 Milken 缴纳了 10 亿美元的民事赔偿费。Milken 和 Drexel 因为这一不过是个没有任何被害人的违规行为总共支付了 20 亿美元的罚金。当然，20 亿美元的数目还不包括 Milken 和其他主要业务骨干因被解雇而受损失的收入。对未造成任何损害的行为来说，惩罚之重是相当惊人的。

第三，即便是存在明显伤害的案件中，法人刑事责任的理论也达不到任何目的。比如，埃克森公司的 Valdez 石油泄漏事件带来了巨大的损害后果，但是对埃克森公司进行刑事追诉并未获得任何效果。通过侵权法体系向埃克森公司科以民事惩罚即足以达到最佳威慑效果，因为并没有漏侦问题的存在，所以惩罚性的损害赔偿也找不到立足的基础。一次大型石油泄漏事故当然会被调查。在科以惩罚性赔偿之外，对它处以附加的刑罚，只会造成过分威慑，而且会影响公司在社会最佳水准上从事运输石油的积极性。

C. 判决的指导原则

1991 年，美国量刑委员会最终发表了对组织性的被告的宣判原则。为了防止法人通过犯罪行为谋利的迫切需要而获通过的宣判原则，体现了应将法人犯罪降低为零的观念。换句话说，委员会的目的就是无条件地威慑——以彻底根除法人犯罪。

指导原则的改变反映了这一目的。总的说来，此原则下的法人刑罚包含三项主要内容。

第一，指导原则要求法人须赔偿因其行为给受害人带来的任何损害。

这一损害赔偿并不因任何罚金的缴纳而得以扣减或抵销。

第二，指导原则要求法庭在决定适当罚金时要经过两道程序。首先，法庭依据以下范围的最大额确定一个基础的罚金量：（a）量刑表显示的数额（最高为7250万美元）；（b）由违法行为而得的金钱收益，包括增加的收入和减少的支出；或者（c）由犯罪而带来的经济损失。然后，这一基础罚金数额将依据法人应负何种责任而进行增高或减少的调整。调高罚金是基于管理阶层的介入、以前是否犯过同样的过错和法人卷入此案的程度。在其他条件相等的情况下，法人的规模越大，则处以的罚金越高。减少罚金则基于防止违反法律的有效措施的采取、法人是否主动向主管当局报告此行为、是否全面配合政府的调查活动等。一旦最后的数额已计算出，当出现剩余非法所得时，还必须根据是否交出非法盈利而作出修正。该指导原则还规定法人进行损害赔偿或其他补救措施的所余款项须悉数作为罚金。另外，在私人诉讼及其他民事和刑事处罚中，公司所付罚款并不能抵消其代理人的应付罚款。

第三，察看制度。指导原则中认为对有罪法人的宣判也应包括"察看制度"这一条。在对法人宣判中，缓刑考验意味着宣判法庭可以命令法人采取如下措施，如公开其罪行，服从法庭聘请的专业人员对自己账目的检查并支付费用，建立并实践经法庭同意的守法制度。

但在许多方面这一指导原则都应被批驳。

1. 无条件威慑规则。指导原则忽视了故意犯罪与未能投入足够资金去防止他人犯罪的区别。无条件威慑至多在第一种情况下是恰当的，但对后者则不然。正像我们在前面指出的，一旦将诉讼与强制执行的费用计算在内，无条件威慑可能任何时候都是不恰当的。所以法人犯罪的最佳程度并不是零。在法人犯罪领域施行无条件威慑也是不恰当的，因为许多罪行并不是要故意带来伤害。不具备犯意及未带来损害后果的罪行，不能被无条件地进行威慑。

2. 刑罚之间缺乏协调。由于指导原则是基于无条件威慑理论的，它无意对同一种犯罪行为处以不同刑罚进行协调，原则本身只提供了一堆混乱无序的刑罚，包括损害赔偿、交出非法所得、罚金、加倍赔偿和察看制度等。这些刑罚相互之间并不是独立的。类似的，指导原则剥夺了法人通过侵权法体系或政府提起的民事诉讼承担民事惩罚的可能性，也不允许因为法人成员已被处以民事或刑事处罚而修正对法人的处罚。由于被控有罪的法人还要面对附带刑罚的事实，刑罚之间缺乏协调的问题将更为严重。

基于违法的类别的不同，这些法人在特定的司法辖区内，还会面对重大的名誉损失甚至无法继续经营下去。

3. 将获利作为关注焦点。指导原则认为罚金基础数额（在根据应受处罚因素加以调整之前）应该是通过犯罪行为所得的数额，如果它比犯罪造成的损失或罪行表所规定的数额大的话。为什么呢？当一个职员实施了诈骗或其他故意犯罪，其所得收益由公司分享的话，有时候退赔非法所得就可以了。假定公司的其他未参与人有能力去监视这一欺诈职员，可以要求公司支付非法所得及其社会成本之和。

但是，这一基本原则并不能解释指导原则对于非法所得的关注。首先，指导原则没有对职员的无收益的行为与有社会效益的行为进行区分。对于后者来讲，强制退赔会导致过分威慑问题的出现。其次，指导原则所指出的由犯罪行为而导致的经济损失，并不一定与其社会成本相同而是可能大大超过后者。如果私人的经济损失超过社会成本与非法所得之和，则无须理会非法所得。最后，指导原则所指的非法所得包括额外收入与减少的支出。正像我们一再强调的那样，未参与者不应该投入巨额的监测费用去防止行为人犯罪。但是，指导原则将非法所得定为包括减少的支出，即在支出超过收益的情况下惩罚限制监测费用开支的非参与者。这是荒谬的，而且，它再次导致过分威慑问题。

4. 缺乏对于漏侦问题的注意。指导原则所认可的对于基础罚金所作的修正仅仅与漏侦问题有着极不完善的联系。当侦查率小于100%时，加倍赔偿是合适的。但是，指导原则的基础罚金调整并未直接与可能被发现的概率相关。当该概率为100%时，如石油泄漏一案，还会像查明可能性小得多的其他案件一样，进行同样的调整计算。另外，对于基础罚金的某种调整——如对大型公司提高罚金——与查明率毫无关系可言。其他的一些调整，比如管理人员报告了罪行或法人实施守法方案以监测职员时罚金额的下调，则看起来与漏侦似乎有很大关系。但是即便是这种情况下，也只有当全部刑罚与社会损失相联系时作出的调整才显得有道理。因为指导原则没有涉及这一方面，它们可以很荒唐地鼓励法人投入过多资金到守法方案和其他预防措施中（包括对某些行为的避免）。没有超额投入的法人会面对更高的罚金和法庭可处以的"察看期"，换句话说，即要支出更大的预防费用。

我们来看一下指导原则如何运作的简单事例。假设一个大型证券交易公司面临这样一个问题：是否实施一个守法计划以使司法官员对所有交易进行检查以杜绝发生犯罪行为的可能,这一计划的实施要花费 1000 万美元。过去,雇员曾犯过此类罪行,但是罚金额却相对低得多。董事会开会作出决议,此计划费用过高,不予采用。从会议记录可以看出这一决定。然后,一个职员实施了此罪行,使受害者损失 100 万美元。

在指导原则下,怎样对待这一案例呢?首先,要求此公司进行损害赔偿,支付 100 万美元。第二步,基于非法所得,经济损失或罪行轻重程度,确定基础罚金额,在此例中为 1000 万美元,即由于未实施守法计划而获得的"收入"。但是,我们还应该考虑一下会导致加重或减轻刑罚的情节。存在的加重情节有:公司规模大,过去曾有类似行为发生,在管理层知情并同意下作出了容忍未来违法行为的决定。另一方面,由于此公司没有守法计划而且并未对自己的违规行为进行报告,所以没有任何减轻情节。因此,罚金就将是 1000 万美元的几倍。比如说,4000 万美元,再加上 100 万美元的损害赔偿额。最后,此公司被予以察看考验,勒令其实施耗资 1000 万美元的守法计划。将所有的耗费计算一下,公司要支付 5100 万美元,而在侵权诉讼中只须支付 100 万美元。当然,现在指导原则已经施行,面临上述选择的公司会花费 1000 万美元实施守法计划以避免 5100 万美元的刑事处罚。无论如何,对于社会整体而言,这种结果并不理想,因为太多的资金耗费在预防措施上。

D. 评估

宣判指导原则,正如日益扩大的法人刑事责任一样,不能相容于刑法或最合理刑罚的理性政策。法人刑事责任实践中应该被理解为一种经济规则,就像课税条例或许可证条例一类的经济规则一样。施行刑罚更易于被理解为迫于利益集团或民粹主义的压力,而非为了最大限度地实现社会福利。再回想一下纽约中央公司案——此案标志着普通法原则的消逝——就是关于铁路公司能否利用政府来强制推行限定价格的卡特尔。

纽约中央公司案是一个非常极端的案子,因为适用的法律非常愚蠢。无论是对职员还是对法人的刑事追诉都是社会所不希望看到的。纽约中央公司案之后的许多案例也都存在这种情况。因为这些追诉常常要涉及经济法规的执行,而后者又无法以效率证明其合理性,这也是可以预料到的情况。但是,我们的讨论并不局限于涉及不对任何个人提起诉讼的刑事案件。即便对于职员施行刑事处罚是适当的,但是,仍无法证明对法人追究刑事责任的合理性。

为什么近年来法人刑事责任的范围扩展得如此之快呢？这并没有一个简单的答案。但是我们可以尝试着作一些解释。医疗保险和医疗补助法案是1966年颁行的，但是到了20世纪80年代，实施这一法案而带来的巨额耗费导致了广泛的抵触情绪，这就促使人们寻找替罪羊。相对于不当的政府保险方案引发的不良动机而言，立法者和政客们发现归责为不道德、贪婪的法人更为容易。在国防工业领域也发生了类似的情况，一些不诚实的公司被指责应对20世纪80年代里根政府过度的国防开支负责。从政策的缺陷到财政赤字，都毫无例外地被两党的政客们归咎于"欺诈"或"滥用权利"。

对于白领犯罪和法人犯罪加重刑罚的改进建议受到了公众的热烈欢迎，公众已经对20世纪80年代的抨击贪婪与富裕的言辞习以为常了。利益集团利用这种情况受益颇多。环保主义者推动了对埃克森公司的刑事追诉；受Drexel公司垄断地位威胁的投资银行及商业界积极地支持了对于Drexel和Michael Milken的刑事追诉。那些对于利益集团的压力做出反应的政客和公诉人员提高了他们在公众中的声望。Rudolph Giuliani，纽约南部辖区的前任检察官，现任市长，就是一个为人熟知的例子。

法律界则是扩大的法人刑事责任的又一大受益人。特别是宣判指导原则，更是给律师们带来了财运，因为法人守法计划和内部调查对于侦查和报告犯罪行为来讲是很重要的。由律师推销的法人守法计划和相关服务已成为一项不断扩大的业务。近期内这种情况不会改变。无论如何，大型利益集团和公众对于近期惩罚法人犯罪的支持说明了法人刑事责任将会成为对商业行为进行经济规范的一个日益重要的方面。

三 对于替代的惩罚性责任的一点说明

我们对于法人刑事责任的讨论也提到了令法人承担惩罚性民事责任这一方面。一种观点认为，法人不应以超过其职员犯罪的社会成本的数额承担责任，当然这一惩罚要考虑到依漏侦的情况作出调整。这一观点建议在民事案件中法人承担的损害性赔偿不超过根据漏侦的情况进行调整后的损害补偿，不管职员的行为如何错误，也不管此不当行为由哪一级职员实施及被哪一级人员批准，都应该如此。追究更大的责任会导致过度的监测，服务费用及产品价格的上涨和过多的诉讼开支。

这一观点也和现在的实践相悖。在许多审判中，法人在承担弥补职员造成的损害的责任时还要负担惩罚性的损害赔偿。特别是职员在其职责范围内犯罪时,尤其如此。另外,如果此成员是在行使管理职权时违法,法人也要承担惩罚性赔偿。无论哪种情况,我们的分析表明,如果此损害赔偿的确是"惩罚性的"而且它超出了社会成本(因职员逃避追诉的可能而增多)的话,那么这种替代的惩罚性责任是不恰当的。

更进一步讲,在确定对法人进行惩罚性制裁的标准时,允许陪审团将法人的财力(公司的资产及收入)等因素考虑进去是很常见的做法。但是,很难理解法人的规模大小与职员引起的损害的社会成本有何关系,也看不出与违规行为被漏查的可能性有何关系。

法律在这一领域所犯的错误与在刑法中将法人看作是有目的的自然人的错误一样。在认定损害程度以确定一个附加的"惩罚"时,根据自然人被告的财产状况而确定惩罚尺度是很适宜的——对一个收入中等的人处以1万美元的罚金会比对百万富翁处以1万美元有效得多。当法律的目的是要处罚自然人被告时,注意考虑自然人的财产状况就会起到一定作用。但是在对法人进行处罚时,惩罚的负担将主要转嫁到股东身上,而绝大多数股东和被起诉的违规行为没有任何联系。因此,正像我们指出的,最终目的应该是引导法人投入资金对职员进行有效的监测,而不是惩罚。当替代的"惩罚性"责任超过了基于损害被漏查的可能而进行调整后的社会成本量时,它就是一个错误。

重视法律的公示性[*]

首次乘坐美国西北航空公司的飞机作长途旅行，印象最深的是厕所内烟灰缸旁的法律条文，大意是，如果有人将该装置破坏，依据联邦法律的规定，在一定的幅度内，他将被判处罚款。等到了美国本土，匆匆访问了几个城市后，我发现，无论是在俄亥俄州、在新泽西州，还是在华盛顿，在餐馆的洗手间里，在水龙头之上、玻璃镜子之下，无一例外地都贴有各州法律的相关条文，中国菜馆里当然也是这般。

这两件事给我的触动很大。法律就该如此被公布于最相适宜的地方，让民众知道、理解和执行，这样，法律的作用才能很好地发挥出来。相反，如果法律只是一册不被打开的文本，广大的公民并不知晓或具体知晓法律的内容，你又怎能期盼大家守法、依法办事呢？

本来，法律作为最有权威的社会性行为规范，它必须被其效力范围内的全体公民所认知，只有在这个前提下，才有可能真正做到法律面前人人平等。我们知道，公元前5世纪中期，罗马制定了著名的十二铜表法，这被视为罗马法发展史上的一个重要的里程碑。在此之前，习惯法是口耳相传、含糊不清的，司法官吏适用习惯法时任意曲伸，平民深受其害。十二铜表法的出现，使刑事诉讼中的定罪量刑和民事诉讼中的裁决有了确定和公开的法律条文作为准绳，这在很大程度上限制了贵族的司法专断。十二铜表法是罗马习惯法向成文法转变的重要标志，是罗马法发展的基础；而罗马法对后世尤其是欧美国家产生了广泛而深远的影响。反观我国悠久的历史，我们也曾有过大量的法律性文件，任何一个法律性文件都具有确定的内容，正如所有的法律一样。但是，法律是否都被公开并被广泛知晓却

---

[*] 本文登载于《法制日报》2000年4月9日第3版。

是另外一回事儿。平时，百姓对法律法规知之甚少，似乎只有等出现了违法、犯罪现象时，法律法规才会"现身说法"来制裁人们，长此以往，人们对法律自然容易形成抵触的心理。

17世纪英国的思想家霍布斯就特别重视法律的公示性。他认为，缺乏获知法律的方法，可以使人获得完全宥恕；如果本国的法律没有充分宣布，或者人们无法知道法律，那么这种法律就没有约束力，从而应该宥恕他们。如果人们根本不知道有法律存在，或者根本不确知法律的内容，他们怎样去依法办事呢？改革开放以来，我国在立法工作取得显著成绩的同时，在法制的宣传和教育方面也取得了很大进步，但是还需要更加重视法律的公示性。其实，有关各个领域、行业、职业的法律法规应该都很充分地公之于众（而且，最好是公布在最相宜的位置），让人们事先就明确地知道自己所享有的权利和所承担的义务，如此，一旦人们违法或犯罪，被绳之以法也就理所当然，当事人也容易心服口服。这样，立法、守法、执法各个环节之间的关系就容易理顺了，最终得以形成良好的整体的法治环境，我们依法治国的方略才能尽早实现，才能尽早地把我国建设成为社会主义的法治国家。

国家金融监督管理法治化的新坐标[*]

2023年5月18日上午，国家金融监督管理总局在北京金融街15号正式挂牌，标志着新组建的国家金融监督管理总局正式运行。至此，运行了5年的中国银行保险监督管理委员会正式退出历史舞台，我国金融监管体系正式进入金融稳定发展委员会、人民银行、国家金融监督管理总局，"一行一局一会"为主导的全新时代。国家金融监督管理总局的成立，是推进机构、职能、权限、程序、责任法定化的一个成功例证，是使机构设置更加科学、职能更加优化、权责更加协同的改革成果，是我国金融监督管理法治化的一个新坐标。

一 国家金融监督管理总局获得了行政主体资格和优化的行政职能

根据《党和国家机构改革方案》，国家金融监督管理总局"使用行政编制，工作人员纳入国家公务员统一规范管理，执行国家公务员工资待遇标准"，在中国银行保险监督管理委员会基础上组建的国家金融监督管理总局统一负责除证券业之外的金融业监管，强化机构监管、行为监管、功能监管、穿透式监管、持续监管，统筹负责金融消费者权益保护，加强风险管理和防范处置，依法查处违法违规行为，为国务院直属机构。

国家金融监督管理总局的成立基于我国分业监管体系与金融业综合经营趋势不相适应，金融监管部门之间沟通不畅、协调不够的背景。近年

---

[*] 此文完成于2023年5月25日，后以《我国金融监管体系迈入新格局》为题发表于《中国城乡金融报》2023年6月2日第A7版。

来，我国金融业经过一段时期的高速发展，产生和积累了一定的金融风险，一定程度上影响了金融发展和稳定。组建国家金融监督管理总局，统一行使审慎监管和行为监管职能，形成二者并重的"双峰监管"模式。审慎监管在于加强风险管理和防范处置，维护金融稳定。行为监管主要是通过把公平的市场规则嵌入金融交易合同，实现对金融机构经营行为的监管，比如强化信息披露、严格投资者准入、压实受托人责任等。通过规范金融机构与投资者之间的交易行为，逐步建立符合现代金融混业经营创新发展特点的监管框架，在面对风险事件时国家金融监督管理总局可及时有效地形成监管合力，守住不发生系统性金融风险的底线。

二 国家金融监督管理总局依法将各类金融活动全部纳入监管

这些年来，在分业监管体制下，金融创新不断涌现，互联网金融、理财产品等新业态发展迅速，金融业出现混业经营趋势，金融监管者便面临令人头疼的窘境：监管部门通常奉行"谁家孩子谁抱走"的原则，如果不同的监管部门"铁路警察，各管一段"，一些新出现的金融行为很难按照原有的部门分工进行有效监管，原来相对清晰的银行、保险、证券的行业分割出现了一些模糊地带，中间就会形成监管空白，造成风险。反过来，针对一个事情，不同部门提出不同的监管要求，会让金融机构无所适从，这叫监管交叉。

组建国家金融监督管理总局，并非对原有监管架构的修修补补，而是着眼全局、整体推进，体现变革的系统性、整体性、重构性。在职能重新划归后，国家金融监督管理总局统一负责除证券业之外的金融监管，把所有的合法金融行为和非法金融行为都纳入监管，让未来出现的金融机构、金融形式和金融业务都在监管框架之内，通过落实好行为监管和功能监管，推动监管标准统一、监管效率提升，减少监管空白和监管交叉，形成全覆盖、全流程、全行为的金融监管体系。

三 国家金融监督管理总局统筹负责金融消费者合法权益保护

此前"一行两会"均设立了消费者或投资者保护机构，金融领域的消费者权益保护工作分散在不同的监管部门。随着平台经济和数字技术的应用，大量长尾用户渗入金融领域，对消费者权益保护工作提出了更高的要求。如今，中国人民银行有关金融消费者保护职责和中国证监会的投资者保护职责划入国家金融监督管理总局，由其统筹负责金融消费者权益保护，有助于强化行为监管的标准统一并提高监管效率，大大减少因标准不同而产生的合规成本和风险，进一步强化打击违法违规金融活动，治理金融乱象，更好保护金融消费者合法权益。

在法治轨道上全面建设社会主义现代化国家，国家金融监督管理总局也要依法做到执法有保障、有权必有责、用权受监督、违法受追究、侵权须赔偿，在坚定践行恪尽职守、敢于监管、精于监管、严格问责的监管精神，全面强化机构监管、行为监管、功能监管、穿透式监管、持续监管的同时，如果违法或者不当行使职权，应当依法承担法律责任，实现权力和责任的统一。

通过机构职能调整、组织架构重建而成立的新的金融监管体系，是贯彻落实党的二十大精神的重要举措。通过理顺体制机制、提升监管效率，国家金融监督管理总局将全面落实服务实体经济、管控金融风险、深化金融改革三大任务，积极营造良好的金融法治环境，维护人民群众的合法权益，筑牢守卫国家金融安全的钢铁长城，为构建新发展格局、推动高质量发展提供有力支撑和坚强保障。

依法保护和传承长城遗产[*]

长城是我国古代一项伟大的防御工程，它是中华文明的见证，也是中华民族精神的体现。1987年联合国教科文组织世界遗产委员会将长城列入《世界遗产名录》。历史上长城曾经发挥了重要的军事、经济、促进民族融合和保卫亚欧大陆桥等作用。2007年从太空中拍到地球上高分辨率的中国长城图像，照片中清晰呈现出万里长城的轮廓，其中就包括举世闻名的八达岭长城。其实，康有为笔下的"汉时关塞重卢龙，立马长城第一峰"指的就是延庆境内的八达岭长城一带，他那个时候八达岭就已经享有盛名。新中国成立以来，因为开放得最早，延庆八达岭长城成为万里长城的代表，是中外文化交流、文明互鉴的重要平台，是众多中外友人参观游览长城的首选之地。

长城遗产包括长城物质文化遗产、长城相关非物质文化遗产和长城传统文化以及长城遗迹所依托的自然环境。其中，长城物质文化遗产是指长城物质方面的遗迹遗存，内容丰富，主要由四部分组成，包括长城本体、军事防御体系、烽传与驿传系统和其他长城相关遗址遗存。其中长城本体包括边墙、敌台、墙台、墩台、站台和关隘等；军事防御体系包括马面、角楼、瓮城、罗城和军事堡寨等；烽传与驿传系统包括烽火台（又称烟墩、狼烟墩、烽燧、烽堠、墩台、亭）、驿站和急递铺等；相关遗址遗存包括长城边塞地区文书，长城文化带石窟壁画、雕塑和长城抗战遗址遗迹等。[①]

八达岭镇石峡村的乡亲们自发守护长城、传承长城文化，真是令人兴

---

[*] 此文完成于2024年5月15日，获得了中宣部舆情信息观点采用的证明。

[①] 参见康芳、王纬《长城遗产的法律保护体系研究》，《法制博览》2021年第34期。

奋，值得推广。因为长城经过辽宁、河北、北京、天津、山西等九省市，在保护长城、弘扬长城文化方面，还有许多可为的地方。比如，利用长城国家文化公园建设之机，进行统一立法，将《长城保护条例》上升为《长城保护法》。相关地方性法规、规章也需要进一步跟进。长城是我国现存规模最大的线性文化遗产，需要沿线各地通力合作进行保护和传承才会更有效果。需要增强长城执法力量。需要健全长城遗产保护公益诉讼制度。国家鼓励公民、法人和其他组织通过捐赠等方式设立长城基金，专门用于长城保护。希望更多的人像石峡村的乡亲们一样，自觉自愿地行动起来，各具特色地将长城精神、长城魂延续下去。

加快构建我国涉外法治工作体系[*]

党的十八大以来，以习近平同志为核心的党中央从统筹中华民族伟大复兴战略全局和世界百年未有之大变局、实现党和国家长治久安的战略高度，明确提出全面依法治国方略，并将内政与外交、改革与开放、国内法治与国际法治视为"鸟之两翼、车之两轮"，统筹协调，合力推进。[①] 2020年11月16日至17日，中央全面依法治国工作会议召开。会上，习近平总书记对当前和今后一个时期推进全面依法治国要重点抓好的工作提出了11个方面的要求，明确强调"要坚持统筹推进国内法治和涉外法治"。涉外法治，即我国的国际法治，从根本上讲，是指我们国家如何以法治的思维和法治的方式来处理涉及我们国家的涉外事务，包括立法、执法、司法、法律服务等方方面面。当前，在继续推进国内法治的同时，尤其需要加快发展我国的涉外法治工作。

加快推进我国涉外法治工作的重大意义

加快推进涉外法治是我国高质量发展、助力我国对外交往的重要保障。当今世界不确定不稳定因素增多，我国处在"更多逆风逆水的外部环境"，我国发展面临的机遇和挑战并存。2013年秋天以来，共建"一带一路"正在成为我国参与全球开放合作、改善全球经济治理体系、促进全球共同发展繁荣、推动构建人类命运共同体的中国方案。[②] 共建"一带一路"

---

[*] 此文完成于2021年8月中旬，后发表于《前线》2022年第1期。
[①] 参见黄惠康《论习近平法治思想关于国际法治系列重要论述的实践逻辑、历史逻辑和理论逻辑》，《国际法研究》2021年第1期。
[②] 《习近平谈治国理政》（第三卷），外文出版社，2020，第486页。

需要良好的法治营商环境。"法治是人类政治文明的重要成果，是现代社会治理的基本手段。"① 中国愿同各国一道，营造良好法治环境，构建公正、合理、透明的国际经贸规则体系，推动共建"一带一路"高质量发展，更好造福各国人民。② 在应对外部环境变化方面，我们需要强化法治思维，综合运用立法、执法和司法等法治手段，保证我们在新时代各个方面的高质量发展。

加快发展涉外法治是推进国际关系法治化的迫切需要。2014年6月28日，在和平共处五项原则发表60周年纪念大会的主旨演讲中，国家主席习近平首次在国际场合提出"国际关系法治化"的概念，呼吁要坚定维护国际法的权威性，立国际法治之信。凡法事者，操持不可以不正。各国和国际司法机构，都应防止越权解释和适用国际法，更不能罔顾客观公正，借"法治"之名，行侵害他国权益之实。③ 我们要维护以联合国为核心的国际体系，坚定维护以国际法为基础的国际秩序。"现行国际秩序并不完美，但只要它以规则为基础，以公平为导向，以共赢为目标，就不能随意被舍弃，更容不得推倒重来。"④ 我们要推动各方在国际关系中遵守国际法和公认的国际关系基本原则，用统一适用的规则来明是非、促和平、谋发展。"'法者，天下之准绳也。'在国际社会中，法律应该是共同的准绳，没有只适用他人、不适用自己的法律，也没有只适用自己、不适用他人的法律。适用法律不能有双重标准。我们应该共同维护国际法和国际秩序的权威性和严肃性，各国都应该依法行使权利，反对歪曲国际法，反对以'法治'之名行侵害他国正当权益、破坏和平稳定之实。"⑤ 要推动国际关系法治化，就必须加快推进我国的涉外法治工作。

加快发展涉外法治是推动全球治理变革、构建人类命运共同体的必要保障。8年前，国家主席习近平提出了构建人类命运共同体的倡议。"人类命运共同体，顾名思义，就是每个民族、每个国家的前途命运都紧紧联系在一起，应该风雨同舟，荣辱与共，努力把我们生于斯、长于斯的这个星

---

① 习近平：《论坚持全面依法治国》，中央文献出版社，2020，第183页。
② 习近平：《论坚持全面依法治国》，中央文献出版社，2020，第268页。
③ 王毅：《中国是国际法治的坚定维护者和建设者》，《光明日报》2014年10月24日，第02版。
④ 《习近平谈治国理政》（第三卷），外文出版社，2020，第447页。
⑤ 黄惠康：《论习近平法治思想关于国际法治系列重要论述的实践逻辑、历史逻辑和理论逻辑》，《国际法研究》2021年第1期。

球建成一个和睦的大家庭,把世界各国人民对美好生活的向往变成现实。"① 习近平主席深刻洞察世界百年未有之大变局,深入思考人类前途命运,在继承和发扬国际法基本原则和精神实质、总结提炼我国在国际法领域成功实践基础上,创造性地提出构建人类命运共同体重要理念,其核心内涵是建设持久和平、普遍安全、共同繁荣、开放包容、清洁美丽的世界。2017年2月,这一理念首次写入联合国决议,随后又被陆续写入联合国大会、安理会、人权理事会及相关国际组织重要文件,得到国际社会广泛认同。2018年3月,这一理念写入我国《宪法》,为我国同世界各国开展友好交往与务实合作、推进中国特色大国外交提供坚实法律基础。习近平主席提出构建人类命运共同体理念,为推动全球治理变革贡献了中国智慧、中国方案,具有世界的影响力,标志着人类法治文明的时代性进步。世界正站在一个新的历史起点上,"让我们重申对多边主义的坚定承诺,推动构建人类命运共同体,在联合国旗帜下实现更大团结和进步!"② 为了推动构建新型国际关系,推动构建人类命运共同体,我们必须加快涉外法治工作。

维护核心利益,战略布局涉外法治工作

中国开放的大门将会越开越大!为了更好地依法维护国家主权、安全、尊严、发展等核心利益,高水平地保障和服务我国的对外开放,必须抓好我国涉外法治工作的战略布局。

加快形成系统完备的涉外法律法规体系。充分发挥我国法律在解决涉外法律纠纷中的重要作用,运用法律武器反制国外"长臂管辖"、贸易歧视等有损中国主权和利益的行径。例如,2021年1月,商务部公布《阻断外国法律与措施不当域外适用办法》,聚焦阻断禁止或限制中国企业与第三国企业正常经贸活动的不当域外适用,为拒绝承认、执行和遵守有关外国法律与措施提供了法律依据,这是我国涉外法治领域的一项重要举措。改变对外投资、对外援助、口岸、开发区、领事保护等领域无法可依或法规层级较低的现状,逐渐细化对外贸易、知识产权保护、国籍、外国人服

---

① 《习近平谈治国理政》(第三卷),外文出版社,2020,第433页。
② 《建设和谐合作的国际大家庭——评习近平主席在联合国成立75周年纪念峰会重要讲话》,《新华每日电讯》2020年9月23日,第3版。

务管理、涉外民商事争端解决等领域的法律法规。例如，尽早出台对外投资法律法规，理顺对外投资管理体制，确立企业和个人对外投资主体地位，健全权益保护、投资促进、风险预警等服务保障。与此同时，应根据国际投资法的新发展商签、修订中国与他国之间的投资保护协定，为中国对外投资建立更加牢固的法律屏障。① 尽快制定《国家豁免法》，改变绝对豁免的传统立场及对《纽约公约》的商事保留，出台与《纽约公约》相衔接的执行国际仲裁裁决的最新司法解释，为中外企业执行国际投资仲裁裁决扫清国内法律障碍。探索建设中国特色的自由贸易港，总结国内自由贸易区建设的法治经验，在此基础上，制定国家层面的《自由贸易区促进法》，为自由贸易港建设提供法治基础。积极推动国内法律与多边框架公约之间的衔接，完善涉腐资产追回制度。

提升涉外执法司法效能。在"三非"（非法居留、非法入境、非法就业）问题日益突出的形势下，涉外执法程序要加以完善，行政许可、行政处罚、行政强制、行政征收、反垄断调查、行政检查等执法行为，都要制定具体执法细则、裁量标准和操作流程，切实做到步骤清楚、要求具体、期限明确、程序公正。要健全行政执法调查取证、告知、听证、罚没收入管理、执法争议协调等制度，充分保证外国企业的知情权、表达权、参与权、监督权、救济权。加强对行政执法的监督，坚决惩治涉外执法中的腐败现象。深化涉外审判方式改革，推行听证、证人出庭作证等制度，严格依法开展涉外案件文书送达、调查取证等工作。提高涉外司法工作透明度，全面实现办案过程公开，办案结果、理由和文书公开。强化程序意识和权利保障意识，确保涉外案件当事人诉讼地位平等、程序合法正当、结果公正有理。

积极发展涉外法律服务。继续完善领事保护、投资保护、知识产权保护机制，做好各类涉外突发事件应对预案，进一步健全中央、地方、驻外使领馆、企业和个人"五位一体"的领事保护联动机制②，努力做到中国公民和企业走到哪里，涉外法律服务就跟进到哪里，维护我国公民和法人在海外的合法权益。依法保障外国人在华合法权益。因为中国"必须接受更复杂和多元的人口构成，并面对可能产生的文化冲突和身份政治"③，需

---

① 参见刘敬东《全面开放新格局的国际法治内涵与路径》，《经贸法律评论》2019年第1期，第75页。
② 参见汪洋《加强涉外法律工作》，《人民日报》2014年11月6日，第6版。
③ 田方萌：《开放转型背景下的中国移民政策与身份焦虑》，《文化纵横》2021年第2期。

要完善外国人服务管理法律法规。要注重培育一批国际一流的仲裁机构、律师事务所,把涉外法治保障和服务工作做得更有成效。积极推进中国律师"走出去",努力做到中国企业和公民走到哪里,涉外法律服务就跟进到哪里,充分运用仲裁、调解等多元化纠纷解决机制,为"一带一路"建设提供精准高效的法律服务。①

加强涉外法治专业人才培养。涉外法治人才,即国际法治人才,就是德才兼备、具有家国情怀和世界眼光、通晓国际法律规则、善于处理国际法律事务的高素质的法治人才。办好法学教育,必须坚持中国特色社会主义法治道路,坚持以马克思主义法学思想和中国特色社会主义法治理论为指导;尽快建立我国的法学学科体系和教材体系;抓紧完善涉外法治人才培养体系;处理好法学知识教学和实践教学的关系;重视选派学生赴国际组织或境外机构实习;坚持依法治国和以德治国相结合,培养又红又专的新时代法治人才。习近平总书记在中国政法大学座谈会上殷切地讲道,"法律是成文的道德,道德是内心的法律。法安天下,德润人心"②;"我们的法学教育要坚持立德树人,不仅要提高学生的法学知识水平,而且要培养学生的思想道德素养"③。法学青年从入学起就要形成良好的思想政治素质、道德素质、法治素质。

发展涉外法治,推进国际关系法治化

国际关系法治化是各国的普遍愿望,也符合历史发展潮流。我们要努力发展涉外法治,不断推进国际关系法治化。

有效引导国际立法。国际规则的制定是国际博弈的结果,是各国政治、经济、外交综合实力的反映。国际立法要均衡反映各国关切,要促进各国特别是发展中国家平等参与规则制定,不能把个别国家的规则当作"国际规则",亦不能把个别国家的标准当作"国际标准"。要坚定支持多边贸易体制,继续推进全球经济治理改革,提高新兴市场国家和发展中国家代表性和发言权。在讨论制定贸易和投资、知识产权保护、网络、数字经济、人工智能、大数据、量子信息、生物技术创新等各领域政策和规则

---

① 参见王俊峰《加强涉外法治工作 服务全面开放新格局》,《中国司法》2019 年第 4 期。
② 习近平:《论坚持全面依法治国》,中央文献出版社,2020,第 178 页。
③ 习近平:《论坚持全面依法治国》,中央文献出版社,2020,第 179 页。

时，应该有明确的发展视角，为各国营造共同的发展机遇和空间，为世界经济增长提供强劲动力和稳定环境。例如，在互联网领域，中国已成为名副其实的互联网强国，互联网交易、互联网金融等走在世界前列，为该领域的国际规制提出中国的规则方案，我们责无旁贷、大有可为。①

积极开展国际司法和执法合作。深化司法领域国际合作，完善我国司法协助体制，扩大国际司法协助覆盖面。鉴于"一带一路"建设把中国和中东欧国家更加紧密地联系在一起，贸易和人员往来更加密切，司法合作需求不断增加。早在 2016 年 5 月 4 日，在致中国—中东欧国家最高法院院长会议的贺信中，国家主席习近平就希望中国和中东欧国家以这次会议为契机，深化司法交流合作，加强沟通互鉴，携手应对挑战，更加有效地打击犯罪、化解纠纷，共同营造规范有序的法治环境，为推进"一带一路"建设、实现中国与中东欧国家共同发展提供有力司法服务和保障。② 大力规范涉外行政执法，继续积极参与执法安全国际合作，共同打击"三股势力（宗教极端势力、民族分裂势力和暴力恐怖势力）"，针对疫病疫情防控、洋垃圾处置等情况，针对贩毒、走私、洗钱、电信诈骗、拐卖人口等跨国犯罪，深化执法国际合作。

主动开展法律外交。随着我国全方位对外开放的不断推进和共建"一带一路"的深入实施，中国企业和公民"走出去"步伐加快，对外投资合作领域逐步拓展，对外投资规模不断扩大，海外利益几乎遍布全球所有国家和地区。为了维护国家经济安全和发展利益、加强企业公民权益保护，要提高我国涉外法律服务保障水平，不断提高企业和公民的风险防范、合规意识和能力，加大域外法查明平台和涉外投资风险预警平台建设，完善境外投资风险防控体系。③ 推动建立驻外法务参赞制度。向国外派驻法务参赞，由法务参赞代表我国政府与派驻国政府的司法、法务官员开展司法交流合作，就涉外重点案件进行法律交涉④，开展法律外交。涉外律师要积极加入国际性的权威贸易争端解决机构或参选国际仲裁机构成员，提高参与国际争议和争端解决的能力和影响力，代表国家依法处理国际事务。

---

① 刘敬东：《全面开放新格局的国际法治内涵与路径》，《经贸法律评论》2019 年第 1 期。
② 参见《习近平向中国—中东欧国家最高法院院长会议致贺信》，《光明日报》2016 年 5 月 5 日，第 1 版。
③ 参见张晓君《坚持统筹推进国内法治和涉外法治》，《重庆日报》2020 年 12 月 8 日，第 14 版。
④ 参见王俊峰《加强涉外法治工作 服务全面开放新格局》，《中国司法》2019 年第 4 期，第 64 页。

总之，在统筹推进国内法治和涉外法治、保障我国高质量发展、推动国际关系法治化、构建人类命运共同体这一全新的征程上，我们必须着力推进涉外法治工作，"弘扬和平、发展、公平、正义、民主、自由的全人类共同价值，坚持合作、不搞对抗，坚持开放、不搞封闭，坚持互利共赢、不搞零和博弈，反对霸权主义和强权政治，推动历史车轮向着光明的目标前进！"[①]

[①] 习近平：《在庆祝中国共产党成立100周年大会上的讲话（2021年7月10日）》，《人民日报》2021年7月2日，第2版。

后　记

对我来说，出版此书的确是一个重大的工程，也是一个回望历史、省视自己的过程。

选择文章，自然是基础性的工作。溯及既往时，找到当时没有电子版的文字比较困难。例如，《建立和完善社会主义市场经济体制需要加快我国的立法建设》一文完成于1993年5月19日，是我1993年春毕业分配到中共北京市委党校法学教研部担任教师以后撰写的第一篇文章，翻箱倒柜，找遍了所有的资料，才得宝似地看到了抄写在15页稿纸上的"她"。展开略显陈旧的400字一页的稿纸，有些不敢相信自己的眼睛：那个时候，还能用比较工整的笔迹写东西！那支用了许久的钢笔，后来也没能保存下来。再如，时隔29年，对着《是与非》1995年第1期，逐字逐句地制作《北京迎接第七届国际反贪污大会》的电子版时，我发现了一处错误："秦朝统一中国后，在中国设立御史大夫"中后面一个"中国"应为"中央"。究竟是自己写错了还是编印错了，我无从查起（当时都是手写稿，底稿没有找到）。这次就改正过来吧。

书中收录一些合作文字，自然有我自己"处心积虑"的用意。出现的合作者有8位，按年龄大小排序分别为孙双星、赵秦岭、康斌、白莲、乜琪、杨京峰、李赛、于宗瀚。一一取得合作者的使用授权，非常顺利，除了"老大"孙双星——上个世纪我们就断了联系，13年前他已经退休了。颇费一番周折，终于找到孙双星先生时，他立即应允了我的授权请求。谢谢各位！

因为收入书中的几篇文章是参加国内外学术会议之后的产物，于是有了在本书附上几张照片的想法，在正文文字打理完毕之后，我就着手翻找昔日的参会照片。散放于家中和办公室里的相册，一时难以翻找出来，就

后 记

在电脑、光盘、移动硬盘上翻来覆去地寻找。在这个过程中，惊喜地看到了两张模模糊糊的截屏图片——记录了2013年7月9日应退休同事余三乐老师之邀到华龙大厦第15层社会科学文献出版社绿坞参加一本新书的发布会。今年7月22日（大暑）上午，我第一次跟编辑刘芳老师相见相谈，就在这布置有变的同一空间。11年前的我当时心中也曾梦想：倘若有一天我有著作在这儿开发布会，该多好！仔细看看出版合同的三方签字，社会科学文献出版社首签的日子恰巧就是2024年7月8日。整整11年过去，我真为出版自己文集之事再次进入华龙大厦第15层。冥冥之中，或许我跟社会科学文献出版社真有某种缘定！

出版此文集的念头，其实飘飘渺渺地出现在许多年以前。当时，我曾经非常大胆地梦想着将来请我们"永远的校长"江平先生作序。可是，可是，我的动作实在太慢。2023年夏天向学校科研处申请出版资助成功之前，我早就在争分夺秒地整理文稿。但是，我尚未着手考虑文集作序的环节，12月19日，我们敬爱的江校长驾鹤西归了。那么，干脆找大学同学多年前介绍我认识的一位师弟。他有才华且非常谦逊。可是，对于我这本集子来讲，即使我事先并不知晓他的各种头衔和业绩，我也认定可以劳烦这位小校友。看了他后来发送的简介，我知道他这次完全是纡尊降贵、大材小用了：何显兵，1978年出生于四川省三台，法学博士，西南科技大学法学院教授、院长，致公党中央法治委员会委员，致公党四川省委委员、法治委员会主任，绵阳市工委副主委，四川省十四届人大代表、省人大常委会民族宗教委员会委员，绵阳市八届政协常委，四川省政府参事室特约研究员，四川省检察官学院特聘检察教官，四川省人民检察院专家咨询委员会委员，四川省法学会学术委员会委员、刑法学研究会副会长；出版专著9部，发表论文90篇，其中6篇被《人大报刊复印资料》全文转载。

关于如何编排这38篇文章，退休的同事朱晓青教授、袁达毅教授和年轻的同事石云鸣博士毫无保留地给予我有益的帮助和良好的建议。南京大学法学院教授狄小华先生和中国政法大学教授刘丹女士为本书的出版慷慨贡献了绝对专业且热情的支持。一并忱谢！

一些文章在发表时，刊物当时是接受引用网络资料的；此番成书，将网络上查不着的那些引用悉数撤掉。敬谢相关作者并请谅解。

毋庸置疑，此书的首位编辑靳振国老师和接棒的刘芳老师对这本书的付梓付出了许多的辛苦和细致的劳动。每个环节都凝结着编辑老师的专业付出和精心考量。铭记。非常感谢！

  2024年1月中旬以来，大学同舍崔志红，无论她是在北京还是暂时在京外旅游，几乎天天都在关心我出书事宜的进展。就职于学校信息部的帅弟王化东，我们自然常常见面；他始终关注本书的"成长"过程，包括每一个细节，还特意为我拍摄置于勒口处的照片。远在美国任教的高中同班同学陈颖一直鼓励我、陪伴我，令我关于本书的"心流"一再涌动。高中同班同学韩敏欣然为我题写了"何以法治"四个大字。科研处的董成喜和林婧两位同事始终不厌其烦地解答我的问题。还有许多亲人、同学、友人、同事一直关心我、鼓励我、支持我、帮助我。所有这些情和意，我都牢记于心。幸甚，幸甚！深谢各位！祝福各位！

  本人才疏学浅，许多文字已显"老迈"，书中难免存在各种各样的瑕疵。恳请各方各面的读者朋友海涵、不吝赐教。

  法治，我们不二的选择；法治建设，永远在路上。

李秀梅
2024年11月22日于车公庄

图书在版编目(CIP)数据

何以法治：法治建设的若干思考 / 李秀梅著.
北京：社会科学文献出版社，2024.11. -- （中共北京市委党校（北京行政学院）学术文库系列丛书）.
ISBN 978-7-5228-4635-4

Ⅰ. D920.0-53

中国国家版本馆 CIP 数据核字第 2024QK8834 号

中共北京市委党校（北京行政学院）学术文库系列丛书
何以法治
　　——法治建设的若干思考

著　　　者 / 李秀梅
出 版 人 / 冀祥德
责任编辑 / 刘　芳
责任印制 / 王京美

出　　　版 / 社会科学文献出版社·法治分社（010）59367161
地址：北京市北三环中路甲 29 号院华龙大厦　邮编：100029
网址：www.ssap.com.cn
发　　　行 / 社会科学文献出版社（010）59367028
印　　　装 / 三河市龙林印务有限公司
规　　　格 / 开　本：787mm×1092mm　1/16
印　张：20.5　插　页：1　字　数：340 千字
版　　　次 / 2024 年 11 月第 1 版　2024 年 11 月第 1 次印刷
书　　　号 / ISBN 978-7-5228-4635-4
定　　　价 / 128.00 元

读者服务电话：4008918866

△ 版权所有 翻印必究